천황의 일본사

天皇의 日本史

구태훈

책을 내면서

「일본국헌법」제1조에 '천황은 일본국의 상징이며 일본 국민통합의 상징이다. 그 지위는 주권이 있는 일본 국민의 총의에 근거한다.'라고 되어있습니다. 일본은 내각책임제 국가이고, 권력의 정점에는 수상이 있습니다. 천황은 권력을 행사할 수 없고, 수상이 요청하는 의전을 집행하고, 국민을 위무하는 일을 할 뿐입니다. 하지만, 천황은 엄연한 일본의 국가원수입니다.

권력이 없는 천황이라고 하지만, 천황의 존재감은 결코 무시할 수 없습니다. 일본인의 가슴 속에 천황은 '살아있는 신'이라는 신앙이 깃들어 있기 때문입니다. 물론, 천황은 자신이 '살아있는 신'이 아니라고 밝혔습니다. 1946년 정월 1일 쇼와 천황이 조서를 발표하여 "천황을 살아있는 신으로 받들고, 또 일본인을 다른 민족보다 우월한 민족"이라고 믿는 것은 "가공의 관념"일 뿐이라고 말했습니다. 하지만, 예부터 일본인의 가슴 속에 녹아있는 천황 신앙은 뿌리가 깊습니다.

2019년 5월 나루히토德仁 태자가 즉위하여 새로운 천황이 되었습니다. 연호가 헤이세이平成에서 레이와令和로 변경되었습니다. 나루히토는 1989년 정월에 태자가 되었는데, 이전에는 히로노미야浩宮라고 불렸습니다. 1986년 10월 26살이 된 히로노미야는 그가 좋아하는 가수 가시와바라 요시에柏原芳惠의 콘서트에 갔었습니다. 히로노미야는 천황궁전 뜰에 피어있는 빨간 장미 한 송이를 꺾어 가지고 가서 요시에에게 주었습니다. 그녀는 히로노미야가 준 장미를 집으로 가져갔는데, 그 후에 무슨 일이 일어났을까요? 요시에 부모는 그 장미를 제단에 모셔 놓고 매일 아침 참배했다고 합니다.

1945년 8월 일본이 제2차 세계대전에서 패배하기 전까지 천황은 신성불가침한 존재였습니다.「대일본제국헌법」에 다음과 같이 명기되었습니다. '제1조 대일본제국은 만세일계의 천황이 이를 통치한다. 제2조 천황의 지위는 황실전범이 정한 바에 따라 천황 자손이 이를 계승한다. 제3조 천황은 신성하여 범할 수 없다.' 천황이 어떠한 존재였는지 아시겠지요? 일본은 천황의 국가였습니다. 모든 권력은 천황에게서 나왔고, 천황의 모든 행위는 신성하여 범할 수 없었습니다. 국민은 신민으로 불렸습니다. 군대도 천황의 군대였습니다. 제2차세계대전이 막바지에 다다랐을 때, 가미카제 자살특공대는 목표물에 부딪혀 죽으면서 "천황폐하 만세"를 외쳤습니다. 천황은 일본인의 '살아있는 신'이었습니다.

이규태는 『한국인의 의식구조』(신원문화사, 1983)에서 다음과 같이 회상하고 있습니다. 1943년 조선총독 고이소 구니아키小磯国昭(재직 1942~44)가 전라도 지방을 순시했습니다. 총독이 온다는 소식에 이규태가 다니던 초등학교 학생도 동원되어 일장기를 들고 길옆에 서 있었습니다. 고이소 총독이 잠시 차에서 내려 4학년 반장이던 이규태의 머리를 어루만지고 떠났습니다. 그러자 교장은 전교생을 학교로 데리고 가서 운동장에 정렬시켰습니다. 교장은 이규태를 운동장의 단 위에 '모셔'놓고 허리를 90도로 굽혀 최고의 경례를 한 후, 전교생에게 일장 연설을 했습니다. "황공하옵게도 총독 각하께서 이 아이의 머리를 어루만지심으로써 대일본제국혼을 심어주심은 곧 우리 학교 전체의 영광이요, 우리 고을의 영광이다." 조선총독은 천황의 대리인으로 조선에 파견된 통치자였습니다. 교장은 '살아있는 신'의 대리인이 어루만진 이규태 어린이의 머리에 '강림'한 '대일본제국혼'에 절을 했던 것입니다. 총독의 위세가 이정도였다면, '살아있는 신' 천황의 존재감은 어떠했겠습니까?

무소불위의 권력을 천황 한 사람에게 집중시킨 근대 천황제는 일본 제국주의가 만들어낸 '괴물'입니다. 전근대 천황은 그런 '괴물'이 아니었습니다. 6세기 말부터 일본의 역사서에 조정朝廷이라는 말이 나옵니다. 그런데, 조정의 의미는 중국이나 한반도 국가의 그것과 성격이 달랐습니다. 조정은 지방의 호족들로 구성된 정치적 연합체였습니다. 대왕(천황)은 조정의 구성원인 호족을 정신적으로 통합하고, 호족 상호 간의 갈등을 중재하는 권위적 존재에 불과했습니다. 중국과 한반도 국가의 군신관계와 달랐습니다. 천황은 '군림은 하나 통치하지 아니하는 군주'였습니다. 그 후 천황의 위상은 시대에 따라 변화했지만, 그는 언제나 권위적 존재였지 권력적 존재가 아니었습니다. 그러다가 1867년 12월 근대국가가 성립되면서 천황이 정치의 전면에 등장했습니다. 메이지 유신의 기획자들이 천황을 권위와 권력을 동시에 움켜쥔 '괴물'로 만들었습니다.

이 책은 천황에 초점을 맞춰서 일본의 역사를 발전단계에 따라 조명한 것입니다. 천황은 일본 역사의 핵입니다. 물론, 일본의 역사는 다양한 제도, 사상, 문화, 사건, 인물, 관계, 변화 등이 서로 얽혀서 만들어졌고, 변화를 거듭하면서 오늘날에 이르렀습니다. 그런데 일본 역사의 중심에는 항상 천황이 있었다는 사실을 부정할 수 없습니다. 천황을 빼놓고 일본 역사의 본질에 다가갈 수 없습니다. 일본 역사를 깊이 들여다보고 입체적으로 이해하기 위해서는 천황을 탐구해야 합니다.

일본에서 天皇이라는 용어는 7세기 말부터 사용되었지만, 당시에는 텐노라고 발음하지 않았습니다. 스메라미코토라고 발음했습니다. 한자로는 主明樂美御德으로 표기했습니다. 동양사학자이며 교토대 교수를 지낸 미야자키 이치사다宮崎市定(1901~95)는 천황이라는 용어는 중국 고대의 天王에서 기원했다고 주장했습니다. '皇'자는 '코'라고 발음하는 것이 원칙입니다. 그런데 天皇은 텐노라고 발음합니다. '노'는 '오우'가 연음화되면서 나는 소리입니다. '오우'는 '王'의 음독입니다. 天皇을 텐노라고 발음하게 된 것은 메이지 시대부터입니다.

우리 민족의 불행 뒤에는 일본 침략이 있었습니다. 특히 근대 일본의 조선 침략은 '천황의 이름으로' 저질러진 범죄였습니다. 천황은 우리에게 공포심과 수치심을 동시에 안겨준 일본제국의 수괴입니다. 우리에게는 천황에 대한 거부반응이 남다를 수밖에 없습니다. 天皇의 '皇'자에 대한 저항감도 있을 것입니다. 예부터 우리 민족이 넘을 수 없는 벽이었던 중국 황제를 연상시키기 때문입니다.

우리는 일본이 우리 민족에게 무슨 짓을 했는지 기억하고 있습니다. 천황을 일왕으로 불러야 한다는 주장도 아직 아물지 않은 마음의 상처에서 나오는 소리일 것입니다. 그러나 우리나라 정부는 이미 1998년부터 일본의 국가원수를 天皇으로 호칭하고 있고, 모든 공문서에 天皇이라는 용어를 사용하고 있습니다. 중국이나 북한에서도 天皇이라는 용어를 공식적으로 사용하고 있습니다. 우리나라 국사편찬위원회가 간행한 『국사』교과서에는 天皇을 일본어로 발음하여 텐노라고 표기하고 있습니다.

　필자도 일왕 대신에 천황이라는 용어를 사용했습니다. 독자 여러분께서 양해해 주시면 감사하겠습니다.

2022년 가을

구　태　훈

차례

책을 내면서 …………………………………………… 5

제1장 왕의 출현 ……………………………………… 17
   1. 역사의 여명 · 17
      1) 한반도와 일본 열도를 잇는 바닷길 / 17
      2) 조몬 문화 시대 / 18
   2. 새 시대를 연 도래인 · 21
      1) 바다를 건너온 사람들 / 21
      2) 벼농사 전래 / 23
      3) 야요이 토기와 금속기 / 25
   3. 왜국의 왕 · 26
      1) 권력자 출현 / 26
      2) 왜인과 왜국 / 28
      3) 야마타이국의 여왕 / 30

제2장 일본사의 공백기 ……………………………… 34
   1. 왕권의 성장 · 35
   2. 초기 야마토 정권 · 37

3. 야마타이국과 야마토 정권 · 40

      1) 규슈 설 / 40

      2) 기나이 설 / 45

   4. 기마민족정복설 · 47

제3장 가와치 왕조 ·············· 51

   1. 새로운 왕조의 성립 · 51

   2. 왕조의 창립자 · 54

   3. 왜의 5왕 · 59

   4. 야마토 천도 · 63

   5. 도래인과 왕권 · 68

제4장 게이타이 왕조 ·············· 73

   1. 게이타이 천황 · 74

   2. 오오미·오무라지 제도 확립 · 77

   3. 게이타이 왕조와 한반도 · 78

      1) 게이타이 시대 / 78

      2) 긴메이 시대 / 80

   4. 호족의 반란 · 85

제5장 대왕에서 천황으로 ·············· 88

   1. 아스카 시대 · 88

   2. 소가씨의 권세 · 91

   3. 을사의 변 · 97

4. 개혁 정책 · 99
  5. 동북아 정세의 급변 · 103
  6. 임신의 난 · 105
  7. 텐무 천황 · 107
  8. 지토 천황 · 110
  9. 율령 편찬 · 112

제6장 나라 시대 …………………………………… 116
  1. 후지와라씨 출현 · 117
  2. 천도 계획 · 118
  3. 헤이조경 조영 · 120
  4. 나라 시대 정치 · 125

제7장 헤이안 시대 …………………………………… 135
  1. 간무 천황 · 136
  2. 섭관정치 · 143
   1) 후지와라씨 북가 대두 / 143
   2) 초기 섭관정치 / 147
   3) 섭관정치의 전성 / 151
  3. 원정 시대 · 157
   1) 고산조 천황 / 157
   2) 원정의 성립과 전개 / 159
  4. 무사의 세상 · 164
   1) 미나모토씨 동향 / 164

     2) 다이라씨 동향 / 166

     3) 무사의 난 / 167

   5. 다이라씨와 미나모토씨의 싸움 · 171

     1) 다이라씨 정권 / 171

     2) 내란 일어남 / 175

     3) 다이리씨 멸망 / 178

제8장 가마쿠라 시대 ·· 182

   1. 고시라카와 법황과 미나모토노 요리토모 · 183

   2. 조정과 막부의 관계 · 187

   3. 고토바 상황 · 189

   4. 천황의 즉위 문제와 가마쿠라 막부 · 193

   5. 고다이고 천황 · 197

   6. 겐무의 신정 · 201

제9장 무로마치 시대 ·· 205

   1. 남북조 내란 · 207

   2. 남북조 통일 · 210

   3. 오닌의 난과 그 영향 · 217

   4. 전국시대 천황 · 220

     1) 고카시와바라 천황 / 220

     2) 고나라 천황 / 225

     3) 오기마치 천황 / 227

제10장 오다·도요토미 시대 ··························230
1. 오다 노부나가와 천황 · 230
2. 도요토미 히데요시와 천황 · 244

제11장 에도 시대 ·································253
1. 도쿠가와 이에야스와 천황 · 254
2. 도쿠가와 히데타다와 천황 · 265
3. 막부의 조정 통제 · 271
4. 막부와 조정의 협력 시대 · 276
5. 존왕론의 전개 · 284
6. 막부 말기의 정세와 천황 · 290

제12장 근대·현대 ·······························301
1. 메이지 천황 · 301
   1) 메이지 정부 수립 / 301
   2) 모습을 드러낸 천황 / 307
   3) 황민화 교육과 천황 / 314
   4) 헌법과 천황 / 323
   5) 군대와 천황 / 328
2. 쇼와 천황 · 336
   1) 우익세력과 천황 / 336
   2) 군부와 천황 / 342
   3) 전쟁과 천황 / 350
   4) 패전 후의 천황 / 375

참고문헌 ·· 385

역대천황25대 ·· 391

색인 ·· 402

제1장

왕의 출현

1. 역사의 여명

1) 한반도와 일본 열도를 잇는 바닷길

일본 열도는 혼슈本州・규슈九州・시코쿠四国・홋카이도北海道 등 4개의 큰 섬과 무수한 작은 섬으로 구성되어 있다. 서쪽 편에 있는 규슈와 한반도 남단은 대한해협을 사이에 두고 마주하고 있다. 한반도 남단에서 대한해협을 가로질러 일본 규슈에 이르는 직선거리는 약 190킬로미터다. 바닷길 190여 킬로미터는 선박 제조 기술이 발달하지 않았던 시대에는 꽤 먼 거리였다. 특히 해전 경험이 부족한 대륙의 국가가 군사를 동원해 일본 열도를 침략하는 것은 매우 어려운 일이었다.

그러나 몇몇 사람이 무리를 이루거나 씨족 단위로 대한해협을 건너는 것은 그다지 어렵지 않았다. 바닷길에는 쓰시마対馬 섬, 이키壱岐 섬과 같이 제법 많은 사람이 살 수 있는 넓이의 섬들이 마치 징검다리처럼 놓여있고, 또 일본의 규슈 가까이에는 마쓰우라松浦 제도와 같은 작은 섬들이 제법 많이 흩어져 있다. 배를 타고 가다가 혹시 비바람을 만나도 쉬어 갈 수 있었다.

더구나 우리나라 여수, 마산, 부산 쪽에서 일본 규슈 쪽으로 해류가 흐르고 있다. 그 해류를 타면 크게 힘들이지 않고 일본 규슈 북단에 다다른다. 그 물길을 타고 예부터 많은 사람이 한반도 남부에서 일본 열도, 특히 규슈로 건너가 집단을 이루어 살았다. 또 일본 열도에 거주하는 자들은 마음만 먹으면 바닷길을 되돌아 한반도 남부 여러 지역을 왕래했다.

2) 조몬 문화 시대

일본인은 길고도 긴 구석기 시대를 거쳐 기원전 1만 년경에 조몬縄文

문화 시대를 열었다. 조몬 문화는 토기나 간석기를 사용했다는 점에서 신석기 문화라고 할 수 있다. 구석기 시대에도 일본인이 어떻게 생활했는지 추정할 수 있는 흔적이 확실하게 남아있다. 그러나 그 문화를 복원하거나 당시 사람들이 어떤 정신생활을 했는지 상상하기 어렵다. 그런 의미에서 비교적 잘 정돈된 유적과 유물이 남아있고, 일본인의 정신생활을 추정할 수 있는 것은 조몬 문화 시대 이후라고 할 수 있다.

조몬 시대 사람들은 토기를 만들어 사용했다. 토기는 저온에서 구웠기 때문에 그다지 견고하지 않고 모양도 조잡했다. 색깔은 갈색을 띠었다. 토기는 시기와 지역에 따라 서로 다른 특색을 보여준다. 초기에는 음식을 끓이기에 편리한 끝이 뾰족하고 속이 깊은 토기가 발달했다. 중기 이후에는 용도에 따라 다양한 종류의 토기가 만들어졌다. 조몬 토기의 표면에는 승문繩文 즉, 새끼줄 문양이 새겨져 있었다. '繩文'의 일본어 발음이 조몬이다. 그래서 학자들이 그 토기를 조몬 보기라고 히고, 그 시대의 문화를 조몬 문화라고 부르기로 합의했다.

토기가 발명되면서 일본인의 생활양식이 크게 변했다. 토기 발명 이전의 조리법은 불에 굽는 것이 고작이었다. 그러나 토기가 발명되면서 이전에는 식용으로 할 수 없었던 재료도 끓여서 먹을 수 있게 되었고, 식료를 장기간 저장할 수 있게 되었다. 식량자원이 풍부해지고, 그 질도 높아지면서 사람의 수명이 늘어나고 머리도 발달했다.

조몬 시대 유적 중에서 마와키真脇 유적(이시카와현 호스군 노토초)이 유명하다. 삼면이 바다에 접하고 있는 노토能登 반도는 지형이 매우 복잡하다. 어류가 풍부할 뿐만 아니라 갯벌이 발달해서 조개를 비롯한 해산물이 많이 난다. 이시카와현 동쪽에 있는 산지에서도 식용할 수 있는 식물이 번성했다. 여러 종류의 새와 짐승이 많이 살았다. 이곳에서 조몬 시대 유적이 많이 발견되었다.

수렵과 어로를 주로 하는 조몬인의 생활은 자연환경의 영향을 많이 받았다. 건강도 식료 획득도 스스로 해결할 수 있는 일이 매우 한정되어 있었다. 그래서 조몬인은 다른 세계의 원시인과 마찬가지로 바다, 강, 산, 바위, 태양, 바람 등과 같은 자연현상에 신비한 힘이 깃들어 있다고 믿었다. 주술에 의지하며 신령을 숭배했다. 신령에게 재앙을 피하고 풍요로운 수확을 얻게 해달라고 빌었다. 자신을 보호하는 신령의 노여움을 사지 않으려고 노력했다.

조몬 시대 사람의 주술적인 습속을 엿볼 수 있는 대표적인 유물이 토우土偶이다. 토우는 흙으로 빚은 모형이다. 동물의 모양을 본뜬 것도 있지만 대부분이 인간의 모양, 특히 여성의 형상을 본뜬 것이 많이 출토되고 있다. 특히 여성의 성기·가슴·궁둥이를 강조한 것이 많다. 임신한 여성의 형상도 많다. 여성은 생명력을 상징한다. 신령에게 종족의 번성과 풍성한 수확을 빌기 위해 제작되었을 것이다.

2. 새 시대를 연 도래인

1) 바다를 건너온 사람들

기원전 3세기는 조몬 시대에서 야요이 시대弥生時代로 전환된 시기였다. 야요이 시대는 BC 3세기경부터 AD 3세기에 이르기까지 약 600년간 이어졌다. 야요이 시대에 벼농사, 금속기, 질이 좋은 토기가 보급되었다. 이러한 특징들은 일본 내부의 역사적 발전을 전제로 하면서도 동아시아 여러 민족, 특히 한반도에서 일본 열도로 이주한 종족의 영향을 받았다. 야요이 시대 도래인渡來人은 대부분이 한반도에서 건너온 사람들이었다.

한반도에서 얼마나 많은 사람이 일본 열도로 건너왔을까? 도쿄대학 이학부 교수를 역임한 하니와라 가즈로埴原和郎(1927~2004)의 연구에 따르면, B.C 3세기에서 A.D 7세기까지 약 1000년간 토종 일본인과 주로 한반도에서 일본 열도로 건너온 도래인의 비율이 1 : 9 정도였다. 10명 중 9명이 한반도 남부에서 일본 열도로 건너온 사람의 혈통을 지니고 있었던 것이다.

야요이 시대 규슈와 서부 일본에 거주했던 사람들의 상당수가 한반도 남부에서 건너왔다는 사실은 고고학의 연구 성과로도 증명되었다.

야요이 시대 사람들은 신체적인 조건에서 조몬 시대 사람들과 많은 차이가 있었다. 야요이 시대 사람들은 조몬 시대 사람들보다 얼굴이 길고 키가 컸다. 남성의 신장은 평균平均 163센티, 여성은 평균 151센티 정도였다.

또 조몬 시대 사람들은 키가 작고 머리 모양도 전후가 짧은 단두형이고 사지의 뼈가 짧고 굵다. 이에 비하여 야요이 시대 사람들은 비교적 장신으로 머리 모양은 장두형이고 뼈가 길고 가는 사람들이 대부분이었다. 야요이 시대 사람들을 한반도계 도래인으로 보는 견해가 상당히 설득력을 얻고 있다.

도쿄대학 의학부 출신 인류학자 스즈키 히사시鈴木尚(1912~2004)를 비롯한 몇몇 연구자는 조몬 시대 사람들이 식량 사정이 좋아지면서 체격이 커진 결과 야요이 시대 사람들로 진화되었다는 설을 제기했지만, 야요이 시대에 선주민이었던 조몬 시대 사람들이 대륙에서 일본으로 건너온 도래인들로 교체되었다는 설이 가장 유력하다.

사람이 가면 언어와 문화도 따라간다. 규슈를 비롯한 서부 일본으로 건너온 도래인의 대부분이 한반도 남부 사람이라면, 그 사람들의 언어가 사실상 당시의 일본어였다고 보는 것이 타당하다. 몽골어·한국어·일본어 연구의 권위자 핫토리 시로服部四郎(1908~95) 도쿄대학 언어학과 교수는 일본어의 원형이 되는 언어가 벼농사와 더불어 시작했다고 주장했다. 한국에서 일본으로 건너가 벼농사를 전파한 사람들의 말이 고대 일본어가 되었다는 것이다. 그렇다면 한반도 남해안 일대와 일본의 규슈를 비롯한 서부 일본 사람들이 거의 같은 말을 사용했을 것이다.

2) 벼농사 전래

야요이 문화는 벼농사를 짓던 한반도 남부 사람들이 일본 열도로 이주하면서부터 시작되었다. 벼는 일본인의 생활과 결코 떼어 놓을 수 없는 식물이다. 벼의 껍질을 벗긴 것이 쌀이다. 쌀은 칼로리가 매우 높은 식물이다. 온대 지방에서는 봄에 씨를 뿌려 가을에 거두어들이는 일년생 재배식물이다.

일본에서 널리 재배된 벼는 한반도는 물론 중국에서도 재배되던 품종이다. 특히 중국 양자강 유역에서 사천·운남 지역까지 분포되어 있던 품종이었다. 그것이 어떤 경로를 통하여 일본 열도에 전해졌는지는 명확하지 않다. 중국 북부의 황하 유역에서 한반도를 거쳐서 일본으로 들어왔다는 설과 중국의 중·남부 지역에서 직접 일본으로 들어왔다는 설이 있다. 현재는 중국 중·남부의 해안에서 재배되던 품종이 한반도 남부에 전해졌고, 그것이 다시 일본으로 전해졌다는 설이 유력하다.

일본의 벼농사는 규슈와 혼슈의 서쪽에서 시작되었다. 그곳은 한반도에서 바다를 건너온 도래인들이 무리를 이루어 정착했던 곳이다. 야요이 시대 전기의 벼농사는 물이 흐르는 계곡이나 서수지 근처 또는 습지에 소규모로 조성된 논에서 시작되었는데, 점차로 많은 사람이 함께 논을 개간하고, 먼 곳에서 물을 끌어들이는 관개시설을 만늘어 대규모 경작지를 조성했다.

BC 3세기경 규슈에서 시작된 벼농사는 BC 2세기에 이르러 혼슈의 오사카 평원 일대에 보급되었다. 기원 전후에는 관동 지방과 동북 지방 남부까지 보급되었고, AD 2~3세기에는 동북 지방 북부까지 전파되었다. 벼농사가 보급되면서 사람들이 농사에 편리한 평야 지대로 거주지를 옮겨 마을을 형성하고 살게 되었다. 사람들은 농업 생산량을 늘리기 위해서도, 외부의 적으로부터 마을을 지키기 위해서도, 지도자와 규율이 필요했을 것으로 여겨진다.

2세기경에 조성되었을 것으로 추정되는 도로登呂 유적(시즈오카현 시즈오카시 스루가구 소재)은 경작지가 7만 킬로미터에 달한다. 논 한 마지기당 평균 면적은 1400킬로미터로 매우 넓은 편이다. 논두렁은 폭이 1미터 정도이다. 논두렁 양편에 말뚝이나 널판을 깊이 박아 고정했다. 이런 규모의 경작지를 조성하려면 수많은 노동력이 동원되어야 했을 것이다. 농경지 주변에 매우 큰 규모의 마을이 형성되었을 것이다.

3) 야요이 토기와 금속기

야요이 시대에는 적갈색을 띤 토기가 사용되었다. 야요이 토기는 조몬 시대의 그것보다 월등히 높은 수준의 기술이 적용되었다. 한반도에서 들여왔거나 한반도 도래인이 만든 야요이 토기는 조몬 토기보다 질이 좋은 점토를 높은 온도에서 구운 것이었다. 그릇의 두께는 얇고 단단했다. 토기에는 문양이 거의 없고, 있다고 해도 단순한 기하학적인 문양이었다. 야요이 토기는 서부 일본에서 점차로 동부 일본으로 전해졌다.

야요이 시대에 금속기가 사용되었다. 금속기 문화는 청동기 시대에서 철기 시대로 발전하는 것이 일반적이지만, 일본에는 청동기와 철기가 거의 같은 시기에 전래했다. 오히려 청동기보다 철기가 먼저 전해졌을 가능성이 크다. 일본에 청동기가 전해졌을 무렵, 한반도는 이미 철기 시대로 접어들었기 때문이다.

야요이 시대 전기에 도끼나 작은 칼과 같은 철제 도구가 한반도에서 일본으로 전래되었다. 야요이 시대 전기에서 중기에 걸쳐 한반도에서 들어온 청동제 칼과 창이 주로 규슈에 분포되어 있었다. 중기부터 일본에서도 철제 농구나 무기가 제작되었다. 주로 한반도 남부에서 수입된 철을 이용해 제작했을 것이다. 야요이 시대 후기에는 동부 일본에서도 철기를 사용했다.

철기가 실용적인 도구로 사용되면서 야요이 시대 사람들의 생활 수준이 향상되었다. 그렇다고 철제 도구가 일반적으로 사용된 것은 아니었다. 철제 도구를 사용하는 계층은 한정되어 있었고, 일반 사람들은 여전히 석기나 목기를 사용하고 있었다.

3. 왜국의 왕

1) 권력자 출현

농경의 발전은 사회의 변화를 초래했다. 벼농사가 발달하면서 공동체의 수장은 특권 신분이 되었다. 생산이 향상되면서 부를 축적하는 자가 출현했고, 부가 축적되면서 계급분화가 촉진되었다. 공동체 내부는 물론 마을 간에도 빈부의 격차가 생겼다.

1세기 전후에 지역 집단을 통솔하는 수장이 나타났다. 몇 개의 마을이 참여하는 대규모 공동 작업이 진행되면서 보다 큰 단위의 공동체를 이끄는 지도자가 필요했을 것이다. 농경생활에서는 계절의 변화나 기후, 특히 일조량이 중요했다. 그런 자연현상은 인간의 능력으로는 어찌

할 수 없는 영역이었다. 그래서 자연을 관장하는 신령들을 달랠 수 있는 주술능력을 가진 자가 수장으로 추대되었을 것이다.

수장은 주술로 농경의례를 관장하고, 용수로를 중심으로 지역의 주민을 통솔하고, 다른 집단과의 교섭을 주도하면서 권력을 강화했다. 유력한 수장은 더욱 큰 집단을 형성하면서 넓은 지역을 다스리는 지배자로 성장했다.

규슈의 북부를 중심으로 발달한 묘지제도를 살펴보면 계급이 발생했다는 것을 알 수 있다. 그동안 규슈에서 여러 형태의 묘지가 발굴되었다. 옹기 두 개를 서로 맞대어 연결하고 그 속에 시체를 안치한 옹관묘, 구덩이에 판석을 두르고 그 안에 시체를 안치한 상자식 관, 3~4개의 지석 위에 크고 넓은 돌을 덮은 지석묘 등이었다. 특정한 묘지에서는 한반도에서 제작된 청동제 칼과 창 능의 부장품이 출토되었다.

1세기경에 조성되었을 것으로 추정되는 규슈의 스구須玖 유적(후쿠오카현 가스가시 오카모토초)에서도 많은 청동기가 발굴되었다. 유물은 여러 개의 옹관묘 중 한 묘에서 출토되었다. 거기에서 청동제 칼과 창 이외에 유리로 만든 구슬을 비롯한 부장품이 출토되었다. 유물 중에는 중국에서 제작된 동경도 있으나 한반도에서 만든 무기가 대부분이었다.

당시 한반도 남부 지역, 일본 열도의 규슈, 혼슈의 서쪽 지역은 같은 문화권이라고 할 수 있었다. 규슈의 북쪽과 혼슈의 서쪽 지역은 한반도에서 건너온 종족들이 씨족이나 부족 단위로 집단을 이루어 거주하던 지역이었다. 고고학 연구 성과에 따르면, 야요이 시대 규슈나 혼슈의 서쪽 지역에서 등장한 권력자는 대부분이 한반도에서 건너온 도래인 집단의 지도자였다.

2) 왜인과 왜국

『한서』 지리지에 따르면, BC 1세기경 한사군 중의 하나인 낙랑군에서 멀리 떨어진 바다에 왜인이 있었고, 그들이 사는 곳은 100여 개의 소국으로 나뉘어져 있었다. 소국의 수장 중에는 정기적으로 낙랑군에 사신을 보내 조공하는 자도 있었다. 왜인들은 조공의 기회를 이용하여 중국 문물을 받아들였을 것이다.

『후한서』의 왜전에 따르면, 57년에 왜의 나국奴国의 왕이 후한의 수도 낙양에 사신을 보내어 조공했다. 광무제가 나국의 왕에게 「漢委奴国王」이라는 금인 즉, 금으로 만든 도장을 하사했다는 기록이 있다. 나국은 지금의 규슈 후쿠오카시 인근에 있던 소국이었을 것으로 추정된다.

107년에 나국이 아닌 다른 왜의 소국 왕이 후한에 조공했다. 수승帥 升이라는 왜국왕이 노예 160명을 바치면서 황제에게 알현을 청했다. 중국 사서에 처음으로 '倭國王'이라는 칭호가 등장한 것이 주목된다. 수승이 통치하던 지역은 이토국伊都國(지금의 후쿠오카현 이토시마군 지역으로 추정되는 곳) 또는 마쓰라국末盧國(지금의 사가현 가라쓰 지역으로 추정되는 곳) 이라는 견해가 유력하다. 이것을 통하여 1~2세기경에는 규슈 북부를 중심으로 소국이 성장했고, 맹주의 지위가 반세기 만에 교대되었다는 것을 알 수 있다.

  2세기 후반에는 중국의 후한 왕조가 쇠퇴하면서 주변 세계에 대한 영향력도 약화했다. 이 시기에 만주에 근거지를 둔 고구려가 세력을 확장하며 후한을 압박했다. 이 무렵 일본 열도는 전쟁의 시기에 접어들었다. 소국의 수장들이 서로 항쟁하면서 패권을 다투는 일이 되풀이되었다. 유력한 수장이 주변 지역을 무력으로 통합하면서 보다 넓은 지역을 지배하는 지도자로 성장했다.

  항쟁 과정은 치열했다. 규슈의 요시노가사토吉野ヶ里 유적(사가현 간자키군 요시노가리초), 아이치현의 아사히朝日 유적(나고야시 니시쿠)에서 그 흔적을 찾아볼 수 있다. 해자와 망루를 비롯한 방어시설이 마을 전체를 에워싸고 있었다. 마을 자체가 견고한 진지였다. 이곳에서 발굴된 남성 인골은 얼굴이 길고 신장이 160센티가 넘었다. 한반도에서 건너온 도래인으로 추정된다. 그런데 이곳에서 발굴된 인골 대부분에서 깊은

상처가 확인되었다. 목이 잘린 것도 있었고 어깨에 화살촉이 박힌 것도 있었다. 소국 간의 경쟁이 매우 치열했음을 생생하게 보여주는 유적이다.

3) 야마타이국의 여왕

동란을 거치면서 일본 열도에 28개의 소국을 통괄하는 지배자가 출현했다. 야마타이국邪馬台国의 히미코卑弥呼였다. 28개 소국의 지도자가 히미코를 공동의 왕으로 추대했다. 3세기 후반에 편찬된『위지』「동이전」의 왜인조에 히미코와 야마타이국에 대하여 비교적 상세히 기록되어 있다.

『위지』에 다음과 같은 기록이 있다. "그녀는 귀도에 능하여 사람들을 현혹한다. 나이는 이미 들었으나 남편이 없고, 남동생이 보좌하여 나라를 다스렸다. 히미코가 왕이 된 다음에는 그녀를 본 사람이 드물었다. 1000명의 여자 노예가 시중을 들었고, 단지 한 사람, 음식을 준비하고 히미코의 말을 전달하는 남자가 있었다."

히미코가 '귀도에 능하여 사람들을 현혹한다.'는 기록은 그녀가 신과 교통할 수 있는 영적 능력을 갖춘 인물이었음을 말해 주는 것이다.

히미코라는 호칭은 중국의 사신이 왜인의 말을 듣고, 그 소리를 한자로 표기한 것이다. 그래서 그 소리가 무슨 뜻인지 살펴보아야 한다. 히미코는 한반도에서 건너온 도래인이 정착한 곳의 지명 히무카日向의 고대 일본어의 발음이라는 설이 있다. 히무카는 해를 맞이하는 곳이라는 뜻이다. 그러나 『위지』의 '귀도에 능하여'라는 표현에 주목하면, 히미코는 해[ひ]와 무녀[みこ]가 합해진 말이라고 해석하는 것이 합당하다. 요컨대, 히미코는 신통력이 뛰어난 무녀였고, 태양을 숭배하던 한반도 도래인 집단이 왕으로 추대한 인물이었을 것이다.

히미코는 스스로 빙의되어 신의 계시를 받았을 것이다. 빙의 상태에 들어가려면 특별한 의식이 필요했다. 그런 의식을 마쓰리祭라고 했다. 빙의되는 존재를 간누시神主라고 한다. 그런데 간누시를 빙의 상태로 인도하려면 옆에서 시중을 드는 사람이 필요했다. 그 사람을 나카토미中臣라고 했다. 나카토미는 빙의에 든 간누시를 통하여 신에게 질문하고, 신의 계시를 듣고 기록하는 역할을 담당했다. 『위지』에 '남동생'으로 기록된 자가 나카토미였을 것이다.

히미코는 '왕이 된 다음에 그녀를 본 사람이 드물'었을 만큼 궁중 깊숙이 은거했다. 히미코의 임무는 신의 뜻을 알고 받드는 것이었다. 사람과 접촉하고 정치를 담당한 것은 '남동생'이었다. 다시 말하면 히미코는 권위적 존재였고, '남동생'은 권력적 존재였다. 히미코의 이야기에서 '천황은 군림하나 통치하지 아니하고' 실제 정치는 중신에게 위임하는 일본적 정치문화의 일단을 엿볼 수 있다.

'음식을 준비하고 히미코의 말을 전달하는 남자' 또한 '남동생'과 함께 히미코를 보좌하며 정치를 담당하는 측근이었다. 특히 '히미코의 말을 전달하는' 역할을 했다는 것은 히미코가 모든 것을 믿고 위임하는 중신이었으며 '남동생'에 버금가는 권력자였다는 뜻이다. '남동생'과 '히미코의 말을 전달하는 남자'는 훗날 야마토大和 정권의 오미大臣 · 오무라지大連 제도의 원형이라고 할 수 있다.

히미코는 중국의 위나라에 적극적으로 사신을 파견했다. 위 황제는 히미코에게 왕의 칭호와 함께 「親魏倭王」이라는 금인, 동경, 견직물 등을 하사했다. 위 황제는 특히 동경 100개를 하사했다. 히미코는 그것을 소국의 수장에게 나누어주었다. 진귀한 물건을 신하들에게 나누어주는 행위는 지배자로서의 권위를 과시하며 충성을 요구하는 매우 중요한 정치적 행위였다고 할 수 있다. 243년에도 히미코가 중국과 교섭을 했다는 기록이 있다.

이 무렵은 동아시아 국제정세가 크게 동요하던 시기였다. 한반도 남부의 여러 정치 세력이 연합하여 한사군의 하나인 대방군을 공격했다. 일본 열도도 다시 동란의 시기에 접어들었다. 『위지』에 따르면, 야마타이국의 남쪽에 구나국狗奴國이 있었는데, 히미쿠코卑弥弓呼라는 남자가 왕이었다. 구나국은 야마타이국에 속하지 않은 소국이었다. 3세기 중엽, 구나국이 야마타이국을 침략했다. 히미코는 구나국과 전쟁 중인 248년경에 사망한 것으로 추정된다.

히미코가 사망한 후, 야마타이국은 남성에게 왕위를 잇게 하려고 했으나 사회가 다시 혼란해졌다. 그래서 결국 히미코와 혈연관계가 있는 이요壹与라는 13세 소녀를 왕으로 세우니 비로소 혼란이 진정되었다. 『진서』에 따르면, 위가 멸망한 다음 해인 266년에 이요로 추정되는 왜의 여왕이 진의 수도인 낙양으로 사신을 보냈다. 『진서』 본기 11월 조에 '왜인이 와서 방물을 바쳤다.'는 기록이 있다. 이것을 마지막으로 약 150년간 중국의 역사서에서 왜의 기록이 모습을 감췄다. 물론 야마타이국의 운명도 어떻게 되었는지 알 수 없다.

야마타이국의 위치에 대한 논쟁은 일본 고대사의 쟁점 중의 하나다. 일본고대사 연구자뿐만 아니라 일본 국민도 관심을 가지고 지켜보고 있다. 일본 국가의 기원과 불가분의 관계가 있는 중요한 문제이기 때문이다. 현재 야마타이국의 소재지를 둘러싼 논쟁은 규슈의 북쪽으로 보는 설과 기나이畿內 즉, 야마토(지금의 나라奈良를 중심으로 하는 지역)로 보는 설이 대립하고 있다.

제2장

일본사의 공백기

　중국 문헌에 기록된 왜국 관련 기사는 266년을 끝으로 막을 내렸다. 그리고 왜국에 관한 기사가 중국 문헌에 다시 등장하는 것은 413년이다. 중국 남조의 『진서』에 따르면, 이 해에 왜국의 왕 찬讚이 조공했다. 중국 사료에서 약 150년간 일본과 관련된 기록이 모습을 감추었던 것이다.

　고구려와 백제의 기록에 왜국의 사정이 단편적으로 드러난다. 414년에 건립된 고구려 광개토왕비에 왜국이 4세기 말에 한반도 여러 지역에서 활약했다는 기록이 있다. 이소노카미石上 신궁(나라현 텐리시)에 보관된 칠지도의 명문에 백제와 왜왕의 교류 기록이 확인된다. 명문에 따르면, 칠지도는 4세기 후반에 백제에서 제작되어 왜왕에게 하사했다는 것을 알 수 있다. 하지만 3세기 후반부터 4세기 중반까지 한반도 국가의 사료에도 왜국의 기록을 찾을 수 없다.

그러나 3세기 중엽에서 4세기 말에 이르는 시기에 왜국이 자취를 감춘 것은 아닐 것이다. 사료가 없다고 해서 일본인의 삶과 권력 쟁취 과정이 없었던 것은 아닐 것이다. 일본 열도에서도 국가 형성이 진행되었을 것이고, 왜인들은 치열한 삶을 전개했을 수도 있다. 그들의 삶의 자취를 살려내려면 어쩔 수 없이 합리적인 상상의 나래를 펴지 않을 수 없다. 고대사 연구자들은 이 시기 왕권의 동향을 둘러싸고 여러 학설을 제기했다. 하지만 누구나 신뢰할 수 있는 사료가 없는 한, 그들의 학설은 추측·억측의 단계에 머무를 수밖에 없을 것이다.

1. 왕권의 성장

3세기 말에 진이 중국을 통일했다. 이 왕조를 역사상 서진이라고 한다. 서진은 국내 문제가 복잡하게 전개되어 국력을 떨치지 못했다. 4세기 초에는 흉노를 비롯한 북아시아 세계의 여러 유목민이 북중국을 침략하여 그곳에 국가를 건설했다. 서진이 멸망하자 진 황실의 후예가 강남 지방으로 피란하여 동진을 세웠다. 이후 중국은 300여 년 동안 남북조 시대였다. 중국의 북부에서 여러 유목민이 세운 국가가 흥망을 되풀이했고, 남부에서는 한족이 세운 국가가 정권을 교대했다.

한반도에서 3세기 중엽에서 4세기 중엽에 이르는 시기에 국가가 형성되었다. 만주(중국 동북 지역)에 근거지를 두었던 고구려는 한반도 북부 지역으로 영토를 확장했다. 313년에는 낙랑군을 멸망시키고 북아시아 지배의 발판을 구축했다. 한반도 남부에서도 마한 지역에서 백제, 진한 지역에서 신라, 변한 지역에서 가야가 제각기 발전을 거듭하고 있었다.

이러한 시기에 일본 열도에서는 어떠한 움직임이 있었는지 구체적으로 알 수 없지만, 중국과 한반도의 사회변동을 염두에 두고 생각해 보면, 4세기에 들어서면서 지금의 나라를 중심으로 하는 지역에서 야마토 정권이 성장했고, 이 정권은 점차로 규슈의 북부에서 혼슈 중부에 이르는 지역의 호족들과 정치적 연합을 모색했을 것이다.

한편, 쓰쿠시筑紫(지금의 규슈 북부 지역), 게누毛野(지금의 군마현과 도치기현 일대를 아우르는 지역), 기비吉備(지금의 오카야마현을 중심으로, 히로시마현의 동부, 효고현의 서부에 걸친 지역), 이즈모出雲(지금의 시마네현의 동부 지역) 등의 지역에서도 유력한 지역 정권이 성장했을 것이다. 지역 정권은 야마토 정권을 포함한 여러 지역 정권 또는 한반도의 여러 국가 및 지역의 실력자와도 교류했을 것이다.

2. 초기 야마토 정권

4세기의 야마토 정권은 『일본서기』와 『고사기』에 천황 가문의 조상으로, 지금의 나라현 북부 나라분지의 동남부에 있는 미와산三輪山(나라현 사쿠라이시 소재) 인근에 근거지를 두었다고 전해지는 왕권을 말한다. 미와 왕조라고도 한다. 『일본서기』와 『고사기』에는 초대 진무부터 10여 명의 왕의 계보가 기록되어 있으나 그들의 대부분이 날조된 인물이다.

일본 사학계에서는 『일본서기』에 기록된 초대 천황 진무神武는 물론, 2대 천황부터 9대 천황까지도 가공의 인물로 보고 있다. 이들이 날조된 인물이라는 가장 분명한 근거는 『일본서기』에 이들의 행적이나 사적이 전혀 기록되지 않았다는 점이다. 『고사기』에 천황이 사망한 해의 간지가 10대 스진崇神 천황부터 기록되어 있다는 점도 초대에서 9대까지의 천황이 날조된 인물임을 방증하는 것이다.

연구자들은 10대 스진은 실재한 인물로 보고 있다. 『일본서기』에 그의 일본식 시호가 하쓰쿠니시라스스메라미코토御肇国天皇라고 기록되어 있다. 하쓰쿠니는 '처음으로 나라를 열었다'는 뜻이고, 스메라미코토는 통치자를 이르는 말이다. 한자로 '天皇'이라고 쓰고 스메라미코토로 읽었다. 『고사기』에는 하쓰쿠니시라시시미마키노스메라미코토所知初国之御真木天皇라고 되어 있다. 天皇을 '미코토'로 읽기도 했다. 미마키御真木는 한반도 남부의 가야를 이르는 말인데, 일본인들은 가야 지역을 미마나로 표현하기도 한다. 요컨대, 스진은 '처음 나라를 연 가야의 천황'이라는 뜻이다.

원래 하쓰쿠니시라스란 처음 왕조를 연 지배자에게 주어지는 시호이다. 그래서 『일본서기』에 초대 천황으로 기록된 진무의 일본식 칭호가 하쓰쿠니시라스스메라미코토始馭天下之天皇이다. 역대 천황의 일본식 시호 중에 '하쓰쿠니시라스'를 칭한 것은 진무와 스진뿐이다. 그런데 같은 '하쓰쿠니시라스'라고 읽어도 진무는 한자로 '天下'라는 추상적인 용어, 스진의 경우에는 '国'이라는 구체적인 용어로 표기했다. 또 스진의 경우에는 『일본서기』와 『고사기』에 모두 '하쓰쿠니시라스'라는 칭호를 부여했으나 『고사기』는 진무에 그런 칭호를 부여하지 않았다. 그래서 연구자들은 초대 천황 진무는 역사 편찬자들이 왕실의 권위를 높이기 위해, 왕권 성립 시기를 옛날로 끌어올려서 날조한 인물로 보고 있다.

초대 진무에서 9대 가이카開化까지 9명의 인물만 조작된 것이 아니다. 11대 스이닌垂仁은 실재한 것으로 인정되지만, 12대 게이코景行, 13대 세이무成務, 14대 추아이仲哀는 물론, 추아이의 왕후이며 15대 천황 오진應神의 어머니로, 신라를 정벌하여 일본의 국위를 선양한 인물로 기록된 진구神功의 이야기도 날조된 것으로 보고 있다. 초대 진무에서 15대 오진에 이르기까지, 진구를 포함한 16명 중 14명이 날조된 인물이라고 할 수 있다.

하지만 연구자들은 미와 왕조가 실재한 것으로 보고 있다. 미와 왕조의 본거지였을 것으로 추정되는 미와산 기슭에서 그리 멀지 않은 지금의 나라현 사쿠라이시와 텐리시 인근에 3세기 말엽에서 4세기 중엽에 조성되었을 것으로 여겨지는 고분이 다수 존재한다. 그중에는 길이가 200미터가 넘는 대형 고분도 있다. 그것은 왕권을 중심으로 연합체를 형성한 호족 집단이 실재했다는 증거가 될 수 있다. 3세기 중엽에서 4세기 초엽에 이르는 시기에 스진을 시조로 하는 미와 왕조가 성립했다는 것이 통설이다.

미와 왕조가 존재했고, 스진·스이닌 또한 실재한 왕이라고 해서, 스진·스이닌 천황과 관련된 『일본서기』와 『고사기』의 기록이 믿을 수 있다는 것은 아니다. 이미 나오키 고지로直木孝次郎(1919~2019)가 밝혔듯이, 『일본서기』의 스진기에 일본신화에 일본의 창조신으로 등장하는 아마테라스오미카미天照大神의 위패를 두 번이나 옮긴 끝에 이세伊勢 신궁(미에현 이세시 소재)에 안치되었다는 이야기가 있는데, 그것은 6

세기경에 성립된 이세 신궁의 기원을 오래된 것으로 꾸미기 위해 날조한 이야기이다. 또 스진기에 4명의 장수를 사도장군四道將軍에 임명하여 각 지역에 파견했다는 이야기는 589년에 조정이 각지에 파견한 장수의 이야기를 모방하여 창작한 것이다. 미와 왕조의 다른 기록도 5세기 이후에 날조된 것이 대부분이라고 할 수 있다.

3. 야마타이국과 야마토 정권

1) 규슈 설

규슈 설 즉, 야마타이국이 규슈에 있었다는 설은 일본신화에 등장하는 진무의 동정신화 즉, 진무가 규슈에서 군사를 일으켜 혼슈의 서쪽 지방을 다스리고 있던 여러 호족 세력을 차례로 정복하고 야마토 지역으로 천도했다는 이야기와 불가분의 관련이 있다.

3세기 말엽에서 4세기 초엽에 이르는 시기에 규슈에서 커다란 정치적 변혁이 일어났다. 야마타이국의 히미코를 중심으로 하는 규슈 북부의 연합세력과 구나국이 이끄는 규슈 남부의 세력이 충돌했다. 규슈는 전쟁의 시대로 접어들었다. 규슈가 전쟁의 소용돌이에 휩싸였다는 사실은 『위지』 「왜인전」을 통해서도 확인할 수 있다.

규슈의 남부에 구마소熊襲라고 불리는 세력이 있었다. 그런데 구마소는 하나의 종족이 아니고 '구마'와 '소'라는 종족 또는 부족을 일컫는 말이었다. 규슈 남부의 산기슭에 살면서 어느 정도 문명의 혜택을 받은 주민은 구마비토熊人, 산속 깊은 곳에 사는 주민은 소비토襲人라고 불렸다. 언어학자 가나자와 쇼자부로金沢庄三郎(1872~1967)에 따르면, 구마소는 신라나 가야 사람과 같은 종족일 가능성이 있는데, 이들이 야마타이국과 대립하던 구나국의 여러 종족이었다. 미즈노 유水野祐(1918~2000)의 주장에 따르면, '구나'는 '큰'이라는 한국어 발음이다. 구나국의 중심지는 휴가日向(지금의 미야자키현 휴가시) 지역이었을 것으로 추정된다.

구나국이 이끄는 호족세력은 야마타이국이 이끄는 연합세력을 무찌르고 규슈의 북부를 지배하에 넣었고, 이어서 규슈 남단의 오즈미大隅(지금의 가고시마현 동부)와 사쓰마薩摩(지금의 가고시마현 서부)도 장악했다. 그 무렵 혼슈에서도 큰 정치적 변혁이 있었다. 초기 야마토 정권이 서부 일본 쪽으로 세력을 넓히면서 기비와 이즈모를 지배하던 여러 지역 호족 세력을 복속시켰다.

3세기 말경에 혼슈의 서부 일대를 장악한 초기 야마토 정권과 규슈를 통일한 구나국이 대립하게 되었다.『일본서기』추아이·진구 조에 나오는 구마소 정벌 이야기를 통해 두 세력 사이에 충돌이 있었다는 것을 알 수 있다. 초기 야마토 정권은 규슈로 군대를 보냈다. 규슈에 전운이 감돌았다.

규슈 설 중에 (1) 구나국과의 전쟁에서 패배하여 더는 규슈 북부에 본거지를 둘 수 없게 된 야마타이국이 야마토로 근거지를 옮겼다는 설이 있다. 하지만 히미코의 후계자가 동쪽으로 옮겨가서 야마토 정권의 기원이 되었다면, 일본사에 반드시 히미코가 등장했을 것이다. 또 신화에도 일본 국가의 발상지가 휴가가 아니고 규슈의 북쪽으로 설정되었을 것이다. (2) 토마국投馬國 동천설이 있는데, 이 설은 토마국의 위치가 휴가 지방이라고 비정한 모토오리 노리나가本居宣長(1730~1801) 이래의 견해이고 진무 동정신화에 가장 적합하다. 요컨대, 규슈 설은 진무의 동정신화 이야기의 역사적 배경을 합리적으로 설명할 수 있다는 매력이 있다.

규슈 설에 반대하는 주장도 만만치 않다. 진무 동정신화는 5~6세기경에 야마토 지역에 확고한 기반을 구축한 야마토 정권의 기원설화라고 할 수 있는데, 그것을 3~4세기의 사실을 근거로 한 이야기라고 할 수 없다는 것이다. 동정신화에서 가장 큰 공을 세운 진무의 측근 미치노오미道臣와 니기하야히饒速日는 각각 5~6세기 야마토 정권의 권력을 장악했던 오토모씨大伴氏·모노노베씨物部氏의 선조라는 사실에 주목할 필요가 있다. 진무의 동정신화 이야기가 과장되거나 창작되었을 가능성이 크다는 것이다.

동정신화에 따르면, 진무가 규슈의 휴가에서 서부 일본의 여러 지역의 지배 세력을 차례로 정복하고 나라 지역으로 진출했다. 그런데 3세기 말에 조잡한 무기로 무장하고, 또 대형 선박도 없었던 야요이 시대 말기의 규슈 사람들이 큰 무리를 이루어 바다를 건너 이동한다는 것이 가능했는지 검토해 보아야 할 문제일 것이다. 규슈의 주민은 농업민족이 아니고 어업에 종사하는 해양민족이라는 의견도 있다. 그렇다면 그들이 왜 내륙의 분지에 있는 나라 지역으로 본거지를 옮겼을까 하는 점도 해명해야 할 과제로 남는다.

규슈 세력이 동쪽으로 진출한 것은 4세기 후반이라는 설도 있다. 미즈노 유의 학설에 따르면, 2세기나 3세기의 이른 시기에 한반도 남부의 기마민족이 규슈 남부로 진출하여 구나국이라는 부족 연합세력을 형성했다. 구나국의 본거지는 일본신화의 발상지인 휴가 지역이었다. 앞에서도 말했지만, 구나국의 '狗'는 고대 한국어로 '큰'이라는 뜻이다. 즉 '狗奴國'은 원래 '大奴國'으로 표기해야 마땅했는데, 『위지』의 편찬자가 '큰'이라는 발음과 비슷한 '狗'자로 바꿔썼을 것으로 여겨진다.

미즈노 유는 다음과 같이 주장했다. 규슈의 북쪽에 나국奴国이 있었다. 규슈와 한반도 남부를 무대로 활동하는 해양민족을 주축으로 형성된 나국은 한반도 남부 가야 지역에 있던 구야한국狗邪韓國 세력이 규슈의 해안에 세운 분국이었다. 그들은 기마민족의 후예였다. 야마타이국이 대두하면서 점차 세력을 잃게 된 나국의 지배층 일부가 규슈 남쪽의 휴가 지역으로 옮겨가서 구나국이라는 새로운 왕국을 세웠다. 구나국은 규슈 동쪽 해안선을 따라 남쪽으로 나아가 원주민들을 정복하면서 발전을 거듭했다. 경제력과 군사력을 기른 구나국은 이윽고 히미코를 맹주로 하는 규슈 북부의 연합세력을 제압하고 규슈를 통일했다.

한편, 나라 지역에 본거지를 둔 초기 야마토 정권은 점차로 혼슈 서쪽으로 세력을 넓혀 이즈모와 기비에 본거지를 둔 세력을 지배하에 두고, 이윽고 3세기 말에서 4세기 초에 추아이 천황이 직접 군대를 거느리고 간몬關門 해협(혼슈의 야마구치현 시모노세키시와 규슈 후쿠오카현 기타큐슈시 사이의 해협)을 건너 규슈 침략을 개시했다. 하지만 격전 끝에 추아이가 전사하면서 야마토 정권이 패배했다. 큰 승리를 거둔 구나국은 여세를 몰아 4세기 말경에 정권의 본거지를 규슈의 휴가에서 오사카 지역으로 옮겨 닌토쿠仁德 천황을 시조로 하는 가와치 왕조를 세웠다. 미즈노 설은 에가미 나미오江上波夫(1906~2002)의 기마민족정복설과 통하는 점이 있다. 도쿄 대학의 이노우에 미쓰사다井上光貞(1917~83)는 미즈노 설을 네오 기마민족정복론이라고 말했다.

야마타이국의 후계자는 4세기 이후에도 여전히 규슈 북부의 유력한 왕권으로 존속했다는 설도 있다. 이 설에 따르면 5세기에 중국 남조의 동진·송 등에 조공한 소위 왜의 5왕은 야마토 정권의 대왕이 아니라 규슈 북쪽에 있던 왕이라는 것이다. 후루타 다케히코古田武彦(1926~2015)의 주장에 따르면, 7세기 초에 중국의 수나라에 사신을 보낸 것은 야마토 정권이 아니며, 수나라 사신 배세청裴世淸이 왜국에 와서 만난 왕도 나라에 있던 천황이 아니라 규슈의 어떤 왕이라는 것이다. 그 왕조는 7세기 중엽까지 존속했다는 것이다. 사료의 약점을 간파한 견해라고 할 수 있겠다.

2) 기나이 설

기나이 설은 야마타이국이 처음부터 나라의 미와산 기슭에 있었다는 것을 전제로 한다. 그래서 야마타이국과 야마토 정권의 관계를 밝히는 것이 중요한데, 크게 두 가지 설이 제기되었다. 야마타이국의 히미코와 그의 후계자 이요를 중심으로 하는 정치조직이 그대로 초기 야마토 정권이었다는 설, 야마타이국의 히미코와 이요의 후계자가 3세기 말이나 4세기 초에 야마토 정권의 왕이 되었다는 설이다. 기나이 설에서는 전자의 설이 유력하다.

『일본서기』의 편자는 진구 황후라는 가공의 인물을 설정하여 3세기

초·중엽에 왕성한 활동을 한 것으로 이야기를 꾸몄다. 특히 진구가 한반도를 침략해서 신라를 식민지로 삼았다는 이야기를 포함시켰다. 『신라본기』에 있는 히미코와 신라의 교류 기록이 침공의 역사를 날조하는 자료가 되었을 것이다. 그리고 『위서』 「동이전」 왜인조에 기록된 히미코에 관한 기사를 진구 황후의 기록에 끼워 넣었다. 히미코를 진구 황후로 꾸미려는 의도가 있었다는 것을 의미한다.

일찍이 동양사 연구의 선구자 나이토 도라지로内藤虎次郎(1866~1934)는 히미코를 10대 스진 천황이나 13대 게이코 천황 시대의 여인이라는 야마토히메설을 제기했다. 야마타이국이 초기 야마토 정권이 지배하는 국가였다는 것을 주장하는 견해였다. 히미코의 것으로 추정되는 분묘가 하시하카고분箸墓古墳(나라현 사쿠라이시)이라는 가사이 신야笠井新也(1884~1956)의 주장이 나이토의 설에 힘을 실어주었다.

그러나 『일본서기』와 『고사기』 기록의 신빙성에 의문이 제기되면서 위에 제시된 설 역시 비판에 직면하게 되었다. 참고로 『일본서기』는 10대 스진 천황을 기원전 50~60년 전에 활동한 인물로 꾸며놓았다. 히미코는 3세기 중엽에 사망했다는 중국 사서의 기록이 있는데, 히미코가 스이진·게이코 천황 시대의 여인이라는 주장은 어불성설이다. 그래서 초기 야마토 정권의 성립 시기는 아무리 빨라도 『일본서기』와 『고사기』의 기록보다 200여 년이 지난 3세기 말이나 4세기 전반으로 수정하지 않을 수 없는 것이다.

그렇다면 히미코와 그의 후계자 이요는 야요이 시대 말기의 왕이고, 초기 야마토 정권의 왕이라고 여겨지는 스이진과 그의 아들 스이닌은 고분 시대 전기의 왕이라고 해야 할 것이다. 야요이 시대와 고분 시대는 각각 사회적 성격이 달랐고, 또 각각의 시대에 존재했던 왕의 위상도 달랐다고 보아야 할 것이다. 이것이 앞에서 말한 기나이 설 중 후자의 설이다.

히미코·이요 왕권과 스진·스이닌 왕권의 연대를 구별하는 것을 전제로, 양자가 어떤 식이든 관련이 있다고 보는 관점에도 두 가지 설이 있다. 야마타이국이 그대로 발전하여 초기 야마토 정권이 되었다는 견해와 야마타이국과 관련이 없는 다른 계통의 세력이 초기 야마토 정권을 세웠다는 견해로 나누어진다. 그러나 고고학의 연구 성과 이외에 확실한 문헌 자료가 없는 상황에서 두 견해 모두 추측에 불과한 수준이리고 할 수 있다.

4. 기마민족정복설

1948년 5월 에가미 나미오·오카 마사오岡正雄(1898~1982)·야하타 이치로八幡一郎(1902~89)·이시다 에이치로石田英一郎(1903~68)가 좌담회를 열고, 거기에서 논의된 내용을 에가미 나미오가 정리해서 1949년 2월에 『민족학연구』라는 학술지에 발표한 것이 기마민족정복설이다.

좌담회에서 일본민족의 인종적 형성과 민족의 기원에 관해서 폭넓게 논의했다. 오카 마사오는 다음과 같이 주장했다. 만주 남부에 거주하던 부여와 고구려 민족이 기원 전후에서 2~3세기경까지 남하하기 시작했고, 그들은 비교적 짧은 기간에 한반도를 종단해서 일본 열도로 건너왔다. 그들이 천황 가문을 중심으로 하는 세력이었다.

조몬 문화와 야요이 문화를 비교하는 방법을 취한 고고학자 야하타 이치로의 견해는 다음과 같다. 기원전 3~4세기부터 조몬 문화는 이미 한반도의 선진 문화인 야요이 문화의 영향을 받으면서 발전했다. 농경 사회 문화라고 할 수 있는 야요이 문화의 전파자는 조몬 시대 사람과는 전혀 다른 계통의 문화를 보유한 종족이었다. 고분 시대에 주로 한반도에서 도래인이 대규모로 일본 열도로 이주했다. 이주민과 원주민의 혼혈이 거듭되면서 일본민족의 원형이 형성되었다. 요컨대, 조몬 문화와 야요이 문화의 차이는 곧 인종의 차이였다.

동양사 전반을 시야에 넣고 연구한 에가미 나미오는 다음과 같은 결론에 도달했다. 북아시아 세계의 기마민족은 천황 가문을 중심으로 하는 북아시아 세계의 기마민족 부족연합체가 규슈를 거쳐 기나이로 진출하여 정복왕조를 세웠다. 그래서 야마토 정권이 대륙적·정복왕조적 성격이 강하고 또 부족연합체적·군사적 성격을 지니고 있었다.

스진으로 추정되는 기마민족 정복자가 4세기 전반 한반도 남부에 거주하던 왜인 집단을 징검다리로 삼아 일본 열도로 건너왔는데, 당시 규슈의 북쪽, 혼슈 서부의 이즈모 등과 같이 이미 강력한 세력이 정착한 지역으로 상륙하는 것이 매우 곤란한 일이었다. 그래서 규슈의 동쪽으로 돌아 해협을 통과해서 붕고豊後(지금의 오이타현 지역) 지역의 강을 타고 휴가에 상륙했다. 휴가 지역에서 수십 년 동안 경제력과 군사력을 정비한 후, 4세기 말경에 스진의 자손 또는 후계자로 추정되는 오진應神이 세토 내해를 건너 기나이로 진출했다.

일본을 점령한 북방 기마민족이 구체적으로 어떤 민족이었는지 확실히 알 수는 없으나 고구려·부여·에맥 종족이 모두 만주에 거주하던 퉁구스 계통이므로, 바다를 건너 일본을 침략한 민족도 역시 퉁구스 계통의 종족이라고 보아야 할 것이다. 특히 야마토 정권과 백제의 왕족이 아주 각별한 관계였다는 점을 고려할 때, 천황 가문은 물론 유력한 호족 가문도 부여 계통이었을 것이다.

천황 가문을 비롯한 일본민족의 지배계급은 퉁구스 계통의 민족이라는 설, 일본의 정복자가 북방계 기마민족이었다는 설은 일찍이 니시무라 신지西村眞次(1879~1943)를 비롯한 계몽적 학자들에 의해 제기되었다. 단지 선행 연구자들은 이주자 또는 정복자들이 4세기라고 하는 비교적 늦은 시기에 한반도에서 일본 열도로 진출한 것으로 보지 않았다. 『일본서기』와 『고사기』의 기록을 믿고 기원전에 일어난 일이라고 생각했다.

제3장

가와치 왕조

1. 새로운 왕조의 성립

4세기경부터 나라 지역과 세토瀬戸 내해의 일부 지역에 전방후원분이라는 독특한 형태의 고분이 축조되기 시작했다. 5세기에는 오사카 평원에 거대한 고분이 모습을 드러냈다. 고분 시대라고 불릴만한 시대였다. 고분의 주인공은 천황과 그 일족, 그리고 그 지역의 유력한 호족이었을 것이다.

고분 시대는 고분의 형태와 규모, 그리고 석실 구조와 부장품의 차이로 시기를 구분한다. 일반적으로 4세기를 고분 시대 전기, 5세기를 중기, 6세기를 후기로 구분한다. 고분의 전성기는 5세기 초반에서 6세기 초반에 이르는 시기였다.

전기의 고분은 마을과 경작지가 내려다보이는 언덕에 조성되었다. 봉분의 주위를 돌로 에워싸고 봉분 주변에 흙을 원통형으로 빚은 장식물을 묻었다. 유해를 안치하는 시설은 수혈식 석실이나 점토곽으로 조성한 경우가 많았다. 수혈식 석실은 관의 주변에 돌을 쌓아 방을 만들고, 그 위에 천정석을 덮는 방식으로 조성되었다. 관은 통나무를 파내어 마치 배와 같은 형태로 만들었다. 관의 외면에는 점토를 발랐다. 부장품으로 주술적 색채가 짙게 풍기는 동경, 옥으로 만든 귀고리나 팔찌와 같은 장신구, 철제 도검이나 화살촉과 같은 금속제 무기가 부장되었다. 피장자는 정치적인 지배자였지만, 동시에 주술적인 지도자 성격이 강했다는 것을 알 수 있다.

오사카 평원에는 『일본서기』와 『고사기』에 기록된 여섯 왕의 고분이 있는 것으로 알려져 있다. 고분은 평야에 조성되었고, 그 주변에 물을 가둔 해자가 있는 것이 특징이다. 이러한 고분은 나라奈良 분지에 조성된 전기 야마토 정권의 능묘에 비해서 규모가 매우 크다.

가와치 왕조의 고분은 중기의 고분으로 분류된다. 전기의 고분과 같이, 전방후원분의 뒤쪽 즉, 후원분 상단에 유해가 안치되었다. 중후한 느낌을 주는 석관이 제작되었다. 무엇보다도 부장품 내용이 크게 변화했다. 갑주와 마구가 선호되었고, 관, 금은 장신구, 철제무기, 호미나 삽과 같은 철제 농구 등이 부장품으로 묻혔다. 부장품은 중국이나 한반도에서 전래된 것, 권력을 상징하는 것, 실용적인 것이 전기에 비해 많아졌다. 부장품 종류가 3~5세기 만주·북아시아에서 활약했던 기마민족의 그것과 같다는 점도 주목된다.

『일본서기』에 따르면, 천황이 오사카 평원 여러 곳에 저수지를 조성했다. 하천의 물길을 다스리고, 백성들이 농사에 힘쓰도록 독려하면서 선정을 베풀었다. 오진 천황 7년 조에 고구려인, 백제인, 임나인, 신라인 등 여러 가라비토韓人가 도래했는데, 오진이 측근에게 가라비토를 거느리고 저수지를 조성하도록 했다는 기록이 있다.

닌토쿠 천황 11년 4월 조에 다음과 같은 기록이 있다. "하천의 물이 바로 흐르지 않고, 또 흐름도 빠르지 않다. 조금만 비가 많이 와도 바닷물이 역류하여 거리에 배가 뜨고, 도로 또한 진흙으로 덮인다. 여러 신하는 현장을 시찰하고, 물이 바로 흐르지 않는 근본을 바로잡아 바다로 통하게 하고, 바닷물이 역류하는 것을 막아 전지와 택지를 안전하게 하라." 왕궁 북쪽의 들판을 파고 남쪽의 물을 끌어들여 서쪽 바다로 흐르게 했다. 북쪽 하천의 홍수를 막으려고 제방을 쌓았다.(11년 10월) 도성 안에 넓은 도로를 건설하고, 수로를 파서 물을 끌어들이고, 땅을 개간하여 대규모 경작지를 조성했다.(14년 11월). 이러한 기록을 살펴보면, 대규모 토목공사를 벌인 곳이 바다에 면한 평야였고, 왕궁이 바다에서 가까운 곳에 있었다는 것을 알 수 있다.

　천황의 능묘 위치가 오사카 평원에 있었고, 능묘에서 출토된 부장품이 전기의 그것과 전혀 달랐고, 또 왕궁이 바다에서 멀지 않은 곳에 있었고, 천황의 정치 행위 또한 대부분 바다에서 가까운 곳에서 이루어졌다면, 그곳은 산으로 둘러싸인 야마토 지방을 벗어난 곳이 분명하다. 초기 야마토 정권과 혈통이 다른 새로운 왕조가 오사카 평원에 성립되었을 가능성이 있다.

2. 왕조의 창립자

　가와치 왕조 시대에 15대 오진応神, 16대 닌토쿠仁徳, 17대 리추履中, 18대 한제이反正, 19대 인교允恭, 20대 안코安康, 21대 유랴쿠雄略, 22대 세이네이清寧, 23대 겐소顕宗, 24대 닌켄仁賢, 25대 부레쓰武烈 등이 재위한 것으로 되어 있다.

가와치 왕조는 오진 왕조 또는 닌토쿠 왕조라고 불린다. 오진이 가와치 왕조를 창립했다면 오진 왕조라고 불리는 것이 당연하다. 그러나 미즈노 유는 닌토쿠 왕조라고 주장한다. 미즈노는 오진이 가공의 인물이라고 보았다.

오진과 닌토쿠의 기록은 유사한 점이 많을 뿐만 아니라 서로 모순되는 기록도 적지 않다. 이러한 특징은 『일본서기』 편자가 무엇을 조작하려고 할 때 상투적으로 쓰는 수법이었다. 『일본서기』 편자는 계통이 다른 왕조를 마치 혈통이 이어진 같은 왕조처럼 꾸미거나 일본의 역사가 유구하다는 것으로 꾸미기 위해 한 사람의 천황을 두 사람으로 나누는 수법을 사용했다. 한반도에서 일본 열도로 건너온 정복자 10대 천황 스진의 실체를 숨기기 위해 초대 천황 진무의 이야기를 창작한 것이 전형적인 예이다. 미즈노 유는 기마민족의 정복자인 닌토쿠의 정체를 숨기기 위해 오진이라는 인물을 장삭하고, 그 아들도 닌토쿠를 설성했을 가능성이 있다고 보았다.

실제로 『일본서기』와 『고사기』의 오진 관련 기록은 한 왕조를 개창한 인물의 기록이라고 하기에는 너무나 초라하다. 오진 천황의 왕궁이 어디에 있었는지, 그가 어떤 행위를 했는지, 그의 주변에 어떤 인물이 있었는지 등 역사서가 반드시 기록해야 할 기본자료가 거의 없다. 그 밖의 기록도 닌토쿠 기록과 중복되거나 유사한 부분이 있다. 이에 비하여 닌토쿠의 기록은 매우 상세하다.

닌토쿠 천황 원년 정월 조에 지금의 오사카 지역에 도읍했고 왕궁이 고즈궁高津宮(지금의 오사카시 주오쿠에 있는 신사)이라는 기록이 있다. 왕궁의 묘사도 세밀하다. "담장과 대궐에 흰 칠을 하지 않았다. 서까래나 대들보를 장식하지 않았다. 갈대로 지붕을 덮을 때도 끝을 가지런히 다듬지 않았다."

닌토쿠는 역대 천황 중에 가장 인자하고 현명한 군주로 그려진 인물이다. 어느날 닌토쿠가 신하들에게 말했다. "누대에 올라 멀리 바라다보니 사방에 연기가 올라가지 않았다. 백성이 가난하여 집에 밥을 짓는 사람이 없어서일 것이다." 닌토쿠는 조서를 내렸다. "지금부터 3년간 조세와 부역을 면제하여 백성의 노곤함을 덜어주어라." 그리고 그날부터 의복과 신발이 해어지지 않으면 다시 만들지 않았고, 음식이 쉬거나 썩지 않으면 버리지 않았다. 조심하고 근신했다. 담장이 무너져도 쌓지 않고 지붕이 썩어도 그대로 두었다. 그러자 비와 바람이 순조롭게 불어 오곡이 풍성하게 여물었다.(일본서기 4년 2월)

닌토쿠가 3년간 백성의 조세와 부역을 면제해 주거나, 검소하고, 조심하고, 근신했다는 이야기는 중국의 유교사상에서 빌어온 어진 군주 설화에 불과하다. 물론 8세기경 나라 시대의 조정은 태풍, 홍수, 가뭄 등의 천재지변이 있으면 조세와 부역을 반감하는 것이 관례였다. 닌토쿠의 과세 면제 기사가 사실이었을 가능성이 없는 것은 아니다.

그러나 닌토쿠는 막대한 인력을 동원하여 거대한 고분을 조영한 장본인이다. 닌토쿠릉으로 알려진 다이센 고분大仙古墳(오사카부 사카이시 소재)은 전체 길이가 500미터에 가까운 세계 최대의 규모이다. 높이는 이집트의 피라미드보다 더 높다. 평지에 조성되는 고분의 흙을 운반하는 데 하루 1000명의 인부를 동원했다고 가정해도 4년이 걸리는 대공사였다. 이미 18세기 초엽의 유학자이며 정치가 아라이 하쿠세키新井白石(1657~1725)가 그의 저서 『古史通』에서 지적했듯이, 닌토쿠와 그를 섬기는 호족들은 백성을 강제로 동원하여 그들의 피와 땀으로 거대한 고분을 쌓았던 것이다.

❖ 일본 최초의 복수사건

가와치 왕조 시대에 천황 자리를 두고 다투는 일이 많았다. 20대 천황 안코安康는 태자인 형을 궁지에 몰아 죽이고 즉위한 인물이었다. 그의 성격은 매우 거칠었다. 그래서 그와 결혼하려는 여성이 없었다. 안코는 숙부 오쿠사카大草香를 죽이고 숙모를 왕비로 삼았다. 안코는 왕비가 데리고 온 오쿠사카의 아들 마요와眉輪에게 암살되었다. 이때 마요와의 나이 7살이었다. 마요와는 죽음을 앞두고 다음과 같이 말했다. "나는 왕위를 탐한 것이 아니다. 다만 아버지의 원수를 갚았을 뿐이다." 일본 최초의 복수 사건이었다.

❖ 폭군 이야기의 겉과 속

◎ 21대 천황 유랴쿠 또한 무자비하고 난폭한 인물로 묘사되었다. 안코 천황이 암살된 후, 유랴쿠는 두 명의 형과 안코가 후계자로 정한 왕자까지 죽이고 즉위했다. 그는 사람을 잔인하게 죽이기로 악명이 높았다. 백제의 여인이 명을 거역했다는 이유로 불태워 죽였다.(2년 7월) 부하들이 대답을 늦게 했다고 홧김에 옆에 있던 마부를 죽였다.(2년 10월) 목공이 경솔하게 대답했다고 처형했다.(13년 9월) 하지만 유랴쿠에게는 무자비한 인물이라는 비난과 함께 위대한 지배자란 상반된 평가가 공존한다.

◎ 『고사기』는 25대 천황 부레쓰武烈가 8년간 천황의 지위에 있었다고만 기록했는데, 『일본서기』는 역사상 가장 잔인한 폭군으로 그렸다. 사람을 나무 위로 올라가게 한 다음 활로 쏘아 떨어뜨리고, 임부의 배를 갈라 태아를 꺼내고, 사람의 손톱을 뽑은 다음 마를 캐게 하고, 여자를 발가벗겨 판자 위에 앉히고 말과 교접시키는 등 온갖 악행을 저지른 인물로 묘사했다. 그러나 부레쓰의 악행은 고금의 역사서에서 많이 볼 수 있는 진부한 소재에 지나지 않는다. 새 왕조의 성립을 정당화시키기 위한 어용 역사가의 상투적인 글쓰기 수법이다.

3. 왜의 5왕

413년 오진 또는 닌토쿠로 추정되는 왜왕이 중국의 동진에 특산물을 바쳤다. 420년 동진이 멸망한 후에는 왜왕이 중국 남조의 여러 나라에 조공했다. 『송서』에는 찬讚 · 진珍 · 제濟 · 흥興 · 무武라는 왜의 5왕이 421년부터 478년에 걸쳐 차례로 조공한 기록이 있다. 왜왕 무는 송이 멸망한 후 479년에 제, 502년에는 양에 조공했다.

『일본서기』와 『고사기』에는 왜의 5왕에 관한 기록이 없다. 그들이 규슈 북부에 있던 소국의 왕이라는 견해도 있다. 그러나 대부분의 연구자들은 왜의 5왕은 가와치 왕조의 오키미大王이며, 그중에서 제 · 흥 · 무는 각각 『일본서기』에 등장하는 19대 인쿄 · 20대 안코 · 21대 유랴쿠에 해당한다는 데에 의견이 일치하고 있다. 그러나 찬 · 진에 대하여서는 여러 설이 있다. 찬에 대하여서는 15대 오진, 16대 닌토쿠, 17대 리추라는 설이 대립하고 있으며, 진에 대하여서는 16대 닌토쿠, 18대 한제이, 19대 인교라는 설이 대립하고 있다.

왜왕 진은 스스로 6국제군사 · 안동대장군 · 왜국왕이라고 칭하며 송의 문제에게 그 칭호의 승인을 요청했다. 원문에는 使持節都督 · 倭 · 百濟 · 新羅 · 任那 · 秦韓 · 慕韓 六国諸軍事 · 安東大将軍 · 倭国王이라고 표기되어 있다. 하지만 문제는 안동장군 · 왜국왕의 칭호만 허락했다. 6국제군사의 지위는 물론 대장군의 지위도 허락하지 않았다. 당시 송은 백제를 使持節都督·百濟諸軍事·鎭東大將軍·百濟王에 봉했다. 참고로 대장군은 장군보다 품계가 한 단계 높았다. 송은 왜국의 국제적 위상을 백제보다 한 단계 낮게 보았다.

왜왕의 상표문 중에 秦韓은 辰韓, 慕韓은 馬韓을 이르는 것이다. 진한·마한은 왜왕이 중국에 사신을 보내는 5세기에는 이미 백제와 신라에 병합되어 존재하지 않는 국가였다. 게다가 왜국은 송나라에 한반도 국가 백제·신라에 대해서도 '諸軍事'라는 우월적 지위를 인정해 달라고 요청했다. 왜국의 왕이 자신들의 지배 지역이 광대하다는 것을 과시하기 위해서 당시에는 이미 없어진 나라까지 열거한 것에 지나지 않는다고 해석하는 연구자도 있지만, 그렇게 가볍게 치부할 문제가 아니다. 왜국이 백제와 신라를 포함한 한반도 남부의 여러 지역에 대한 연고권을 주장하기 위한 외교적인 포석이었을 수 있기 때문이다.

그런데 송은 앞서 왜왕 진이 요청한 상표문 중에서 백제를 빼고, 그 대신에 加羅를 넣어, 왜왕 제에 이르러 使持節都督·倭·新羅·任那·加羅·秦韓·慕韓 六国諸軍事·安東將軍·倭国王이라는 칭호를 내렸다. 송이 비록 백제를 제외하고, 또 왜왕이 요청한 대장군 대신에 장군 칭호를 내렸지만, 6국제군사를 승인했다는 점이 주목된다. 왜왕의 끈질긴 외교 성과이기도 했지만, 송이 왜왕의 6국제군사에 대한 요구에 타당한 면이 있다는 것을 인정했다고 볼 수도 있다. 가와치 왕조의 한반도 남부에 대한 연고권은 기마민족 일본정복설을 구성하는 중요한 개념의 하나라고 할 수 있다.

왜왕 무는 송의 순제에게 7국제군사·안동대장군·왜국왕 지위의 승인을 요청했다. 순제는 왜왕 무에게 6국제군사·안동대장군·왜국왕이라는 칭호를 수여했다. 원문에는 使持節都督·倭·新羅·任那·加羅·秦韓·慕韓 六国諸軍事·安東大将軍·倭国王이라고 표기되어 있다. 백제까지 끼워 넣어 국제적인 위상을 강화하려 했던 왜왕 무의 시도는 좌절되었지만, 6국제군사의 지위가 인정되었고, 또 대장군에 봉해지면서 왜국도 백제와 동등한 국제적 위상을 지니게 되었다.

그러나 왜왕의 끈질긴 노력에도 불구하고, 한반도 정세는 왜왕의 기대와는 정반대로 전개되었다. 고구려는 427년에 왕도를 환도성에서 평양으로 옮기고 남하정책을 추진했다. 475년에는 왜 왕권과 밀접한 관계를 유지하던 백제를 침략하여 수도를 점령했다. 신라도 비약적으로 발전했다. 한편, 일본 열도 내에서는 관동 지방의 게누, 규슈의 쓰쿠시 등의 지역에 근거지를 둔 지역 정권이 강성했다. 왜 왕권의 지배력이 미치지 못하는 지역이 여전히 남아 있었다.

❖ 대왕·천황의 칭호

◎ 고대사 연구자들은 중국 사서에 등장하는 다섯 왕과 일본의 역사서에 보이는 오키미大王의 계보를 비교하여 왜의 5왕이 누구인지를 밝히려고 노력했다. 참고로 오키미는 한자로 '大王'이라고 표기하지만 한국인이 생각하듯이 보통 왕보다 뛰어난 업적을 남긴 위대한 왕이라는 뜻이 아니다. 여러 호족 집단의 우두머리를 잘 조정하며 통합하는 한 단계 높은 신분의 지도자라는 표현이 보다 실상에 부합한다고 할 수 있다.

◎ 5~6세기에는 아직 천황이라는 칭호가 성립되지 않았다. 천황이라는 칭호는 7세기 말에 성립되었다. 7세기 이전의 왜왕은 왕 또는 대왕으로 칭해야 마땅하다. 필자가 집필한 『일본고중세사』에는 673년에 즉위한 왜왕 즉, 텐무天武부터 천황이라고 칭했다. 그러나 이 책에서는 편의상 일본 역사서의 기록에 따라, 텐무 이전의 왜왕도 천황이라고 칭하기로 한다.

4. 야마토 천도

478년 21대 유랴쿠 천황일 것으로 추정되는 왜왕 무가 중국의 송에 조공했다. 유랴쿠의 본명은 『고사기』에 오하쓰세大長谷, 『일본서기』에 오하쓰세노와카타케루大泊瀬幼武라고 되어 있다. 그는 470년경에 즉위해서 5세기 말경에 사망했을 것으로 추정된다. 왜왕 '武'라는 칭호는 유랴쿠의 이름에 들어 있는 '타케루'에서 취했다고 여겨진다.

유랴쿠는 19대 인교 천황의 다섯째 왕자로 전해진다. 본래는 서열상 천황의 지위에 오를 수 없는 인물이었다. 그런데 인교 천황의 태자였던 유랴쿠의 장형은 여동생과 간통한 것이 드러나서 실각하여 멀리 유배되어 죽었다. 셋째 형이 즉위하여 20대 안코 천황이 되었는데, 안코는 숙부를 죽이고 숙모를 왕비로 맞이하는 천륜을 범한 끝에 암살되었다. 그러자 유랴쿠는 이 시간을 기화로 군사를 이끌고 둘째 형과 넷째 형을 죽이고, 이어서 안코를 암살한 어린 사촌 마요와를 불태워 죽였다. 그리고 리추 천황의 장남으로 이미 왕위 계승권자로 정해진 이치노베노 오시하市辺押盤 왕자를 사냥터로 유인하여 활로 쏘아 죽였다. 유랴쿠는 천황의 지위에 오를만한 일족을 모두 죽이고 즉위했던 것이다.

유랴쿠가 군사력을 앞세워 피로 피를 씻는 싸움 끝에 권력을 쟁취했던 만큼 사방에 적이 많았다. 『일본서기』에 따르면, 유랴쿠가 즉위하고 7년이 지났을 때 기비 지역을 지배하던 호족이 유랴쿠의 권력에 도전했다. 유랴쿠 13년에는 하리마播磨 지역(지금의 효고현)의 호족이 바닷길을 막고 저항했다. 유랴쿠 18년에는 이세 지역(지금의 미에현)의 호족이 유랴쿠에 맞섰다.

가와치 왕조의 본거지가 있는 오사카에서 가까운 곳에 있는 호족들도 유랴쿠에 대항했다. 유랴쿠 14년 이즈미和泉(지금의 오사카부 남부)에서도 사건이 발생했다. 유랴쿠의 측근이 이즈미로 도망하여 항전 태세를 취했다. 유랴쿠는 가까스로 호족 세력을 굴복시켰지만 권력의 한계를 드러내고 말았다. 유랴쿠는 서부 일본의 요충지는 물론 오사카에서 그리 멀지 않은 기나이畿內 일대의 호족 세력도 통제하지 못하고 있었던 것이다.

유랴쿠가 중국의 송나라에 조공했을 때 그가 바친 상표문이 『송서』에 실려있다. 상표문에 다음과 같은 내용이 있다. "예부터 선조가 스스로 갑옷을 입고 투구를 쓰고 산천을 편력하느라 편안히 쉴 틈이 없었다. 동쪽으로 모인毛人을 정복하기를 55국, 서쪽으로 여러 오랑캐를 정복하기를 66국, 건너서 바다의 북쪽을 평정하기를 95국이었다."

유랴쿠는 상표문에서 역대 천황이 스스로 무장하고 여러 지역은 물론, '바다를 건너서 북쪽'에 있는 땅까지 전전하며 전투를 거듭했고, 그 덕분에 왜국의 통일이 크게 진전되었다는 것을 강조하려고 했던 것 같다. 그런데 유랴쿠의 상표문은 중국의 서적에 나오는 문장을 베낀 것에 불과한 것으로, 그것을 곧 역사적인 사실로 받아들일 수는 없다.

유랴쿠의 상표문을 통해 드러난 가와치 왕조의 천황은 전통적인 천황 즉, '군림하나 통치하지 아니한다'는 이상적인 천황상과는 거리가 먼 존재였다. 오히려 기마민족의 정복자에 어울리는 모습이었다. 실제로 가와치 왕조의 역대 천황이 일본 열도를 침략한 후, 전투에 전투를 거듭하면서 각지의 호족들을 굴복시키고 지배력을 확대하느라 쉴 틈이 없었을 것이다. 『일본서기』에 따르면, 정복 전쟁은 완성된 것이 아니고 유랴쿠의 치세에도 여전히 진행되고 있었던 것이다.

가와치 왕조의 군사력을 앞세운 정복 전쟁에는 여러 가지 곤란한 문제가 뒤따랐을 것이다. 『고사기』에 천황을 상징하는 정복의 영웅 야마토타케루日本武가 이부키산伊吹山(시가현 소재)의 산신을 정벌하기 위해 나섰다가 몸집이 소와 같이 커다란 멧돼지로 변한 산신의 저주로 죽는 이야기가 있다. 여러 곳의 지역 세력이 얼마나 끈질기게 저항했는지 보여주고 있다.

역시 『고사기』에 유랴쿠 천황이 가즈라기산葛城山(나라현 고쇼시)에 사냥하러 갔을 때, 갑자기 멧돼지를 만나 나무에 올라가 가까스로 난을 피했다는 이야기, 역시 가즈라기산에서 신을 만나 칼, 활, 화살, 의복 등을 바쳤다는 이야기 등은 초기 야마토 정권을 받드는 세력이 순순히 유랴쿠에게 복종하지 않았다는 것을 시사하는 이야기이다. 천황이 호족 세력을 압도하지 못했다는 것을 보여주는 것이다.

유랴쿠는 밖으로는 왕권을 확대하고 안으로는 지배력을 확립하기 위해 여전히 싸우지 않을 수 없었다. 가와치 왕권의 발전 방향은 주로 규슈를 포함한 서부 일본 지역으로 향하는 것과 가까이에 있는 야마토를 장악하고 동쪽으로 향하는 것이었다. 가와치 왕조가 동과 서 어느 쪽 방향으로 발전하더라도, 일본을 대표하는 왕권으로 발전하기 위해서는 정치·경제·문화적인 면에서 역사와 전통을 보유한 야마토를 수중에 넣는 일이 무엇보다도 필요한 일이었다.

가와치 왕조의 왕들은 5세기 중반부터 야마토 지역으로 영향력을 넓히기 시작했다. 이때 가와치 왕권의 움직임에 저항했던 것이 나라의 미와산 기슭에 뿌리를 내리고 있던 초기 야마토 정권 추종 세력과 가즈라기산 일대를 지배하고 있던 호족 가즈라키씨葛城氏 세력이었다. 가와치 왕조는 이들을 제압하고 야마토 정권을 흡수 통일했다고 추정할 수 있는데, 이때의 정복 과정이 진무의 야마토 입성 이야기에 반영되었을 가능성이 있다.

가와치 왕조가 야마토 지역의 실력자 가즈라키씨 일족을 복속시키고 야마토 정권을 흡수 통일했다면, 천황이 가즈라키씨와 결혼동맹을 맺었을 가능성이 있다. 『일본서기』에는 닌토쿠 천황이 가즈라키노 소쓰히코葛城襲津彦의 딸을 왕후로 맞이했고, 그 사이에서 태어난 자식이 각각 17대 리추, 18대 한제이, 19대 인교 천황이 되었다고 기록되어 있다. 그런데 닌토쿠 다음 세대부터 리추 계통과 인교 계통이 대립했다고 보는 연구자가 많다.

리추 천황이 가즈라키노 소쓰히코의 손녀를 왕비로 맞이하여 이치노베노 오시하 왕자를 낳았다. 이치노베노 오시하는 불행하게도 살해되었지만, 훗날 그의 자손이 23대 겐소, 24대 닌켄 천황이 되었다. 가즈라키씨는 특히 리추 천황 계열과 혼인 관계를 맺었던 것으로 여겨진다.

인교의 아들 중에서 20대 안코, 21대 유랴쿠가 천황의 지위에 올랐다. 유랴쿠가 이미 19대 인교 다음의 천황으로 내정된 리추의 아들 이치노베노 오시하를 살해한 이야기, 또 유랴쿠가 가즈라키노 쓰부라葛城円 기문을 멸망시킨 이야기 등을 통해서 기즈리기 기문과 다른 가문 사이에 알력이 있었다는 것을 알 수 있다. 그런데 유랴쿠 또한 가즈라키씨 가문과 손을 잡지 않을 수 없었던 것 같다.『일본서기』에는 유랴쿠가 자기 손으로 직접 죽인 가즈라키노 쓰부라의 딸 가라히메韓姬를 왕비로 맞이하여 22대 세이네이 천황을 낳은 것으로 기록되어 있다.

요컨대, 가와치 왕조는 가즈라키씨와 손을 잡고 초기 야마토 정권을 흡수 통일한 후, 5세기 후반에는 정치적 기반을 야마토로 옮겼을 것으로 여겨진다. 그 사업은 아마 가와치 왕조의 가장 강력한 권력자였던 유랴쿠 시대에 거의 매듭지어졌을 것이다. 참고로 나오키 고지로는 19대 인교 이후의 치세를 제2차 야마토 정권이라고 부르고 있다.

5. 도래인과 왕권

4세기 말부터 많은 사람들이 한반도에서 일본 열도로 건너왔다. 도래인은 씨족 또는 부족 단위로 집단을 이루어 이주했다. 도래인은 여러 가지 사정으로 일본 열도로 향했지만, 가장 중요한 원인은 전쟁이 잦은 한반도에서 생활하기 어려웠기 때문이다. 야요이 시대부터 한반도에서 일본 열도로 건너오는 사람들이 줄을 이었지만, 4세기 말에 고구려의 남진정책으로 한반도가 전란의 소용돌이에 휩싸이면서 도래인이 갑자기 증가하기 시작했다.

오진·닌토쿠 정권은 한반도에서 건너와 일본을 정복한 왕조이다. 특히 그 지배층이 백제의 왕족과 부여계통 민족이다. 그래서인지 일본 역사서에 오진·닌토쿠 시대부터 백제와 일본의 교류가 증가했다. 392년 백제에서 진사왕이 사망하고 아화왕이 즉위했는데, 그 무렵에 오진이 측근을 보내 적극적으로 개입했고, 404년으로 추정되는 오진 14년 2월에 백제왕이 진모진眞毛津이라는 침모 즉, 옷을 짓는 여성을 보냈다.

　　오진 14년에 궁월군弓月君이 오진 천황에게 보고했다. "제가 다스리는 120현의 백성을 거느리고 일본으로 건너오려고 했으나 신라인이 방해하여 가야국에 머물고 있습니다." 오진은 측근을 보내어 궁월군의 백성 문제를 해결하도록 했다. 그러나 신라인은 3년이 지나도록 궁월군의 백성이 일본으로 건너가는 것을 방해했다. 그러자 오진은 가야 지역으로 군사를 보내 궁월군의 백성을 일본으로 데려왔다. 이 기록을 그대로 믿을 수는 없으나 한반도에서 상상을 초월한 이민 집단이 일본 열도로 건너오는 상황이 손에 잡힐 듯이 묘사되어 있다.

　　『고사기』에는 『일본서기』에 없는 백제와 일본의 교류 기록이 있다. 백제의 조고왕 즉, 근초고왕이 아직기에게 암수 말 각각 한 마리씩 주어 보냈다. 또 백제왕이 큰 칼과 거울을 보냈다. 칼과 거울은 『일본서기』 신공 황후 조에 보이는 칠지도와 칠자경七子鏡으로 추정되는데, 『일본서기』에는 백제왕이 말 한 쌍을 보냈다는 기록만 있고 칼과 거울을 보냈다는 기록이 없다.

　　『일본서기』와 『고사기』에는 백제왕이 공물을 바쳤다고 기록되어 있다. 그러나 당시 백제의 근초고왕은 대군을 이끌고 북진하여 고구려의 고국원왕을 전사시키고, 중국에도 백제의 거점을 확보하는 등 백제의 국력이 절정에 이르렀을 때였다. 『삼국사기』 고구려 고국원왕기에 다음과 같이 기록되었다. '39년 9월 왕은 병사 2만을 거느리고 백제를 쳤으나 패했다. 41년 10월 백제는 병사 3만을 거느리고 평양성을 쳤다. 고국원왕이 화살에 맞아 사망했다.' 『송서』 백제전에 다음과 같이 기록되었다. '백제는 요동遼東을 점령하고 백제군을 진평晉平에 두었다.' 백제는 이미 고구려를 위압하고 만주를 호령하는 대국으로 성장했다. 근초고왕이 일본의 오진에게 공물을 바친 것이 아니라 하사했다고 보는 것이 합리적이다.

오닌과 닌토쿠는 대륙의 선진문화를 적극적으로 받아들였다. 왕인이 논어 10권과 천자문 1권을 갖고 일본으로 왔다. 왕인이 일본으로 올 때 철공 기술자와 양조 전문가가 건너왔다. 그 후 한반도에서 기술자들이 줄을 이어 일본으로 건너왔다. 기술을 가진 도래인은 문필·재정 등의 행정 실무와 방직·제련·토기·토목·건축·무기 제조 등의 분야에서 능력을 발휘했다. 왜 왕권은 도래인 중에서 특수한 기능을 보유한 기술 집단을 특별히 관리했다.

19대 인교 천황 시대에 신라와 교류한 기사가 많다. 『일본서기』에 다음과 같은 기록이 있다. 병치레가 잦은 인교는 신라에서 의사를 불러 병을 치료했다. 병이 신기하게 나았다. 인교는 의사에게 후한 상을 주어 귀국하게 했다.(3년 정월) 인교가 사망했을 때 신라가 사신을 보내 조문했다. 사신 행렬에는 악공 80명도 포함되어 있었다. 사신 일행은 상복을 입고 곡을 하며 조문했다. 춤을 추거나 노래하며 추모하는 자도

있었다.(42년 정월)

21대 유랴쿠 천황도 한반도와 활발하게 교류했다. 『일본서기』에 다음과 같은 기록이 있다. 백제 개로왕의 동생 곤지昆支의 내일과 무령왕의 출생 전설, 백제 기술자의 내일 사정 등이 상세하게 실려있다. 임나 관련 기사가 처음 보인다.(7년 7월) 신라와 고구려의 관계에 왜국이 개입하고,(8년 2월) 신라와 고구려는 왜국에 조공하는 나라로 묘사했다.(9년 3월) 왜병이 신라를 침략하여 신라왕을 공포에 떨게 하는 이야기는 소설처럼 길다. 475년 백제가 고구려의 침략으로 멸망했다. 그러자 유랴쿠가 "충청도 공주 땅을 백제의 문주왕에게 주어 백제를 다시 세웠다."는 기록도 있다.(21년 3월) 일본에 있던 곤지의 둘째 아들이 백제로 돌아가서 동성왕이 되는 장면은 매우 구체적이다. 유랴쿠가 곤지의 둘째 아들을 "궁중으로 불러 친히 머리를 쓰다듬으며 타이르고" "군사 500명을 보내 호송했다."(23년 4월)

한반도에서 상상 이상의 도래인이 바다를 건너 일본 열도로 왔다. 사신 등 공무로 왔다가 그대로 눌러앉기도 했다. 그들이 안심하고 의지할 수 있는 동족 집단이 이미 형성되어 있었기 때문에 정착하기가 쉬웠을 것이다. 야마토 정권은 도래인이 일본 열도 각지에 정착할 수 있도록 적극적으로 지원했다.

도래인 중에서도 궁월군을 조상으로 하는 하타씨秦氏는 교토의 남부에 정착했고, 아직기를 조상으로 하는 야마토노아야씨東漢氏는 야마토 남부에 정착했다. 왕인을 조상으로 하는 가와치노후미씨西文氏는 가와치河內에 정착했다. 아직기와 왕인의 후손은 주로 학문을 가업으로 하는 지식인 집단이었다. 야마토 왕권은 이들에게 세습적인 지위를 부여했다.

제4장

게이타이 왕조

　게이타이 왕조는 일본의 역사서에 26대 천황으로 되어 있는 게이타이継体를 시조로 하는 왕조이다. 이 왕조는 31대 천황 요메이까지 이어졌다고 보는 것이 일반적이다. 이 왕조 시대에는 26대 게이타이, 27대 안칸安閑, 28대 센카宣化, 29대 긴메이欽明, 30대 비다쓰敏達, 32대 요메이用明 등의 천황이 재위했다. 안칸·센카·긴메이는 게이타이의 아들이고, 비다쓰와 요메이는 긴메이의 아들이다.

1. 게이타이 천황

『일본서기』는 게이타이 천황의 즉위 과정을 매우 극적으로 묘사했다. 가와치 왕조의 마지막 왕인 25대 부레쓰가 후사가 없이 사망했다. 오토모노 가나무라大伴金村를 비롯한 호족은 14대 추아이의 5세손 야마토히코倭彦를 추대하려고 했으나 야마토히코가 산속으로 도망했다. 그래서 할 수 없이 오미 지역(지금의 시가현 일대)에 사는 왕족 오오도男大迹를 가까스로 찾아내어 왕위에 오르게 하니 그가 게이타이 천황이었다고 한다. 그런데 게이타이 천황에 대한 역사서 기록에 의문점이 적지 않다.

게이타이는 15대 천황 오진의 5대손이라고 전하나 『일본서기』와 『고사기』에 가계도가 실려있지 않다. 13세기 말에 성립되었을 것으로 추정되는 『석일본기』 13권에 게이타이의 계보가 실려있지만, 이는 옛 역사서에는 기록되어 있지 않은 내용으로 신뢰하기 어렵다. 15대 천황 오진이 날조된 인물이라는 미즈노 유의 주장에 따르면, 게이타이가 오진의 후손이라는 기록 또한 날조되었다고 보는 것이 합리적이다. 그렇다면 게이타이는 호족들이 세력을 다투는 과정에서 추대된 인물이거나, 아니면 에치젠越前(지금의 후쿠이현 동북부) 지역의 백제계 호족이었던 게이타이가 스스로 정변을 일으켜 가와치 왕조를 무너뜨리고 새로운 왕조를 창립했을 가능성이 크다.

게이타이는 57세라는 늦은 나이에 대왕의 지위에 올랐다. 물론 당시 게이타이에게는 이미 부인이 있었고 장성한 아들도 있었다. 하지만 게이타이는 15대 천황 부레쓰의 여동생인 다시라카手白香를 정비로 맞이했다. 정통성을 보완하기 위한 정략적인 혼인이었다. 이러한 이야기 또한 게이타이가 가와치 왕조와 아무런 혈연관계가 없었다는 것을 의미한다.

게이타이가 가와치 왕조의 혈통을 이었고, 25대 천황 부레쓰의 대통을 이었다면, 게이타이는 당연히 나라 지역의 어느 곳에 근거지를 두었을 것이다. 그러나 게이타이는 왕위에 오른 뒤에도 20여 년간이나 나라 지역으로 들어가지 못하고, 교토와 오사카 일대 이곳저곳을 옮겨 다녔다. 『일본서기』에 따르면, 게이타이는 506년 2월에 가와치에서 즉위했고, 511년(게이타이 5) 10월에 야마시로山背(지금의 도쿄)로 이동했고, 518년(게이타이 12) 3월에 다시 오토쿠니弟国(지금의 미에현 다기군)로 근거지를 옮겼다. 일본사에서 그 예를 찾을 수 없는 부자연스러운 행보였다.

게이타이가 전전한 가와치·야마시로 일대는 오토모씨 일족이 지배하던 지역이었다. 게이타이는 오토모씨 세력 범위 내에서 움직였던 것이다. 그것은 당시 나라 지역을 지배하며 가와치 왕조를 섬겼던 가즈라키씨 일족은 물론, 다른 지역의 호족 세력도 게이타이 왕조의 정통성을 인정하지 않았다는 방증이다. 게이타이가 가와치 왕조의 창립자 오진의 후손이 아니었기 때문에 일어난 분란이라고 할 수 있다.

　게이타이는 오토모노 가나무라를 비롯한 호족 세력과 연합하여 주로 서부 일본 지역의 호족 세력을 복속시키며 경제력과 군사력을 키웠고, 이윽고 526년(게이타이 20) 9월에 예부터 천황이 근거지로 삼았던 나라 지역의 야마토로 진출할 수 있었을 것이다. 그때 가즈라키씨 일족을 비롯한 나라 지방의 호족들이 게이타이에게 복속했을 것이다.

　『일본서기』에는 게이타이가 9명의 비를 두고 21명의 자녀를 낳은 것으로 기록되어 있다. 천황이 되기 전에 낳은 아들 중에 장자가 27대 안칸, 차자가 28대 센카 천황이 되었다. 27대 안칸은 66세에 즉위한 것으로 되어 있다. 재위 기간은 4년에 불과했다. 28대 센카는 친형인 안칸의 뒤를 이어 69세에 즉위한 지 3년 만에 사망했다. 두 천황의 재위 기간이 짧고 이렇다 할 업적이 없었다. 그것은 게이타이 사망 후 두 왕권이 병립했다는 설 즉, 호족들이 안칸·센카를 지지하는 세력과 역사서에 29대 천황으로 기록된 긴메이를 지지하는 세력으로 나뉘어 대립했다는 설과 관련이 있을 것이다. 게이타이가 즉위한 후 오토모노 가나무라의 뜻에 따라 맞이한 정비 다시라카가 낳은 아들이 훗날 29대 긴메이 천황이 되었다.

2. 오오미·오무라지 제도 확립

25대 천황 부레쓰가 사망했을 때, 오토모노 가나무라 이외에 다른 호족도 있었고, 그들 중에는 부레쓰 천황과 혈통이 가까운 왕족을 추대해야 마땅하다고 생각하는 자들도 있었을 것이다. 그런데도 당시 오무라지 지위에 있었던 오토모노 가나무라를 비롯한 가와치 왕조의 유력한 호족들은 가와치 왕조의 혈통을 이은 왕자를 제쳐두고 혈통이 다른 인물을 추대하려고 애썼다. 왜 그랬을까?

오오미大臣·오무라지大連 제도는 가와치 왕조가 성립되면서 뿌리를 내렸다. 17대 리추 천황은 헤구리노 쓰쿠平群木菟, 소가노 만치蘇我滿智 등 4명의 대신들에게 정치를 맡겼다. 이러한 전통이 계속 이어지다가 21대 유랴쿠 천황 때 왕족이 많이 제거되었다. 22대 세이네이 천황이 사망했을 때는 도읍에 왕족이 없어서 멀리서 왕족을 찾을 수밖에 없는 상황이었다. 자연히 호족의 전횡이 이루어졌고, 그럴수록 호족 간에 대립이 깊어졌다.

게이타이 천황은 호족들의 추대가 없었다면 천황에 즉위할 수 없었다. 호족들 덕분에 천황이 되었다. 그렇다면 천황을 추대한 호족들이 새로운 정권의 지분권을 갖게 되는 것이다. 실제로 게이타이가 즉위한 후에 다음과 같이 말한다. "오오미·오무라지를 비롯한 여러 대신들이 모두 과인을 추대하니 과인 또한 배반하지 않겠다." 게이타이는 자신을 추대한 호족들과 사실상 연합정권을 꾸릴 것을 '맹세'했다. 게이타이는 즉시 오토모노 가나무라를 오무라지, 고세노 오히토許勢男人를 오오미로 임명했다.

도읍에서 멀리 떨어진 지역에서 영입된 천황은 중앙의 정치에 익숙하지 않았다. 언어도 달랐고 관행과 전례에 밝지 않았기 때문이다. 그래서 모든 것을 중신들에게 위임할 수밖에 없었다. 오오미는 행정권, 오무라지는 군사권을 장악했다. 오오미·오무라지 체제하에서 천황은 '군림하나 통치하지 아니하고' 실제의 정치는 오오미·오무라지가 '천황의 이름으로' 권력을 행사했다. 호족의 권력이 천황의 권력을 압도하고 있었던 것이다.

3. 게이타이 왕조와 한반도

1) 게이타이 시대

『일본서기』 512년(게이타이 6) 12월 조에 백제가 사신을 보내어 임나국의 4현(오늘날 영산강을 중심으로 하는 전라남도 지역)을 할양해 달라고 청했

다는 기록이 있다. 일본은 이전에 그곳 사정을 파악하기 위해 호즈미穗
積라는 신하를 파견했는데, 호즈미가 돌아와 게이타이에게 진언했다.
"4개의 현은 백제와 가깝게 이웃해 있고 일본에서는 멀리 떨어져 있습
니다. (중략) 지금 백제에 양도하여 한 나라로 만들면 이보다 나은 것이
없을 것입니다."

당시 게이타이 정권의 실권자는 오토모노 가나무라였다. 그는 게이
타이 천황의 재가를 얻어 임나국 4개 현을 백제에 할양했다. 이렇게 중
대한 일이 당시 태자(훗날 안칸 천황)도 모르게 진행되었다. 뒤늦게 소식
을 들은 호족들이 반발하여 결정을 되돌리려고 했다. 그러나 이미 결정
한 일을 뒤집을 수 없었다. 당시 호족 간에는 오토모노 가나무라를 비
롯한 중신들이 백제의 뇌물을 받았다는 소문이 돌았다.

513년 6월 백제는 다시 일본에 사신을 보내어 가야국의 북부에 있
는 반파국伴跛國(삼국사기에 '本彼'로 기록되어 있는 지역으로, 오늘날 경상북도 성
주 일대)을 할양하라고 요구했다. 그해 11월 게이타이 정권은 백제·신
라·안라安羅(지금의 경상남도 함안)의 사신을 동시에 불러 모아놓고 반파
국을 백제에 할양한다고 통보했다.

528년(게이타이 23) 3월 백제는 다시 사신을 보내어 대가야의 가장 중
요한 교역항인 다사진多沙津의 양도를 요구했다. 게이타이 정권은 할양
건을 매듭짓기 위해 사신을 백제에 보냈다. 그 사신이 가야에 당도했을

때, 대가야의 왕이 강력하게 항의했다. 하지만 다사진 할양은 계획대로 이루어졌다. 그러자 대가야의 왕이 원한을 품고 신라와 내통했다.

대가야(금관가야)의 왕은 신라왕에게 혼인을 청했고, 신라는 왕녀를 대가야의 왕에게 시집보냈다. 그런데 그 후 신라와 대가야의 혼인 동맹이 깨졌다. 화가 난 신라왕은 대가야의 8개 성을 공격하여 빼앗았다. 신라는 잇달아 군사를 보내어 가야 연맹의 여러 지역을 침략했다. 532년에 대가야가 멸망했다.

신라가 가야의 여러 지역을 침략하자, 당황한 게이타이 천황은 중신 오미노 게누近江毛野를 임나에 파견하여 신라 세력에 대항하려고 했다. 그러나 신라는 이사부가 이끄는 3000여 명의 군사를 보내 오미노 게누를 압박했고, 그 위세에 눌린 오미노 게누는 아무런 활동도 하지 못했다. 이사부는 임나 세력이 지배하는 낙동강 일대를 공격했다. 게누는 아무 소득 없이 2년 후에 일본으로 퇴각했다. 게이타이 정권은 한반도 남부에 대한 영향력을 거의 상실했다.

2) 긴메이 시대

29대 천황 긴메이는 게이타이 천황의 적자 즉, 게이타이와 정비 다시라카 사이에 태어난 아들이었다. 539년 12월에 긴메이가 즉위했다. 긴메이는 오토모노 가나무라와 모노노베노 오코시物部尾輿를 오무라지, 소가노 이나메蘇我稻目를 오오미로 삼았다. 긴메이는 센카 천황의 딸 이시히메石姬를 정비로 맞이했다. 그 사이에서 2남 1녀가 태어났는데, 그중에서 둘째 아들이 30대 비다쓰 천황이 되었다.

긴메이 천황은 백제와 긴밀한 관계를 유지했다. 이 시대에 백제 관련 기사가 유난히 많이 눈에 띈다. 백제에서 많은 사람이 일본으로 건너왔다. 사신도 자주 왕래했다. 특히 백제의 성왕에 관한 기록이 매우 상세하다. 성왕이 임나 문제를 해결하기 위해 동분서주하는 모습이 생생하게 그려져 있다. 성왕은 긴메이에게 불상과 불경을 전했다. 불교는 이미 긴메이 천황 이전에 전해졌다는 설도 있으나, 긴메이 시대에 불교가 공식적으로 전해졌다는 것이 통설이다.

긴메이는 게이타이 천황의 정책을 계승했다. 백제와 연대하여 수세에 몰린 임나 지역을 재건하려고 한 것 같다. 그런데 임나라는 국명은 백제나 신라의 문헌에 거의 나오지 않는다. 413년에 건립된 광개토대왕 비문에 '임나가라', 『삼국사기』 열전에 '임나가량인任那加良人', 봉림사의 진경대사비에 '임나 왕족' 등 3번의 사례가 있을 뿐이다. 『고사기』에도 임나라는 국명이 나오지 않는다. 『일본서기』는 그때그때의 상황에 따라서 임나를 가야 전체 또는 가야연맹 중 특정한 지역을 가리키는 말로 사용하고 있다.

『일본서기』 긴메이 2년(537) 4월 조에 임나일본부라는 말이 처음 나오고, 이어서 같은 해 7월 조에 안라일본부라는 말이 나온다. 만약 『일본서기』에 나오는 일본부가 실제로 존재한 기관이었다면, 안라安羅에 일본부를 두었다고 추정할 수 있다. 또 임나일본부와 안라일본부는 같은 뜻으로 쓰였을 가능성도 있다.

『일본서기』 기록에 따르면, 임나일본부는 일본과 긴밀한 관계를 유지하고 있었다. 그러나 게이타이 왕조의 하부 기관은 아니었다. 앞에서 살펴보았듯이, 528년에 다사진을 둘러싸고 대가야(금관가야)와 게이타이 정권이 대립했고, 급기야 대가야가 일본을 배반하고 신라에 접근했다. 『일본서기』에 따르면, 대가야는 게이타이 정권에 복종하고 있었다. 그런데 실제는 대가야가 독자적으로 행동하는 나라였다. 그렇다면 게이타이 정권이 안라에 일본부라는 기관을 두었다고 해서 안라국이 게이타이 왕조의 명령에 반드시 따랐다고 볼 수는 없다. 자율성을 갖고 독자적으로 움직이는 나라였다고 할 수 있다.

『일본서기』 편자는 긴메이 천황이 백제의 성왕을 거느리고 있었던 것처럼 묘사했고, 긴메이 천황이 백제의 성왕에게 명령하여 임나 문제에 개입한 것처럼 기록했다. 그러나 사료를 검토해 보면, 임나 지역 재건을 주도한 것은 백제의 성왕이었다. 매우 길고 장황한 『일본서기』의 임나 재건 기사 대부분이 성왕이 경상도 남부 지역을 백제의 지배하에 넣기 위해 동분서주하는 장면으로 묘사되어 있다. 긴메이 천황은 성왕의 뒤에 숨은 그림자와 같은 존재에 불과했다. 임나 재건 기록이 『일본서기』 편자의 창작이었을 가능성이 높은 이유이다.

541년 4월 성왕은 안라를 비롯한 가야 연맹의 대표를 백제로 불러 임나부흥회의를 주재했다. 성왕은 안라일본부가 신라와 내통한다는 말을 듣고 여러 신하를 안라로 보내 임나 재건을 꾀하도록 하는 한편, 안라일본부의 관리를 불러 문책하기도 하고 따뜻하게 타이르기도 했다. 성왕이 말했다. "옛적에 우리 선조 근초고왕과 구수왕께서 당시의 한기旱岐들과 처음으로 화친을 맺고 형제가 되었다. 이에 나는 그대를 자제로 알고, 그대는 나를 부형으로 대했다." 旱岐는 가야 연맹 각국의 왕이다. 예부터 백제왕이 가야 연맹의 한기들을 직접 통제하고 있었다는 것을 알 수 있다.

6세기 중엽 한반도 정세는 백제에게 불리하게 돌아갔다. 529년 고구려와의 전쟁에서 백제가 패했고, 538년에는 수도를 웅진에서 사비(지금의 부여)로 옮겼다. 553년에는 한강 유역을 신라에게 빼앗겼다. 이 무렵 성왕이 임나 재건에 적극적으로 관여했던 것은 일본의 군사적 지원이 절실했기 때문일 것이다. 그러나 성왕은 신라와 고구려에 빼앗긴 영토를 회복하려는 꿈을 이루지 못한 채 554년 신라와 싸우던 중에 전장에서 사망했다.

백제의 성왕이 전사한 후, 신라는 가야 지역 침공에 전력을 쏟았다.

562년 신라는 이사부를 보내 안라국을 포함한 가야 연맹 10개국을 멸망시켰다. 『삼국사기』 「신라본기」 진흥왕 23년 조에 가야 멸망에 대한 상세한 기록이 있다. 긴메이 천황이 군대를 한반도 남부에 보내어 교두보를 확보하려고 했으나 신라에게 패했다. 571년 긴메이 천황이 사망했다.

❖ 불교의 전래와 천황의 귀의

572년 4월 30대 비다쓰 천황이 즉위했다. 585년 9월에 백제에서 미륵불상이 전해졌다. 비다쓰는 직접 성대한 법회를 열고 미륵불상을 맞이했다. 소가노 우마코가 그 불상을 얻어 자택에 안치했다. 그런데 때마침 천연두가 유행했고, 이것을 두고 숭불파와 배불파의 대립이 격화되었다. 그러자 비다쓰는 배불파의 입장을 지지했다. 모노노베노 모리야를 비롯한 배불파 호족이 숭불파를 대표하는 소가노 우마코가 모신 불상을 불태웠다. 이런 소동이 벌어지는 와중에 585년 8월 비다쓰가 천연두에 걸려 사망했다. 585년 9월 요메이 천황이 즉위했다. 587년 2월 원래 병약했던 요메이 천황이 병으로 사망했다. 병석에 누웠을 때 장자인 우마야도厩戸 왕자(훗날 성덕태자)의 권고로 불교에 귀의했다. 불교에 귀의한 첫 번째 천황이었다. 요메이는 여러 신하에게도 불법을 받들라고 권고했다. 그러자 숭불파와 배불파의 대립이 격화되었다.

4. 호족의 반란

일본이 가야 지역에 진출하려면 군사력이 필요했다. 군사는 게이타이 정권과 동맹을 맺고 있던 서부 일본, 특히 규슈의 호족들이 제공했다. 규슈의 호족들은 가야에 진출하는 것이 이득이 되었기에 게이타이 정권의 요구에 응했다. 그러나 백제와 신라가 강성해지고, 게이타이 정권이 한반도에 대한 영향력을 잃자, 게이타이 정권에 협력하지 않는 호족이 늘어났다.

특히 규슈의 호족 이와이磐井는 독자성을 강화하면서 게이타이 정권에 맞서는 자세를 취했다. 규슈 호족들의 지원을 배경으로 하는 이와이 세력은 게이타이 정권의 물자 수송선을 약탈하고, 가야를 지원하려는 천황의 군대를 저지했다. 신라가 이와이 세력을 지원했다.

527년 상황이 매우 위급하다고 판단한 게이타이 천황은 이와이 세력을 공략하기 위해 군대를 보냈다. 게이타이는 오토모씨에 버금가는 호족 모노노베노 아라카비物部麁鹿火를 지휘관으로 삼았다. 천황은 직접 아라카비에게 도끼를 건네며 말했다. "나가토長門(지금의 야마구치현 서부)부터 동쪽은 내가 다스리고, 쓰쿠시筑紫(지금의 후쿠오카현 동부)는 그대가 다스려라. 상벌을 마음대로 행하여라." 천황은 지휘관에게 규슈의 지배권을 위임했다.

이와이는 천황이 보낸 대군을 맞이하여 싸웠다. 규슈 곳곳에서 격전이 벌어졌다. 이 싸움은 다음 해 말까지 계속되었다. 이와이는 신라가 군사를 보내고 경제적으로도 지원할 것이라고 기대하고 있었다. 하지만 당시 신라는 규슈에 군대를 보낼만한 여력이 없었다. 신라의 지원이 불확실해지자, 규슈의 여러 호족이 이와이에게 등을 돌렸다. 이와이가 수세에 몰렸다. 천황의 군대는 쓰쿠시의 미이군御井郡(지금의 후쿠오카현에 있던 고대 행정구역)에서 벌어진 전투에서 이와이군을 크게 무찌르고 승리했다. 게이타이 정권은 규슈의 북부에 미야케屯倉 즉, 천황의 직할지를 설치했다.

게이타이 정권은 규슈에서 승리를 거두었으나 전국 각지에서 호족 세력이 저항하고 있었다. 게이타이의 아들 안칸 천황 시대에 무사시武蔵(지금의 도쿄·사이타마현·가나가와현 일대)를 다스리던 호족이 여러 호족과 연합하여 천황 정권에 맞섰다. 호족 상호 간의 대립도 심화되었다.

모두 호족 세력이 천황 정권에서 독립하려는 움직임과 관련이 있었다.

호족 세력의 저항이 천황 정권을 위태롭게 한 적도 있었다. 안칸 천황 때 시모사下総(지금의 치바현 북부)의 한 호족이 이끄는 무리가 천황 궁전에 침입한 적이 있었다. 531년 『백제본기』에 안칸 천황과 태자, 그리고 여러 왕자가 한꺼번에 사망했다는 기록이 있다. 궁전에서 큰 사건이 일어났다는 것을 알 수 있다. 천황 정권은 지방의 호족들을 차례로 복속시켰지만, 그 과정은 불안한 나날의 연속이었을 것이다.

제5장

대왕에서 천황으로

1. 아스카 시대

　게이타이 왕조의 실력자 소가씨는 아스카飛鳥 지역(지금의 나라현 다카이치군)을 권력 기반으로 하면서 32대 스슌 5년(592)에 그곳으로 천황의 거처를 옮겼다. 아스카는 백제에서 건너온 사람들이 집단을 이루어 사는 곳이었다. 당시 일본에서 문화가 가장 발달한 국제도시였다고 할 수 있다.

　아스카 시대는 보통 592년부터 헤이조경平城京으로 도읍을 옮기는 710년까지를 말한다. 좁은 의미로 성덕태자聖德太子가 섭정의 지위에 오른 33대 스이코 원년(593)부터 일본 최초의 중국식 도성인 후지와라쿄藤原京으로 천도한 41대 지토 8년(694)까지이다.

이 책에서는 전자와 후자의 구분법을 절충하여 6세기 말부터 7세기 말까지를 범위로 정하고, 32대 스슌, 33대 스이코推古, 34대 조메이舒明, 35대 고교쿠皇極, 36대 고토쿠孝德, 37대 사이메이齊明, 38대 텐지天智, 39대 고분弘文, 40대 텐무天武, 41대 지토持統, 42대 몬무文武 등의 천황 시대를 조명한다.

❖ 조정과 천황 이해하기

◎ 아스카 시대부터 조정朝廷이라는 말이 역사서에 자주 나오는데, 이 시대의 조정은 중국의 그것과 성격이 달랐다. 조정은 야마토 지역의 호족들로 구성된 정치적 연합체였다. 대왕(천황)은 조정의 구성원인 호족을 정신적으로 통합하고, 호족 상호 간의 갈등을 중재하는 권위적 존재에 불과했다. 중국과 한반도 국가의 군신관계와 달랐다.

◎ 645년 6월에 나카노오에 왕자를 중심으로 하는 세력이 쿠데타

를 일으켜 소가씨 일족을 제거한 후, 정권을 장악하고 왕권을 강화했다. 7세기 말에 율령이 제정되면서 천황은 외견상 중국의 군주와 같은 통치자가 되었다. 하지만, 중앙집권적 정치체제가 가능되고, 천황이 권력을 행사했던 것은 아니다. 호족에서 관료로 신분을 전환한 귀족들이 실권을 장악했다. 귀족 중에서도 후지와라씨가 천황의 권위를 등에 업고 권력을 행사했다. 후지와라씨 권력은 나라 시대에서 헤이안 시대로 이어졌다. 천황은 여전히 '군림은 하나 통치하지 아니하는 군주'였다.

◎ 1192년 7월 가마쿠라 막부가 성립되면서 무사의 세상이 되었다. 막부의 최고 권력자 쇼군將軍이 조정의 권력을 쟁취했다. 무사의 세상은 18세기 말까지 이어졌다. 그동안 조정은 존재했고, 귀족이 조정의 관직을 세습했다. 귀족의 정치적 지위는 높았으나 경제적으로는 하급 무사보다도 가난한 존재였다. 겨우 체면을 유지하며 생존할 뿐이었다. 천황도 귀족과 거의 같은 처지였다. 권위를 지녔지만, 경제적으로 빈궁한 명목상의 군주에 지나지 않았다.

◎ 1867년 12월 근대국가가 성립되었다. 700여 년 동안 숨죽여 지내던 천황이 정치의 전면에 등장했다. 왕정복고라는 말이 그것을 상징한다. 이때부터 천황이 권위와 권력을 동시에 지닌 국가 최고 지도자가 되었다.

2. 소가씨의 권세

6세기 후반에 들어서면서 미야케屯倉 즉, 천황 가문의 직영지가 늘어났다. 조정은 새로운 기술과 지식을 몸에 지니고 한반도에서 일본으로 건너온 도래인을 지배하면서 권력을 강화했다. 이에 비례하여 야마토 지역 호족의 경제적, 정치적 지위도 다른 지방의 호족을 압도하게 되었다.

소가씨가 정치무대에 등장하는 것은 6세기 전반에 소가노 이나메蘇我稻目(? ~ 570)가 왜 왕권의 중신인 오오미大臣로 등용되면서부터이다. 오오미는 오미臣 계열을 통솔하는 최고집정관이었다. 이때부터 소가씨 가문이 대대로 조정의 행정 실무를 총괄했다.

소가씨는 한반도에서 건너온 도래인 가문이었다. 소가노 이나메의 증조부 만치라는 인물은 5세기 후반에 백제에서 활동했던 목만치木滿致와 동일 인물이라는 견해가 있다. 목만치가 일본 열도로 이주해서 소가씨 선조가 되었다는 것이다. 『尊卑分脈』이라는 계보집에는 소가노 이나메의 조부가 가라코韓子, 부친은 고마高麗라는 이름을 가졌다고 기록되어 있다. 소가씨가 한반도에서 건너온 도래인 계열의 혈통이라는 증거이다.

소가씨 아래에서 하타씨가 재정의 출납을 담당하고, 야마토노후미씨와 가와치노후미씨가 장부의 기록을 담당했다. 하타씨, 야마토노후미씨, 가와치노후미씨 등의 가문은 모두 한반도에서 일본으로 건너온 도래인 계열의 씨족이었다. 소가씨는 선진 기술과 지식을 보유한 도래인 계열의 씨족을 거느리면서 권력을 강화했다.

소가씨는 왕실과 외척관계를 맺었다. 541년 소가노 이나메는 자신의 두 딸인 기타시히메堅塩媛와 오아네노키미小姉君를 동시에 긴메이 천황(재위 539~71)의 비로 들여보냈다. 긴메이와 기타시히메 사이에 7남 6녀가 태어났는데, 그중에 훗날 요메이 천황(재위 585~87)이 되는 왕자와 스이코 천황(재위 592~628)이 되는 공주가 있었다. 긴메이와 오아네노키미 사이에 4남 1녀가 태어났는데, 그중에는 훗날 스슌 천황(재위 587~92)이 되는 왕자가 있었다.

소가노 이나메의 아들 소가노 우마코蘇我馬子(?~626)는 자신의 두 딸을 왕비로 들여보냈다. 한 딸을 스슌 천황의 왕비로, 또 한 딸을 조메이 천황의 왕비로 들여보냈다. 소가씨는 왕실과 2중 3중으로 인척관계를 맺으며 5대에 걸쳐서 왜 왕권의 외척으로서 권세를 누렸다.

소가씨의 권세는 왕권을 능가했다. 그것을 상징하는 것이 스슌 천황 암살 사건이었다. 스슌은 587년 요메이 천황의 뒤를 이어 즉위했다. 그런데 요메이가 사망한 직후, 소가노 우마코가 모노노베씨 가문을 멸망시키는 사건이 일어났다.

소가씨가 두각을 나타내자 모노노베씨物部氏가 견제하기 시작했다. 모노노베씨는 주로 군사와 치안을 담당했다. 6세기 초에 오무라지가 되어 무력을 장악했던 전통적이고 보수적인 성향의 씨족이었다. 이에 비하여 소가씨는 불교와 한반도의 선진문화를 적극적으로 받아들이는 진보적인 성향의 씨족이었다. 두 씨족의 대립은 곧 보수와 진보의 대립이기도 했다.

요메이 천황 시대에 소가노 우마코와 모노노베노 모리야物部守屋(? ~ 587)의 대립이 극에 달했다. 모리야가 먼저 소가씨를 공격하기 위해 군사를 모았다. 그러자 소가노 우마코도 무장했다. 모리야는 소가씨가 후원하는 두 명의 왕자도 함께 암살하려는 계획을 세웠다. 587년 2월 요메이 천황이 사망하자, 모노노베노 모리야가 소가씨 타도의 기치를 올렸다. 그러자 소가노 우마코는 모리야가 천황으로 즉위시키려던 아나호베穴穗部 왕자를 주살하고, 이어서 벌이진 전투에서 모노노베노 모리야를 죽였다.

모노노베노씨를 멸망시킨 소가노 우마코는 스슌 천황을 즉위시켰다. 그리고 모든 국가 사업을 독단으로 추진했다. 천황은 아무런 실권이 없었다. 스슌 천황은 자신의 친형인 아나호베 왕자를 살해한 소가노 우마코에게 원한을 품고 있었다. 스슌은 우마코의 전횡이 도를 넘자 우마코에 대한 반감을 드러냈다. 그것을 눈치챈 우마코는 도래인 계열의 씨족인 야마토노아야노 코마東漢駒를 시켜 대낮에 의식을 거행하는 스슌을 살해했다. 스슌의 시신은 사망 즉시 매장되었다.

　천황까지 살해할 수 있었던 소가씨의 권세에 조정의 중신들도 대적하지 못했다. 오오미에 취임한 소가노 우마코는 천황이 오무라지를 임명하지 못하도록 하고, 자신이 정치 전반을 주관하는 체제를 수립했다. 소가씨가 세력을 떨치게 되면서 우마코가 추천하는 인물 이외에는 왕위에 오를 수가 없었다. 이러한 분위기 속에서 592년 11월 일본 최초의 여왕 스이코가 즉위했다. 물론 스이코는 소가노 우마코의 마음에 드는 조카였기 때문에 왕위에 오를 수 있었다.

　스이코 천황 역시 정치에 직접 관여하지 않았다. 모든 실권은 소가노 우마코가 장악했다. 스이코 천황은 소가노 우마코의 뜻에 따라 불법을 장려했다. 『일본서기』 593년 2월 조에 중신들이 '다투어 사원을 건립했다. 이것을 데라寺라고 했다.'고 기록되어 있다. 불교가 일본에 뿌리를 내렸다.

　625년 소가노 우마코가 사망한 후, 우마코의 아들 소가노 에미시蘇我蝦夷(? ~ 645)가 오오미에 취임했다. 그로부터 3년 후에 스이코 천황이 사망했다. 소가노 에미시에게 차기 천황 선임권이 주어졌다. 이때 성덕태자(574~622)의 아들 야마시로山背 왕자가 차기 천황의 후보로 거론되었지만, 소가노 에미시는 다무라田村 왕자를 34대 천황으로 정하니 그가 조메이 천황(재위 629~41)이었다. 조메이 역시 정치에 관여하지 않고 모든 실권은 소가노 에미시가 장악했다. 조메이는 641년 10월에 백제궁에서 사망했다.

　조메이 천황이 사망하자 차기 천황은 황태자인 나카노오에中大兄 왕자가 되는 것이 순리였다. 그러나 소가노 에미시는 나카노오에가 아직 16세로 연소하다는 이유로 조메이 천황의 정비를 즉위하게 하니 그녀가 35대 고교쿠 천황(재위 642~45)이었다. 소가씨의 전횡이 극에 달했다.

❖ 성덕태자

◎ 일본인에게 가장 자랑스럽고 존경하는 역사 인물이 누구냐고 묻는다면, 아마도 십중팔구는 성덕태자라고 대답할 것이다. 역사 교과서에는 성덕태자가 일본 최고 최대 사원이라고 할 수 있는 호류지法隆寺를 비롯한 여러 사원을 세운 인물이고, 당시 불교의 심오한 교리를 이해한 유일한 성인으로 묘사되어 있다.

◎ 성덕태자는 생전에 우마야도廐戸 왕자로 불렸던 인물이다. 성덕태자는 훗날 위정자가 추증한 시호이다. 소가씨 본종가는 을사의

변이라는 왕족 쿠데타에 의해 멸망하는데, 쿠데타 세력은 자신들의 쿠데타를 정당화시키기 위해서 소가씨 본종가의 업적을 지울 필요가 있었나. 그런 과정에서 소가노 우마코의 조역에 불과했던 우마야도 왕자를 정국을 주도한 천재 정치가이며 성인으로 추앙하는 작업을 했을 것으로 여겨진다.

◎ 성덕태자 생전의 모습은 교과서에 묘사된 이미지와 다르다. 그는 소가노 우마코와 충돌을 피하며 보신에 급급했던 인물이었다. 성덕태자가 헌법17조를 제정했다고 하지만 그것은 오늘날 헌법과 전혀 다른 성격을 지닌 내용이었다. 유학과 불교의 정신을 가미한 관리의 근무수칙이었다. 그것조차도 훗날 조작된 것이라는 설이 유력하다. 성덕태자가 도입했다는 중국식 관위제 또한 소가씨와 같은 호족이 실권을 장악하고 있는 한 일종의 형식주의에 불과한 것이었다. 실제로 소가씨는 관위제 규정에 따르지 않았다.

◎ 교사들은 성덕태자가 천재적인 정치가였을 뿐만 아니라, 당시 중국 대륙을 통일한 수나라 양제에게 '해가 뜨는 곳의 천자가 해가 지는 곳의 천자에게 보내노라'는 서신을 보내 중국과 대등한 외교를 펼쳤다고 가르쳤다. 그러나 당시 왜 왕권은 수나라에 조공했고, 수나라 양제는 왜 왕권을 야만시했다는 것이 사실에 가깝다. 수나라가 왜 왕권에 보낸 국서에는 일본의 위정자를 꾸짖는 충격적인 내용이 담겨 있었던 것 같다. 당시 일본 사절단을 이끌고 수나라에

> 다녀온 오노노 이모코小野妹子는 수나라가 보낸 국서를 '분실했다'
> 며 소가노 우마코와 성덕태자에게 보여주지 않았다.

3. 을사의 변

7세기 중엽 한반도의 정치 상황이 급변했다. 『일본서기』에 따르면, 641년에 백제의 의자왕이 반대파를 대대적으로 숙청했다는 소식과 고구려의 연개소문이 영류왕을 살해하고 실권을 장악했다는 소식이 전해졌다. 이런 와중에 신라는 국력을 길러 한반도 통일을 준비했다. 소식과 정보는 유학생이나 사신을 통하여 왜국에 전해졌다. 국제정세의 변화에 위기감을 느낀 호족들 사이에는 정치체제를 혁신하려는 기운이 일어났다.

당시 일본에서는 소가노 에미시의 권세가 날로 강성했다. 에미시의 아들 소가노 이루카蘇我入鹿(? ~ 645)도 정치에 참여했다. 소가노 에미시는 고향에 조상을 모시는 신사를 건설하고 천황만이 누리는 팔일무를 연출했다. 그의 저택을 미카도宮門 즉, 천황의 궁전, 그 집안의 남자를

미코王子 즉, 천황의 아들이라고 칭했다. 저택 주변에 방책을 설치하고 무기고를 두었다. 소가씨는 자기 가문 영지의 예속민뿐만 아니라 다른 왕족의 영지에서도 예속민을 동원하여 에미시와 이루카를 위한 분묘를 조성하기도 했다. 소가씨의 권세는 이미 천황을 능가했다.

소가씨의 전횡이 극심해지자 호족들은 반감을 품었다. 정세를 간파한 나카토미노 가마타리中臣鎌足는 나카노오에 왕자와 함께 소가씨를 제거하기로 뜻을 모았다. 645년 6월 12일 나카노오에와 가마타리는 궁중에 들어와 의례를 집행하던 소가노 이루카를 죽였다. 현장에 있던 고교쿠 천황이 놀라서 소리쳤다. "이게 무슨 일인가?" 나카노오에가 대답했다. "이루카가 왕족을 멸망시키고 스스로 대왕이 되려고 합니다. 우리들이 그런 일을 용서할 수 있겠습니까?" 고교쿠는 서둘러 자리를 피했다.

피범벅이 된 소가노 이루카의 시신은 소가노 에미시의 저택으로 보내졌다. 나카노오에 왕자는 측근들을 거느리고 아스카데라飛鳥寺(지금의 나라현 다카이치군 소재)를 접수하고 만약의 사태에 대비했다. 소가씨와 친분이 있는 왕족은 각기 저택으로 돌아가 칩거했고, 다른 왕족과 호족은 나카노오에 왕자를 따라 아스카데라에 들어가 방어태세를 취했다.

소가씨 일족과 소가씨를 따르던 야마토노아야 일족이 항전할 준비를 했으나 나카노오에 왕자가 보낸 사자의 설득으로 흩어졌다. 다음 날

소가노 에미시가 저택에서 자살했다. 이때 에미시는 자신의 저택에 보관하던 천황 가문과 관련된 기록, 국가의 공문서, 역사서 등을 모두 불태웠다고 전해진다. 소가씨 본종가가 멸망했다. 이 사건을 을사乙巳의 변이라 한다.

4. 개혁 정책

소가씨 본종가가 멸망한 후, 고교쿠 천황은 양위를 결심하고 쿠데타의 주역인 나카노오에 왕자에게 왕위를 물려주려고 했다. 나카노오에는 왕위를 사양했다. 645년 6월 14일 고교쿠의 동생인 가루軽 왕자를 즉위시키니 그가 고토쿠孝 천황(재위 645~54)이었다. 일본 최초의 양위였다. 하지만 고토쿠는 나카노오에와 실력자 나카토미노 가마타리의 꼭두각시에 불과했다.

나카노오에가 태자의 신분으로 실권을 장악했다. 나카노오에는 고토쿠가 즉위한 닷새 후에 아스카데라에 군신들을 모아놓고 신정권에 충성할 것을 서약하게 했다. 이날 일본 최초의 공식 연호인 다이카大化가 정해졌다. 나카노오에는 정치를 일신하기 위해 아스카에서 나니와難波(지금의 오사카시와 그 주변 지역)로 천도를 단행하고 개혁을 추진했다.

정변의 주역 나카노오에와 나카토미노 가마타리의 뒤에는 오랜 기간 백제와 중국에서 공부하고 귀국한 유학생, 백제계 도래인 집단이 있었다. 소위 신지식인들이 소가씨를 비롯한 호족이 좌지우지하던 정치체제를 개혁하고 새로운 국가조직을 정비하기 위해 힘을 모았다.

나카노오에는 국제정세에 밝은 신지식인들을 참모로 거느리고, 정무 집행과 정책 입안의 양 기관을 통괄하는 권력의 정점에 서서 신정권의 조직을 정비했다. 646년 정월에 신정부의 기본 방침인 다이카 개신의 조칙이 공포되었다. 그 내용을 요약하면 다음과 같다.

첫째, 왕실과 호족의 토지소유권을 부정하고 모든 토지와 농민을 국가가 장악한다. 왕족과 호족은 관리로 임명하고 새로운 기준으로 마련한 관위를 수여한다. 단, 왕족과 호족이 기존의 영지에서 수취하던 것과 같은 수준의 곡물, 포목, 비단 등을 정부가 현물로 지급한다.

둘째, 지방의 행정제도를 정비하고 지방관을 임명한다. 전국을 국·군·리로 나누고, 각각 국사·군사·이장을 둔다. 국사는 천황이 직접 임명하지만 군사는 종래의 호족 중에서 선별한다. 요충지에 군사·교통 시설을 두고 국가가 직접 관리한다.

셋째, 호적과 계장을 만들고, 이것을 징세와 징병 등의 기초자료로 삼는다. 국가가 구분전이라는 경작지를 모든 인민에게 직접 나누어 주는 반전수수법班田收授法을 실시한다. 요컨대, 전국의 토지와 인구를 조사해 생산량과 경작자를 국가가 파악한다.

넷째, 조용조 제도라는 통일적인 세제를 확립한다. 조租는 1반 당 2속 2파의 벼로 납부하게 하는 것이고, 용庸은 토목공사나 건축공사에 인민들을 동원하는 것이고, 조調는 비단이나 기타 특산물로 납부하도록 하는 것이다. 소금, 물고기, 각 지방의 특산물 등은 별도로 징수한다.

정부는 왕족과 호족이 거대한 분묘를 조성하거나 호화로운 부장품을 함께 묻는 것을 금지했다. 순사도 금했다. 분묘의 크기는 관위에 따라 차별을 두었다. 또 신분이 낮은 호족이 왕족이나 명망이 있는 호족의 후예라고 멋대로 주장하는 것을 금했다.

신정부 개혁의 목표는 중앙집권 권력의 강화였다. 그러나 당시 왕권은 호족 세력을 압도할 수 없었다. 개혁 정책은 호족들의 반발에 부딪혔다. 신정부는 호족의 불만을 약화시키기 위해 식봉제食封制를 인정하지 않을 수 없었고, 사원의 영유지도 폐지할 수 없었다. 공민제도 관철되지 못했다. 지방행정 제도는 손도 댈 수 없었다. 이런 상황에서 호적과 계장을 통해 전국의 인민을 장악한다는 계획은 그야말로 탁상공론이었을 가능성이 크다.

❖ 다이카 개신 조작설

◎ 다이카 개신의 조칙은 종래의 씨성제도에 기초한 호족의 지배권을 부정하고 중앙집권 권력을 확립하는 것을 골간으로 하고 있었다. 하지만 예부터 지방의 호족들이 개별적으로 지배하던 토지와 농민, 특히 미야케屯倉와 베민部民의 지배권을 어느 날 갑자기 왕권이 몰수했다는 것은 상식적으로 납득하기 어렵다. 막강한 군사력을 배경으로 하지 않고는 불가능한 일이다. 그런데 쿠데타 세력이 군사력을 보유했다는 근거가 없고, 또 다이카 개신이 구체적으로 추진되었다는 증거를 찾기 어렵다.

◎ 일찍이 일본 고대사 연구자 쓰다 소키치津田左右吉(1873~1961)는 실증적인 연구를 통해 다이카 개신 조작설을 제기했다. 을사의 변이 일어난 지 수십 년 후에 『일본서기』의 편자에 의해 마치 다이카 개신의 조칙인 것처럼 조작되었다는 것이다.

◎ 참고로 다이카 개신의 조칙에 대하여 현재 3가지 설이 있다. (1) 기본적으로는 다이카 개신 당시에 반포된 조칙이라는 설 (2) 주요 내용은 당시에 반포된 것이나 부분적으로는 훗날 조작이 가해졌다는 설 (3) 조칙은 모두 당시에 반포된 것이 아니고 훗날 『일본서기』의 편찬자가 조작했다는 설 즉, 다이카 개신 허구론 등이다.

5. 동북아 정세의 급변

654년 10월 고토쿠 천황이 사망했다. 실권자 나카노오에 태자는 이번에도 즉위하지 않았다. 나카노오에는 자신의 어머니이기도 한 고교쿠를 655년 정월에 다시 즉위시켰다. 37대 사이메이 천황(655~61)이었다. 실권자 나카노오에는 다시 태자가 되어 정국을 주도했다.

660년 7월 신라가 당나라를 끌어들여 백제를 침략했다. 백제의 귀족과 호족들은 서둘러 왜 왕권에 원군을 요청했다. 왜 왕권은 원군을 파병하기로 결정했다. 660년 12월부터 원군은 배를 건조하는 것을 시작으로 바다를 건널 준비를 했다. 661년 5월 사이메이 천황이 규슈의 아사쿠라궁朝倉宮(지금의 후쿠오카현 아사쿠라시)으로 거처를 옮겼다. 백제 파병을 직접 독려하기 위해서였다. 그러나 천황은 같은 해 7월 그곳에서 급사했다.

나카노오에 태자는 사이메이 천황의 장례와 자신의 즉위식도 미루며 규슈에 지휘부를 설치하고 파병을 서둘렀다. 왜 왕권이 한반도 정세를 얼마나 심각하게 받아들였는지 알 수 있다. 661년 8월에는 아즈미노 히라후阿曇比羅夫·아베노 히라후阿倍比羅夫 등 역전의 용장을 백제 원군의 장수로 임명했다. 9월에 일본에 머물고 있던 의자왕의 아들 풍장이 5000여 명의 선발대를 이끌고 백제로 건너갔다.

662년 5월 왜의 수군 함대 170여 척이 바다를 건넜다. 663년 3월 왜군 2만 7000여 명을 태운 함대가 바다를 건넜다. 8월에 왜군은 금강 하구로 추정되는 백촌강에서 당의 수군을 맞아 싸웠다. 그때의 상황이 『구당서』의 유인궤전에 다음과 같이 기록되어 있다. '인궤가 왜병과 백강 어귀에서 만났다. 4번 싸워서 이겼다. 그들의 배 400척을 불태우니 화염이 하늘에 가득했고 바닷물은 모두 붉게 물들었다.' 백제군과 왜군이 대패했다. 지휘관 풍장은 고구려로 도망했다. 9월 7일 원정군의 교두보라고 할 수 있는 주류성周留城이 함락되었다. 백제가 완전히 멸망했다. 왜군은 한반도에서 퇴각했다.

실의에 처한 나카노오에 태자는 패전 병사들을 이끌고 아스카로 돌아왔다. 나카노오에 태자는 당과 신라의 침공에 대비했다. 664년에 쓰시마対馬, 이키壱岐, 규슈의 북쪽에 봉수대를 설치했다. 요충지에 산성을 쌓고 수비대를 주둔시켰다. 665년부터 규슈에서 오사카에 이르는 요충지에 산성을 쌓았다. 산성은 백제에서 망명한 축성 전문가의 지도하에 쌓았다. 나카노오에 태자는 측근을 최전방 지휘관으로 파견하여 만약의 사태에 대비했다.

백촌강 전투 패퇴는 나카노오에 태자의 정치적 입지를 약화시켰다. 당과 신라의 일본 열도 침략보다도 두려운 것은 국내의 반란이었다. 667년 6월 나카노오에 태자는 도읍을 오미近江(지금의 시가현 북동부)의 오쓰大津로 옮겼다. 668년 정월 나카노오에 태자가 오미에서 정식으로 즉위하여 38대 텐지 천황(668~71)이 되었다. 사이메이 천황이 사망한 지 6년 후의 일이었다. 텐지 정권을 오미 조정이라고도 한다.

6. 임신의 난

텐지 천황과 정비 사이에는 자식이 없었다. 후비가 4명 있었으나 역시 자식이 없었다. 그러나 궁녀들과의 사이에서 아들을 얻었다. 그중의 한 사람이 오토모大友 왕자였다. 오토모 왕자는 두뇌가 명석했을 뿐만 아니라 문재도 갖추었기 때문에 텐지가 그를 총애했다.

당시 유력한 왕위 계승자로 텐지의 아우인 오아마大海人 왕자가 있었으나 관인들은 오아마를 달가워하지 않았다. 그래서 오토모 왕자를 옹립하려는 분위기가 무르익어가고 있었다. 텐지는 대신들로 하여금 오토모 왕자에게 충성을 맹세하도록 하여 오미 조정의 결속을 다졌다. 조정의 움직임이 자신에게 불리하게 돌아가는 것을 눈치 챈 오아마는 다른 수단을 동원하여 왕위를 찬탈할 야심을 품었다. 오아마는 출가를 가장하여 요시노吉野(지금의 나라현 남부에 있는 요시노산을 중심으로 하는 산악지대)로 피신했다.

671년 12월 3일에 텐지 천황이 46세의 나이로 오미의 오쓰궁大津宮에서 사망했다. 오토모 왕자(메이지 시대에 고분 천황으로 추증됨. 재위 671~72)가 뒤를 이어 즉위했다. 그러자 오아마 왕자는 서둘러 자신의 영지가 있는 미노美濃(지금의 기후현 남부 지방)로 가서 세력을 결집했다.

672년 6월 오아마 왕자가 반란을 일으켰다. 오미 조정은 즉시 군대를 보내 오아마 왕자를 체포하려고 했다. 동부 일본은 물론 서부 일본의 관청과 호족에게도 군사를 보내라고 명령했다. 그러나 동부 일본으로 향하는 요충지는 이미 오아마 왕자가 장악하여 군사동원이 불가능했고, 서부 일본에서의 징병도 지체되었다.

한편, 오아마 왕자는 동부 일본 호족들의 지지를 얻었다. 6월 25일부터 이세伊勢(지금의 미에현), 오와리尾張(지금의 아이치현 서부), 가이甲斐(지금의 야마나시현 일대), 시나노信濃(지금의 나가노현과 기후현) 지역의 병사를 장악했다. 오아마 왕자는 오미 조정을 압도하는 군사력을 확보했다.

6월 29일 아스카 지역에서 전투가 시작되었다. 반란군은 수일 내에 아스카를 제압하고 오미로 진격했다. 7월 7일부터 17일 사이에 오미 일대에서 벌어진 전투에서 정부군이 연전연패했다. 7월 22일 오미의 오쓰궁이 함락되고, 7월 23일 오토모 왕자가 자살했다. 전쟁은 반란군의 승리로 끝났다. 오미 조정의 중신들이 차례로 체포되어 형벌에 처해졌다. 이것을 임신壬申의 난이라고 한다.

임신의 난에서 오아마군이 승리할 수 있었던 것은 오미 조정에 충심으로 복속하지 않았던 호족들이 오아마 측에 가담했기 때문이다. 임신의 난의 직접적인 원인은 말할 필요도 없이 권력 승계 문제였지만, 백촌강 전투에서 패배한 데 대한 호족의 불만, 텐지가 중앙집권적 국가를 형성하기 위해 추진한 여러 개혁에 대한 호족의 반발이 근본적인 원인이었을 것이다.

7. 텐무 천황

673년 2월 오아마 왕자가 아스카의 기요미하라궁浄御原宮에서 즉위하여 텐무 천황(재위 673~86)이 되었다. 텐무는 즉위하면서 텐지의 딸을 정비로 삼았다. 텐무는 '정치의 근간은 군사'라는 신념을 지닌 인물이었다. 텐무는 임신의 난 때 공을 세운 측근들을 주변에 두고 무력을 앞세워 권력을 유지했다. 유력한 씨족의 정치 개입을 최소한으로 한정했다. 10여 년에 걸친 텐무의 재위 기간에 한 사람의 고관도 두지 않고 정비를 비롯한 가족의 보좌만으로 정무를 보았다.

임신의 난은 텐무를 중심으로 하는 새로운 계급사회를 형성하는 계기가 되었다. 임신의 난에서 오미 조정에 참여했던 명망 있는 호족들이 처벌되거나 몰락하여 그 세력이 현저하게 약화되면서 상대적으로 왕권이 강화되었다. 텐무는 강력한 전제정치를 시행했다. 676년 9월 진심으로 충성하지 않는 왕족을 유배형에 처했다. 679년 5월에는 정비와 태자를 비롯한 일족을 모아놓고 자신의 말을 거역하지 않을 것을 서약하게 했다.

텐무는 오키미大王라는 칭호 대신에 스메라미코토天皇라는 칭호를 사용하기 시작했다. 텐무는 자신의 아들에게 처음으로 친왕親王, 딸에게 내친황內親王이라는 칭호를 사용하게 했다. 이 무렵부터 텐무 천황은 자신이 아라히토가미現人神 즉, 사람의 모습으로 나타난 신이라고 주장하기 시작했다. 자신을 신과 같이 숭배하도록 명령했다.『万葉集』에 전하는 노래 중에 천황을 신으로 찬양하는 노래가 있다. 이것이 성립된 것은 텐무 때였을 것으로 추정된다.

천황이라는 용어는 도교 사상에서 기인했다는 설이 유력하다. 도교에서 천황은 우주에서 가장 높은 신을 가리키는 용어로 중국에서는 천황대제로 불렸다. 천황대제의 권위를 상징하는 것이 바로 천황을 상징하는 신성한 물건인 칼과 거울이다. 실제로 이세 신궁을 비롯한 여러 신궁에서 거울을 신체로 받들고 있다. 텐무가 아라히토가미로 추앙된 것도 천상에서 현실로 강림한 신이라는 관념과 부합한다. 이세 신궁에서 사용하는 재궁, 내궁, 외궁 등과 같은 용어도 도교에서 사용하는 용어였다.

681년 2월 텐무는 율령의 편찬을 명했다. 형법은 당의 율령을 그대로 차용하고, 형정의 규범이 되는 기본법전을 수정하고 보완하는 것이 목적이었다. 그런데 율령을 기반으로 정치를 시행하기 위해서는 문자 해독이 가능하고, 지휘 계통에 복종하며, 천황에게 충성하는 관리 집단의 존재를 전제로 한다. 그러나 일본에는 아직 그러한 기반이 조성되지 않았다.

텐무 천황은 673년에 기나이를 중심으로 하는 호족의 출신법을 정했다. 호족의 자제를 도네리舍人라는 일종의 견습 관리로 채용한 후에 근무 성적에 따라서 관위에 나아가게 했다. 관리 집단이 형성되기 시작하자, 678년에는 관리의 근무 평가제도와 관리의 승진법을 제정했다. 호족의 자제 중에서 실력이 있는 자를 선별하여 조정의 관리로 임명했다.

681년 4월 복식규정이 마련되었다. 이것을 시작으로 예법에 관한 법령이 정해졌다. 682년 관리와 궁녀는 왜국의 전통적인 복장을 하지 못하도록 했다. 남녀 모두 머리를 묶도록 했다. 특히 남성 관인은 관을 쓰도록 했다. 683년에 조례법이 정해졌다. 685년에는 조복의 색이 정해지고, 궁중에서 언행을 바르게 하라는 명령이 하달되었다. 예법도 정비되었다. 왜국의 전통적인 작법이 중국풍의 작법으로 변경되었다.

텐무 천황은 역사 편찬에도 관여했다. 텐무는 호족의 입장에 따라 각기 다르게 반영된 기록을 정리하고, 자료를 천황 가문에 유리하도록 '정리'하는 작업을 추진해야 한다는 뜻을 피력했다. 그것은 천황이 기나이를 중심으로 하는 지배 집단의 대표에서 일본 열도의 지배자가 되기 위해서도, 쿠데타의 정당성을 확보하기 위해서도 필요한 작업이었을 것이다. 그래서 사실상 역사왜곡 작업이었을 가능성이 크다.

8. 지토 천황

41대 지토 천황(재위 686~97)은 텐지 천황의 둘째 딸이며 텐무 천황의 정비이다. 텐무와 지토 사이에는 쿠사카베草壁라는 아들이 하나 있었다. 686년 5월 텐무 천황이 병석에 누웠다. 텐무는 모든 권력을 정비와 쿠사카베 태자에게 위임했다. 같은 해 9월 텐무 천황은 기요미하라 궁에서 사망했다.

텐무는 지토를 정비로 맞이하기 전에 이미 여러 여성과 관계를 맺어 많은 아들을 두었다. 그중에는 재능이 뛰어난 오쓰大津 왕자가 있었다. 그는 "용모가 남자답고, 대인배의 기량을 갖추고, 학문도 우수했고, 무술에도 뛰어난 인물"로 인망을 얻고 있었다. 지토는 텐무가 사망하자마자 오쓰 왕자를 모반혐의로 체포하여 죽였다. 자신의 소생인 쿠사카베를 천황으로 삼기 위해서였다.

그러나 지토의 기대와는 달리 쿠사카베는 689년 4월 28세의 나이로 사망했다. 690년 정월 텐무의 황후가 즉위하니 그녀가 지토 천황이었다. 당시 지토의 유일한 핏줄인 구사카베의 아들 가루軽 왕자는 7세의 어린이였다. 그런데 나이가 들고 능력을 인정받은 텐무의 아들이 많았다. 텐무의 유업을 계승하면서 권력을 지켜야 하는 막중한 임무가 지토 천황에게 주어졌다.

689년 윤8월 지토는 호적의 작성을 명했다. 율령 시행의 기초작업이었다. 50호를 기본으로 하는 행정 단위인 리里가 설정되었다. 호와 리는 조세 부과의 대상이었다. 성별·연령에 기초하여 호적이 작성되고, 개인별로 조용조와 요역 부과의 대상이 확정되었다면, 농민을 대상으로 하는 수취체제가 마련되었다고 보아도 무방할 것이다.

690년부터 텐무 천황 때 편찬된 기요미하라령이 시행되었다. 중앙 관제는 기본적으로 당의 상서성 6부 제도를 모방하면서 일본의 실정에 맞게 개편했다. 태정관 밑에 8성이 설치되었다. 관원령이 전면적으로 시행되었다. 관리는 새로운 조복을 입었다. 근무평가도 시행되었다. 조정의 예의작법도 세밀해졌다. 지토 천황이 즉위하면서 기요미하라령을 기본으로 하는 국가체제가 본격적으로 가동되었다.

텐무는 생전에 왕궁을 중심으로 시가지 건물이 정연하게 배치된 중국식 도성을 건설하려고 했다. 하지만 그 뜻을 이루지 못하고 사망했다. 지토 천황은 텐무의 유업을 계승했다. 690년 12월 지토는 새로운 도성의 건설 예정지를 시찰했고, 이듬해부터 도성의 조영이 시작되었다. 도성 조영은 순조롭게 진행되어 694년 후지와라경藤原京이 위용을 드러냈다. 일본 최초의 중국식 도성 후지와라경은 710년까지 일본의 도읍이 되었다.

697년 2월 지토는 15세가 된 가루 왕자를 태자로 세웠다. 같은 해 8월 지토 천황은 태자에게 양위했다. 가루 태자가 즉위해 몬무 천황(재위 697~707)이 되었다. 지토는 태상천황이 되어 몬무 천황을 후견했다. 왜국 역사상 처음으로 천황의 직계 혈통이 즉위했다. 702년 지토는 58세의 나이로 사망했다.

9. 율령 편찬

몬무 천황이 즉위하면서 율령 개수 작업에 착수했다. 해외정세에 밝고 법률 지식이 풍부한 관리가 실무를 담당했다. 율령은 701년에 완성되었다. 이 법전을 다이호大宝 율령이라고 한다. 율령은 율 6권, 영 11

권으로 구성된 법전으로 702년부터 시행된 것으로 알려져 있다. 다이호 율령은 율과 영이 함께 편찬된 최초의 법전으로 당의 영휘 율령을 모방하여 편찬되었다.

율령의 규정에 따라 행정기관이 설립되었다. 중앙 행정기관으로 신기관神祇官과 태정관太政官이 있었다. 태정대신 밑에 사무를 총괄하는 여러 부서를 두었고, 별도로 관리를 감독하는 기구와 왕궁 경비대를 두었다. 중요한 지역에는 특별관청이 설치되었다.

신분은 양민과 천민으로 구분되었다. 양민은 자유인으로 관료와 대부분의 일반 농민이었는데, 왕족, 관리, 승려도 여기에 포함되었다. 그중에서도 일반 농민은 공호公戶로 불렸는데, 그들은 주로 농업에 종사하면서 각종 부담을 졌다. 양민 신분 내부에도 서열이 있었다. 천민과 양민의 결혼은 금지되었다.

양민은 호적에 등록되었다. 호적 등록 사업은 6년에 한 번, 전년의 11월 상순에 작성하기 시작하여 해당 연도의 5월에 종료했다. 호적을 작성할 때 기본 자료가 되었던 것이 계장이었다. 계장은 조세를 징수하기 위한 대장으로 해마다 작성되었다.

조정은 6세 이상의 양민에게 구분전口分田이라고 하는 토지를 지급하고, 대상자가 사망하면 국가가 회수했다. 이러한 법을 반전수수법이라고 했다. 이 제도는 당의 균전법을 모방한 것이다. 반전은 6년에 1번 실시되었다.

구분전을 지급 받은 경작자는 국가에 조·용·조를 납부하고 잡역에 동원되었다. 조租가 토지세라면, 조調와 용庸은 주로 성인 남자에게 부과되는 인두세였다. 조調는 각 지방의 특산물을 납부하는 것, 용은 일정 기간 노동에 동원되는 것이었다.

성인 남자는 정정正丁, 소정少丁, 노정老丁, 차정次丁으로 분류되었다. 정정은 21~60세, 소정은 17~20세, 노정은 61~65세, 차정은 질병자나 장애인이었다. 정정 3인에 대하여 1인의 비율로 병사를 징집했다. 징집된 병사는 각지의 군단에 배속되어 훈련을 받았다. 군단은 전국에 140여 개소가 있었던 것으로 추정된다.

사법권은 특별히 독립되어 있지 않았다. 관청이 사법부의 기능을 담당했다. 형벌에는 태·장·도·유·사의 5형이 있었다. 태형과 장형은 범죄자를 매로 다스리고, 도형은 옥에 가두고, 유형은 먼 지역으로 유배를 보내는 형벌이었다. 사형에는 교수형과 참형이 있었다. 관위가 5위 이상인 자는 자기 집에서 자결할 수 있는 특권이 있었고, 7위 이상의 관리 및 그 부인은 공개 장소에서 처형하지 않았다.

천황과 관련한 규정은 매우 세밀했다. 천황이 행행할 때, 백성은 행렬로부터 약 100미터 이내에 접근할 수 없었다. 멀리서라도 떠들거나 높은 곳에서 내려다보는 행위는 엄하게 금지되었다. 지위가 높은 귀족이라도 천황이 있는 곳에서 약 100미터 이내에서는 무기를 소지할 수 없었다. 행렬을 가로질러 건너는 자는 태형 100대로 다스렸다. 천황 행렬을 호위하는 병사의 무기를 빼앗으려고 한 자는 도형 1년에 처했다. 특별한 용무 없이 궁문으로 들어온 자는 태형 70대, 궁궐의 담을 넘은 자는 태형 100대로 다스렸다.

천황에게 맞서면 가장 강력한 형벌로 다스렸다. 천황에 반역하는 것은 물론, 천황의 인물 됨됨이에 대해 말하는 것, 정치를 비판하는 것, 천황의 능묘나 궁궐을 범하는 것, 겉으로는 천황에 공손하게 대하면서 속으로는 불공한 것 등도 모반으로 여겨졌다. 천황을 저주한 자, 천황의 의복이나 물품을 훔친 자, 천황의 조상신을 받드는 신사를 훼손하거나 신사의 기물 공물을 훔친 자, 친청의 기밀을 누설한 자, 천황이 복용할 약의 처방을 잘못 내린 자 등은 교수형에 처했다. 천황이 먹는 음식에 독물이나 금지물이 들어갔다면 대역죄로 다스렸다.

제6장

나라 시대

나라奈良 시대는 헤이조경平城京(지금의 나라현 나라시)에 수도를 두었던 시대이다. 헤이조 시대라고도 한다. 710년에 수도를 후지와라경에서 헤이조경으로 옮겼을 때부터 794년 간무桓武 천황이 수도를 다시 헤이안경平安京으로 옮기기까지 84년간을 말한다. 이 시대에 43대 겐메이元明, 44대 겐쇼元正, 45대 쇼무聖武, 46대 고켄孝謙, 47대 준닌淳仁, 48대 쇼토쿠稱德, 49대 고닌光仁 등의 천황이 재위했다. 참고로 46대 고켄이 다시 왕위에 올라 48대 쇼토쿠가 되었다.

1. 후지와라씨 출현

후지와라씨의 시조는 후지와라노 가마타리藤原鎌足(614~69)였다. 그는 나카노오에 왕자와 함께 을사의 변을 일으켜 소가씨 본종가를 멸망시킨 장본인이었다. 그는 원래 대대로 제사를 담당하던 나카토미씨中臣氏 일족으로, 생전에 나카토미노 가마타리라고 불렸는데, 그의 동지이며 주군이기도 한 텐지 천황이 후지와라라는 성을 수여했다.

가마타리는 백제계 도래인이라는 설이 있다. 『藤氏家伝』에 따르면, 그의 출생지는 야마토국 아스카飛鳥(지금의 나라현 다케치군 아스카무라明日香村)였다. 아스카는 백제계 도래인이 집단을 이루어 살던 마을이었다. 인구의 대부분이 백제인이었다. 당연히 그곳에서는 백제어가 상용어였다. 아스카무라에서 나고 자란 가마타리가 백제인이었을 확률은 높을 수밖에 없었다. 하지만 그것을 입증할 수 있는 사료나 사료가 남겨지지 않았다. 설령 있었다고 하더라도 훗날 폐기되었을 것이다.

후지와라노 가마타리의 아들 중에서 후지와라노 후히토藤原不比等(659~720)가 두각을 나타냈다. 후히토는 지토 천황의 신임을 얻었다. 지토는 후히토의 딸 미야코宮子를 몬무 천황의 비로 들였다. 몬무와 미야코 사이에서 훗날 쇼무 천황이 되는 오비토首 왕자를 낳았다. 문재가 뛰어났고, 행정 능력이 탁월했던 후히토는 외척이 되어 후지와라씨 발전의 기틀을 마련했던 것이다.

후지와라노 후히토는 가마타리의 아들이 아니고 텐지 천황의 핏줄이라는 설이 있다. 텐지가 아직 태자의 신분으로 있던 시절, 후지와라노 가마타리를 매우 신뢰한다는 표식으로, 임신 6개월이 된 자신의 첩을 가마타리에게 '하사'하며 말했다. "태어나는 아이가 아들이면 그대의 자식으로 삼고, 딸이면 내 자식으로 삼겠다." 이러한 설화를 사실로 인정하는 고대사 연구자는 많지 않지만, 만약 후히토가 텐지의 핏줄이 아니라면, 그가 이례적으로 출세하여 조정의 요직을 두루 역임하고, 외척으로서 권세를 누린 것을 설명하기 어렵다. 그만큼 후지와라노 후히토의 출세는 이례적이었다.

2. 천도 계획

다이호 율령이 제정된 후, 후지와라노 후히토를 비롯한 조정의 귀족들은 율령정치가 순조롭게 시행될 수 있도록 힘을 기울였다. 그러나 율령정치가 뿌리를 내리기까지 많은 어려움이 있었다. 무엇보다도 몬무 천황이 즉위할 때까지 강력한 후원자 역할을 했던 지토 천황이 다이호 율령이 제정된 다음 해에 사망했다.

설상가상으로 704년부터 천재지변이 연이어 발생했다. 농민들은 기아와 질병에 시달렸다. 궁궐 주변에도 전염병으로 죽은 시신이 여기저기 방치되어 있었다. 조정은 조세와 부역을 면제하는 등 재난 극복에 힘썼으나 정세는 조금도 나아지지 않았다. 사회가 불안해지자 각지에서는 도적이 횡행하고 반란이 일어났다. 양민을 납치해 노비로 삼는 자들도 있었다. 악정을 행하고 부정을 저지른 관리들이 사회불안을 더욱 부추겼다. 조정은 각지로 순찰사를 파견해 지방 관리들을 감독했지만 무너진 기강을 바로잡기에는 역부족이었다.

707년 7월 몬무 천황이 25세의 젊은 나이로 사망했다. 몬무 천황의 모친이 즉위해 겐메이 천황(재위 707~15)이 되었다. 몬무의 아들 오비토 태자가 있었으나 즉위하기에는 나이가 너무 어렸기 때문이다. 겐메이는 과감한 정책을 추진했다. 최우선 과제로 추진된 것은 새로운 도성의 건설이었다. 천도 계획은 708년에 결정되었다.

현실적으로도 천도의 필요성이 제기되었다. 후지와라경이 자리했던 아스카 지역은 사방이 산으로 둘러싸여 있어 협소하고 남쪽으로 치우쳐 있어서 교통이 불편했다. 게다가 아스카는 호족 세력의 중심지여서 새로운 정치를 시행하기 어려웠다. 때마침 흉작이 계속되고 질병이 유행했기 때문에 조속히 민심을 안정시킬 필요도 있었다. 무엇보다도 율령제도가 본격적으로 시행되면서 더 크고 넓은 관청이 필요했다.

겐메이 천황은 천도 계획을 발표하고 즉시 새로운 도성 조영 공사를 시작했다. 도성 공사의 책임자는 후지와라노 후히토였다. 오비토 태자의 생모는 후히토의 딸 미야코였다. 더구나 오비토는 자기 이모 즉, 후히토의 어린 딸을 연모하고 있었다. 후히토의 입장에서 보면 새로운 도성 헤이조경平城京 조영은 후지와라씨 미래를 위해서도 심혈을 기울여야 하는 공사였다.

3. 헤이조경 조영

헤이조경은 당나라 장안성을 모방해 조성했다. 크기는 동서 약 4킬로미터, 남북 약 5킬로미터로 후지와라경의 약 3배였다. 직사각형의 도성은 조방제로 구획된 도시였다. 북쪽 중앙에 왕궁을 두고, 왕궁의 정문에서 남쪽으로 폭이 넓은 주작대로를 건설했다. 동서로 대로를 내어서 9조條로 나눴다. 주작대로를 중심으로 하는 동서 지역은 남북으로 대로를 내어서 각각 4방坊 씩 세분했다. 그리고 대로 사이에 1정 간격으로 동서남북으로 통하는 소로를 내었다. 도시의 모습은 마치 바둑판과 같이 정연하게 구획되었다.

헤이조경은 일본 각지에서 동원된 인부들의 노역으로 조영되었다. 도성은 넓이 약 3미터 높이 약 5미터의 토성으로 둘러쌌다. 이 공사에 동원된 인부는 연인원 100만 명이었을 것으로 추정된다. 하루 1,000명의 인부가 쉬지 않고 일해도 3년이 걸렸을 것이다. 그리고 태극전을 중심으로 배치된 궁전과 100동이 넘는 관청을 짓는데 적어도 1,000본 이상의 기둥과 수십만 본의 목재, 헤아릴 수도 없이 많은 기와가 필요했다.

궁성이 모습을 드러낼 무렵 관립 사원이 조영되었다. 광대한 관립 사원에는 수십 동의 건물이 들어섰다. 왕권의 재정이 지원되는 관립 사원의 조영에도 전국에서 동원된 인부들이 투입되었다. 공사 현장은 참혹했다. 가혹한 노동을 견디지 못하고 다치거나 죽는 자들이 잇달았다. 인부들의 불만이 극에 달했다. 하지만 왕권은 그들의 불만을 누르고 밤을 낮 삼아 공사를 강행했다.

공사를 시작한 지 2년이 되었을 무렵부터 도망하는 인부가 속출했다. 지방의 호족은 도망한 인부를 숨겨주고 노예로 삼아 농업에 종사하게 했다. 조정의 명령도 국가의 법률도 아랑곳하지 않았다. 조정은 지방 관리들에게 도망자를 체포하라고 엄명을 내렸지만 이렇다 할 성과를 거두지 못했다. 두려움을 느낀 조정은 공사장 주변에 감시초소를 세우고 병사들을 배치했다. 공사장은 거대한 감옥과 다름이 없었다.

노역을 마치고 집으로 돌아가는 인부 중에는 식량이 떨어져 도중에서 굶어 죽는 자가 적지 않았다. 조정은 지방 관리들에게 인부들을 보살피라고 명령했다. 하지만 조정의 명령만으로 인부들의 고통이 면해졌던 것은 아니었다. 인부가 집으로 돌아왔다고 생활이 안정되는 것은 아니었다. 각지의 농가는 1년에 100일이 넘는 강제노역에 시달렸다. 생활의 기초라고 할 수 있는 구분전을 버리고 다른 지방으로 도망하는 농민이 적지 않았다.

새로운 도성 헤이조경이 어느 정도 모습을 드러내자, 겐메이 천황은 710년 4월에 후지와라경에서 헤이조경으로 천도했다. 야마토 북부에 자리한 헤이조경은 무엇보다 교통이 편리한 지역이었다. 강을 따라 조금만 내려가면 지금의 오사카와 교토에 도달할 수 있었다. 교통이 편리하기 때문에 많은 물자를 신속하게 헤이조경으로 운반할 수 있었다. 지형이나 입지가 마치 우리나라의 공주나 부여를 연상시키는 곳이었다. 헤이조경은 훗날 헤이안경平安京으로 천도할 때까지 약 80년간 일본의 도읍이었다.

❖ **국제교류**

◎ 8세기는 당의 문화가 가장 융성했던 시기였다. 당의 수도 장안에는 여러 나라의 사절과 유학생이 몰려들었다. 당의 문화는 사절과 유학생을 통하여 주변 여러 나라에 전파되었다. 일본도 당에 견당사 즉, 조공 사절을 보내 선진문화를 적극적으로 수용했다. 일본은 8세기 이후에 거의 20년에 한 번 정도로 견당사를 파견했다. 사절을 따라 유학생·유학승이 당으로 건너갔다.

◎ 8세기 중엽부터 신라와 일본은 정치적으로는 긴장관계를 유지했다. 하지만 신라와 일본의 교류는 빈번했다. 사절은 물론 승려의 왕래도 잦았다. 8세기 양국의 사신 왕래 횟수를 보면, 일본에서 신라로 파견된 견신라사가 17회, 신라에서 일본으로 파견된 견일본사가 20회였다. 일본은 신라로부터 선진문물을 받아들였다.

◎ 일본은 발해와도 외교관계를 맺었다. 727년 발해는 일본에 처음으로 24명의 사신을 보냈다. 발해는 당과 신라를 견제하기 위해서도 일본과 교류할 필요가 있었고, 일본 또한 발해와의 관계를 소홀히 할 수 없었다. 발해와 일본의 교류는 발해가 멸망하는 10세기 초까지 지속되었다.

❖ 역사편찬

◎ 712년에 『고사기』 720년에 『일본서기』가 완성되었다. 『고사기』는 예부터 구전해 내려오던 이야기를 3권으로 정리한 것이다. 신화에서 편찬 당시까지의 역사를 천황 가문을 중심으로 정리했다. 천황 가계의 권위와 통치의 정당성을 주장하기 위해 역사 사실을 왜곡한 부분이 있다. 『고사기』는 한자의 음을 이용하여 고유명사나 일본어를 충실히 표현하려고 노력했다는 점이 주목된다.

◎ 『일본서기』는 신화에서 편찬 당시까지의 역사를 편년체로 구성했다. 정식 한문으로 기록한 일본 최초의 관찬 역사서이다. 편수자의 다수가 백제가 멸망한 후에 일본으로 건너온 백제의 지식인이었다. 『일본서기』 내용 또한 전적으로 신뢰할 수 없다. 하지만 전승자료를 널리 수집하고 『백제기』를 비롯한 백제의 역사서를 사료로 많이 인용하는 등 『고사기』와는 다른 특징을 구비하고 있다는 점에서 매우 중요한 가치를 지녔다고 할 수 있다.

4. 나라 시대 정치

715년 10월 오비토 태자의 누이가 즉위해 겐쇼 천황(재위 715~24)이 되었다. 겐쇼는 텐무 천황의 아들 쿠사카베 태자의 딸이었다. 모친은 겐메이 천황이었다. 오비토 태자가 아직 어렸기 때문에 겐메이 천황의 뒤를 이어 즉위했다.

몬무 천황이 급사한 후, 여성 천황이 잇달아 즉위했으나 정치적으로는 비교적 안정되었다. 겐메이·겐쇼 시대에 몬무 천황의 아들 오비토는 계속 태자의 지위에 머물렀다. 후지와라노 후히토는 16세가 된 자신의 딸 아스카베히메安宿媛를 태자와 혼인시켰다. 아스카베히메는 어려서부터 뛰어난 미인이었고 또 총명하여 고묘시光明子라고 불렀다.

후지와라노 후히토는 4명의 아들을 두었다. 이들은 친부 후히토의 권위를 배경으로 일찍부터 고위 관직에 취임하여 공경에 준하는 대우를 받았다. 그러나 720년 후히토가 사망했을 때, 4명의 아들은 아직 정치적으로 성장하지 못했다. 이러한 구도 속에서 실력자로 부상한 인물이 나가야노오長屋王(684~729)였다. 나가야노오는 텐무 천황의 손자였다. 그는 후지와라씨의 강력한 경쟁 상대였다.

724년 2월 오비토 태자가 즉위해 쇼무 천황(재위 724~29)이 되었다. 쇼무는 고묘시를 정비로 삼고 싶었다. 하지만 천황 일족이 반대했다.

천황의 처첩은 정비, 후비, 부인, 빈이라는 4등급의 서열이 있었다. 정비는 국정에 직접 관여할 수 있었고, 스스로 천황이 될 수도 있는 권리가 있었다. 무엇보다 율령에 천황의 혈족만이 정비가 될 수 있도록 규정되어 있었다. 누가 봐도 고묘시의 정비 책봉은 불가했다. 나가야노오는 율령 규정을 들어서 고묘시의 정비 책봉에 반대했다. 쇼무는 할 수 없이 고묘시에게 부인의 지위를 부여했다. 쇼무와 후지와라씨 일족은 나가야노오에게 원한을 품었다. 이러한 정세 속에서 일어난 것이 나가야노오의 변이었다.

729년 2월 10일 나가야노오가 모반을 꾀한다는 밀고가 있었다. 쇼무 천황은 나가야노오의 저택을 포위하라고 명령했다. 다음 날 후지와라노 무치마로藤原武智麻呂(680~737)가 두 왕족과 함께 나가야노오의 저택으로 가서 나가야노오와 그의 부인, 그리고 두 명의 아들을 자결의 형식으로 살해했다. 이것은 나가야노오를 제거하고 고묘시를 정비로 옹립하기 위해 후지와라씨 형제들이 권력을 탐하는 일부 왕족과 손을 잡고 날조한 사건이었다.

나가야노오를 제거한 후, 쇼무 천황은 고묘시를 정비로 삼았다. 731년에는 관리들의 추천이라는 변칙적인 방법으로 후지와라씨 4형제가 모두 공경의 반열에 올랐다. 이들은 나이 순서대로 남가南家·북가北家·식가式家·경가京家의 시조가 되면서 정권의 요직을 독점했다. 그러나 후지와라씨 4형제는 때마침 유행한 천연두에 감염되어 몇달 사이에 잇달아 사망했다.

정치의 주도권은 다시 다치바나노 모로에橘諸兄(684~757)를 중심으로 하는 세력이 장악했다. 모로에는 당에서 귀국한 후 쇼무 천황의 신임을 얻은 기비노 마키비吉備真備(693~775), 법상종의 승려 겐보玄昉(?~746) 등 지식인층과 손잡고 참신한 정치를 시행하면서 정치적인 입지를 강화했다. 특히 기비노 마키비는 738년 쇼무 천황과 고묘시 사이에 태어난 딸을 태자로 정하는 데 공을 세웠고, 또 여성 태자를 보좌하면서 쇼무 천황과 고묘시의 신임을 얻었다.

그러자 후지와라씨는 권력에서 멀어지지 않을까 두려워했다. 740년 9월에 후지와라노 히로쓰구藤原広嗣(?~746)가 난을 일으켰다. 후지와라노 히로쓰구의 난이 일어난 후, 겐보와 기비노 마키비가 중앙 정계에서 물러났고, 다치바나노 모로에도 세력을 잃었다. 그러자 후지와라노 무치마로의 아들 후지와라노 나카마로藤原仲麻呂(706~64)가 정치의 일선에 나섰다. 쇼무 천황은 후지와라노 히로쓰구의 반란에 큰 충격을 받았다. 그는 헤이조경을 떠나서 무려 5년 동안 오늘날 교토 주변 이곳저곳을 떠돌아 다녔다.

쇼무 천황은 여성 태자에게 양위했다. 749년 7월 고켄 천황(재위 749~58)이 22세의 나이에 즉위했다. 고켄은 그야말로 구중궁궐에서 세상과 담을 쌓고 성장한 여성이었다. 미모와 바람기를 타고난 고켄은 자신의 친족이기도 한 후지와라노 나카마로와 사랑에 빠지고 말았다. 고켄은 나카마로에게 정치를 관장하도록 했다. 여성 천황을 애인으로 둔 나카마로의 권세는 하늘을 찔렀다. 정적을 무자비하게 제거했다. 756년 5월 쇼무 상황이 사망했는데, 쇼무의 장례식 때 텐지 천황의 후손 오미노 미후네淡海三船(722~85)가 천황을 비난했다는 소문을 듣고 그를 옥에 가두었다. 이 무렵 고켄은 나카마로에게 병권도 위임했다.

후지와라노 나카마로는 태자를 폐위시킬 음모를 꾸몄다. 쇼무 상황이 임종에 즈음하여 자신의 딸이 즉위하면 텐무의 손자 후나도道祖 왕자를 태자로 세우라고 유언했다. 이때 쇼무 상황은 나카마로를 불러 "후나도 왕자를 태자로 세울 계획인데 그대 생각은 어떠한가?"라고 물으니 나카마로가 "지당하십니다."라고 서약했다. 상황은 "만약 나카마로가 이 서약을 어긴다면 천지신명이 재앙을 내려 멸망하게 될 것이다."라고 확약했다고 한다. 그런데 상황이 사망하자, 후지와라노 나카마로는 태자를 폐위할 계획을 세웠다.

757년 3월 후지와라노 나카마로가 고켄 천황에게 후나도 태자를 무고했다. "후나도 태자가 상황의 장례식 중에 동궁 처소의 미소년과 관계를 맺어 불경죄를 저질렀고, 또 정무상의 비밀을 다른 사람에게 이야기했습니다. 더구나 부인의 말을 믿었고, 부도덕한 행위를 했고, 돌연히 동궁을 벗어나서 밤이 깊어 돌아옵니다. 이러한 인물을 태자로 둘 수 없습니다." 고켄 천황은 나카마로의 말을 믿고 후나도 태자를 폐위하고, 오오이大炊 왕자를 태자로 삼았다. 당시 오오이 왕자는 나카마로 저택에서 기거하고 있었다. 나카마로와 오오이는 부자지간과 같이 친밀한 관계였다.

757년 7월 다치바나노 모로에의 아들 다치바나노 나라마로橘奈良麻呂(? ~ 757)가 반란을 모의했다는 밀고가 있었다. 나카마로는 다치바나씨 일족과 나라마로와 뜻을 같이했던 인물을 모두 체포해 사형 또는 유배형에 처했다. 이때 후지와라노 나카마로는 몇 개월 전에 폐위된 후나도 태자를 다치바나노 나라마로의 반란에 가담했다는 죄목으로 체포했다. 나카마로는 후나도 왕자에게 모진 고문을 가했다. 후나도 왕자는 고문을 견디지 못하고 사망했다. 나카마로는 후지와라씨의 앞날에 걸림돌이 될만한 천황 일족과 귀족을 교묘히 제거했다.

758년 8월 고켄 전황이 물러나고 오오이 태사가 즉위하여 준닌 천황(재위 758~64)이 되었다. 후지와라노 나카마로는 준닌 천황을 옹립할 때도 결정적인 역할을 하면서 여전히 세력을 떨쳤다. 760년 나카마로가 태정대신에 취임했다. 태정대신은 원칙적으로 천황의 일족이 아니면 취임할 수 없는 자리였다. 더구나 나카마로는 병권도 장악하고 있었다. 나카마로의 권력이 절정에 달했다. 준닌 천황도 나카마로의 위세에 눌렸다. 천황은 나카마로에게 광대한 경작지와 수많은 노비를 하사하는 것도 모자라, 수도에서 가까운 지역의 12개 군과 그곳에 있는 광산 지배권, 영지를 확대할 수 있는 권한, 화폐 주조권 등을 주었다. 천황

제6장 나라 시대 129

권력의 일부를 양도한 것이다.

759년경부터 승려인 도쿄道鏡(? ~ 772)가 고켄 상황의 총애를 입었다. 도쿄는 고켄의 병을 치료하면서 궁전을 출입하게 되었는데, 그는 의술에 뛰어났을 뿐만 아니라 언변도 뛰어나 고켄 상황의 사랑을 독차지했다. 고켄과 도쿄는 자연스럽게 애인 사이로 발전했다. 그러자 후지와라노 나카마로의 입지가 약화되었다. 760년 6월 설상가상으로 황태후 고묘시가 사망하면서 나카마로의 권력이 흔들리기 시작했다.

고켄의 신임을 독차지하지 못하여 불안을 느낀 나카마로는 반란을 일으킬 결심을 했다. 몇몇 왕족을 자기편으로 끌어들였다. 764년 9월 군사를 동원하여 궁전을 점령하고 고켄 상황을 폐위시키기로 했다. 물론 요승 도쿄를 제거한다는 명분이 추가되었다. 그러나 나카마로의 반란 계획이 사전에 누설되었다. 고켄 상황은 나카마로 일족의 관직을 몰수했다. 나카마로는 자신이 보관하고 있던 옥새를 사용해서 지방의 군사를 동원하려고 했으나 실패하고 도망했다. 가족과 함께 도주하던 나카마로는 오미近江(지금의 시가현)의 비파호 인근에서 참살되었다. 이 사건으로 준닌 천황도 폐위되었다.

764년 10월 고켄 상황이 다시 즉위하여 쇼토쿠 천황(재위 764~77)이 되었다. 쇼토쿠는 후지와라노 나카마로가 추방했던 자들을 다시 불러들이고, 도쿄를 대신으로 임명하여 자신을 보좌하도록 했다. 후지와라노 나카마로의 난 후, 승려 도쿄의 정치적인 입지는 오히려 강화되었다. 『靈異記』의 기록에 따르면, 도쿄는 밤에 천황과 같이 자고, 식사도 같이 하고, 천황과 같은 의복을 입었다고 한다. 도쿄는 계속 출세하여 일개 승려 신분으로 태정대신의 지위에 오르고 법왕의 칭호도 얻었다. 도쿄는 천황에 준하는 대우를 받았다. 그러자 도쿄는 천황의 후계자가 되려는 야심을 품었다. 쇼토쿠도 도쿄에게 양위하려고 결심하고 기회를 엿보았다. 그러나 대신들의 반대로 뜻을 이루지 못했다. 사랑에 눈이 먼 쇼토쿠는 도쿄의 고향 유게무라弓削村(지금의 교토시 우쿄구)에 궁전을 짓고 서경西京이라고 칭했다. 쇼토쿠는 서경에 머물면서 도쿄와 사랑을 불태웠다.

서경에 머물던 쇼토쿠는 병이 들어 헤이조경으로 돌아왔다. 770년 8월 쇼토쿠가 53세의 나이로 사망했다. 내대신 후지와라노 요시쓰구藤原良継(716~77)를 비롯한 귀족들이 후계자 문제를 상의했다. 귀족들의 대부분이 텐무 천황의 자손을 후계자로 추천했다. 그러나 후지와라노 모모카와藤原百川(732~79)를 비롯한 후지와라씨 일족이 칙서를 위조하여, 쇼토쿠 천황의 유언이라며 "여러 왕자 중에 가장 나이가 많은 시라카베白壁를 태자로 삼는다."고 '명령'하고, 군사를 동원해 궁성, 요새, 시라카베의 저택 등을 지켰다. 명백한 후지와라씨 일족의 쿠데타였다. 시라카베는 텐지 천황의 후손으로 이미 62세가 된 인물이었다.

정권을 장악한 후지와라씨 일족은 승려 도쿄를 추방했다. 도쿄는 불교계를 대표하는 인물도 아니고, 정치적인 기반도 없이 오로지 여성 천황의 총애로 권세를 누렸던 인물이었다. 불교계의 반발도 없었다.

770년 10월 시라카베 태자가 즉위해 고닌 천황(재위 770~81)이 되었다. 100여 년간 텐무의 자손이 상속하던 천황의 지위가 텐지의 혈통으로 교체되었다.

고닌의 정비는 쇼무 천황의 딸이며 쇼토쿠 천황의 여동생이었는데, 그녀는 후지와라씨 일족이 쇼토쿠 천황의 죽음과 관련이 있다고 의심하고 있었다. 태자로 삼은 오사베他戶 또한 성격이 부드럽지 않았다. 훗날을 염려한 후지와라씨 일족은 고닌에게 정비와 태자를 폐위하라고 요구했다. 하지만 고닌은 정비와 태자에게 근신을 명했다.

그러자 후지와라씨 일족은 다시 칙서를 위조해서 고닌의 정비와 태자를 폐위한다고 발표했다. 그리고 후지와라노 모모카와는 궁정에서 40일간이나 단식하면서 천황에게 야마베山部 왕자를 태자로 세우라고 강청했다. 천황은 자신을 보좌에 오르게 한 모모카와의 요구를 거부할 수 없었다. 773년 정월 고닌 천황과 백제계 도래인 출신 여성 다카노노 니이가사高野新笠(? ~ 789) 사이에 태어난 야마베 왕자를 태자로 세웠다.

❖ 쇼무 천황과 불교

◎ 쇼무 천황은 불교의 공덕으로 왕권을 보호하려고 했다. 741년 3월 쇼무는 고쿠분지国分寺 건립의 조칙을 내렸다. 각 구니国 마다 비구가 거주하는 사원인 고쿠분지와 비구니가 거주하는 사원인 고쿠분니지国分尼寺를 각각 한 곳씩 세우게 했다. 쇼무는 전국에 사원을 세워 불교를 지방에 전파하면서 호국경전을 읽는 소리가 전국에 울려 퍼지기를 희망했다.

◎ 743년 쇼무는 비로자나대불 조영을 시작했다. 대불 조영은 국가의 총력을 기울여 추진되었다. 주조하는 데만 3년이라는 세월이 걸렸다. 대불의 높이는 약 16미터였다. 비로자나불은 도다이지東大寺의 대불전에 안치되었다. 752년 4월 대불의 개안식이 성대하게 거행되었다. 일본에 불교가 전래된 이래 가장 규모가 큰 행사였다. 이 행사에 쇼무 상황 내외, 고켄 천황, 그리고 문무백관이 참석했다. 일본 전국에서 수많은 승려들이 집결했다. 멀리 인도의 승려가 초빙되어 개안식을 거행했다.

❖ 쇼무 천황의 유품

◎ 쇼소인正倉院에는 쇼무 천황의 소장품을 중심으로 궁중에서 사용되던 많은 물품이 보관되어 있다. 쇼소인은 쇼무가 사망한 후, 고묘시가 쇼무 천황의 유품을 도다이지에 헌납하면서 설립되었다. 소장품으로는 무기류, 유희구, 악기류, 약재류, 공예품 등 실로 다양하다. 그 수량은 정리된 것만도 9,000여 점에 달한다. 이것만으로도 나라 시대 문화를 생생하게 감지할 수 있을 정도이다.

◎ 쇼소인의 보물은 동서 문화의 보고라고 일컬어진다. 소장품의 종류를 살펴보면 당·신라·발해에서 건너온 것뿐 아니라, 멀리 인도·페르시아·아라비아·동남아시아 등 세계의 여러 지역에서 제작된 물품도 포함되어 있다. 보물들은 일단 중계무역을 통해 중국의 당이나 한반도의 신라로 유입되고, 그것이 다시 일본으로 유입되었을 것으로 추정된다.

제7장

헤이안 시대

794년 10월 간무 천황이 헤이안경平安京으로 천도했다. 헤이안경은 지금의 교토京都이다. 이때부터 가마쿠라鎌倉 막부가 성립되는 12세기 말까지 약 400년간을 헤이안 시대라고 한다. 이 시대에 50대 간무, 51대 헤이제이平城, 52대 사가嵯峨, 53대 준나淳和, 54대 닌묘仁明, 55대 몬토쿠文德, 56대 세와清和, 57대 요제이陽成, 58대 고코光孝, 59대 우다宇多, 60대 다이고醍醐, 61대 스자쿠朱雀, 62대 무라카미村上, 63대 레이제이冷泉, 64대 엔유円融, 65대 카잔花山, 66대 이치조一条, 67대 산조三条, 68대 고이치조後一条, 69대 고스자쿠後朱雀, 70대 고레이제이後冷泉, 71대 고산조後三条, 72대 시라카와白河, 73대 호리카와堀河, 74대 도바鳥羽, 75대 스토쿠崇德, 76대

> 고노에近衛, 77대 고시라카와後白河, 78대 니조二条, 79대 로쿠조六条, 80대 다카쿠라高倉, 81대 안토쿠安德 등의 천황이 재위했다.

1. 간무 천황

781년 4월 야마베 태자가 즉위하여 간무 천황(재위 781~806)이 되었다. 간무의 정치는 헤이조경에서 천도하는 것에서 시작되었다. 간무는 나가오카長岡(지금의 교토 무코이치시 일대)를 새로운 도읍이 들어서기에 적합한 지역이라고 판단했다. 그곳은 넓은 들판이 동서로 펼쳐진 곳으로, 수륙 교통이 원활한 지역이었다. 784년 6월에 공사가 시작되었다. 전국에서 인부가 동원되었다.

간무가 천도하려고 했던 이유의 하나로 조정도 두려움을 느낄 정도로 강성해진 사원 세력의 존재를 들 수 있다. 나라 시대 말기에 사원 세력이 정치에 개입하여 그 폐해가 적지 않았다. 그래서 간무는 헤이조경에 있는 사원을 새로 조영하는 나가오카경으로 이전하지 못하도록 한다는 방침을 세웠다.

천도의 이유가 그것 하나만은 아니었다. 간무는 고닌 천황의 장자이기는 했지만, 생모가 백제계 도래인 출신이었다. 상식적으로 간무는 천황과 인연이 없는 존재였다. 그런데 고닌의 정비와 태자가 폐위되면서 태자의 지위에 올랐고, 이윽고 45세라는 늦은 나이에 천황의 지위에 올랐다. 간무 천황이 즉위하면서 왕통은 텐무계 혈통에서 텐지계 혈통으로 완전히 바뀌었다. 간무는 부친인 고닌 천황이 텐무계 혈통과 다른 텐지계 혈통으로 천황이 되었다는 것은 사실상 새로운 왕조가 성립한 것이라고 보았다. 그래서 천도를 하는 것이 마땅하다고 생각했다.

축성 사업은 급속도로 추진되었다. 간무는 조금이라도 빨리 헤이조쿄를 떠나고 싶었던 것 같다. 도성 조영이 시작된 지 5개월이 지난 784년 11월에 나가오카로 천도했다. 그런데 계속해서 불길한 일이 일어났다. 간무의 모친과 정비가 잇달아 사망했고, 새로 태자가 된 아들이 큰 병을 얻었다. 인심이 흉흉해졌다. 헤이조쿄에서 나가오카로 이전하는 귀족의 수가 줄었고, 조영을 위해 전국에서 징발된 인부의 불만이 쌓였다. 수년이 지나도 왕도 조영이 지지부진했다.

다른 곳으로 천도하자는 의견이 대두되었다. 793년 정월에 나가오카에서 멀리 떨어지지 않은 야마시로山城(지금의 교토부의 중부와 남부) 지역이 새로운 도읍을 건설하기 적합한 곳으로 떠올랐다. 간무는 친히 새로이 선정된 지역을 시찰했다. 그리고 곧바로 축성 공사를 시작했다. 나가오카경 조영에 사용되었던 석재와 목재를 해체하여 옮겼다. 간무는 궁전의 일부가 완성되자마자 794년 10월에 정식으로 천도하니 이곳이 헤이안경平安京이었다. 천도한 뒤에도 왕도 조영이 계속되었다.

헤이안경은 동서 약 4.4킬로미터, 남북 약 5킬로미터의 규모로 조영되었다. 헤이안경은 당의 장안성의 설계도를 기본으로 하면서 일본의 현실에 맞게 설계되었다. 도시의 중앙 북부에 왕궁이 배치되었다. 왕궁은 동서로 약 1.2킬로미터, 남북으로 약 1.4킬로미터의 광대한 면적을 점유했다. 왕궁은 천황의 거주 공간과 공무를 집행하는 공간으로 나누어졌다. 공무를 집행하는 공간에는 관청 건물이 들어섰다.

왕궁의 남쪽 대문을 주작문이라고 했다. 주작문에서 너비 85미터의 대로가 남쪽으로 뻗어있었다. 이 대로를 주작대로라고 했는데, 그 남쪽 끝에는 헤이안경의 남대문이라고 할 수 있는 나성문이 위치했다. 주작대로를 중심으로 좌경과 우경이 나뉘어졌다. 도성은 남북으로 9조, 동서로 8방을 두어서 바둑판 모양으로 공간을 구획했다.

❖ 천황의 생활

◎ 7세기 중엽까지 일본의 조정에는 일대일궁 一代一宮의 관습이 있었다. 새로운 천황은 이전 천황의 궁전을 사용하지 않고, 즉위함과 동시에 새로운 궁전을 짓고 거처를 옮겼다. 천황이 이동하면 관청도 궁전 주변으로 이전할 수밖에 없었다. 그래서 궁전의 규모도 일반 저택이나 다름없는 규모였고, 관청도 임시 청사에 불과했다. 그런데 7세기 말에 후지와라경이 조영되면서 중국식 도성이 일본에 모습을 드러내게 되었다. 8세기 초에 조영된 헤이조경, 8세기 말에 조영된 헤이안경은 후지와라경보다 규모가 큰 항구적인 도성이었다. 특히 헤이안경은 훗날 메이지 천황이 도쿄로 천도하기까지 1000여 년간 일본의 수도였다.

◎ 항구적인 도성의 중심이라고 할 수 있는 천황 궁전에는 여러 용도의 건물이 잇달아 들어서고, 시대에 따라 필요한 시설이 정비되었다. 그리고 궁중의 생활에는 일정한 규칙이 형성되었고, 그것이 관습화되면서 다양한 의식이 성립되었다. 천황의 생활과 그와 관련된 의례도 거의 헤이안 시대에 정형화되었다.

◎ 천황의 거소는 청량전淸凉殿이었다. 천황은 아침 6시경에 잠자리에서 일어났고, 8시경에 욕탕에서 몸을 씻었다. 천황이 욕탕에 들어가면 궁녀가 시중을 들며 몸을 씻겼다. 쌀뜨물을 이용해 머리

를 감았다. 목욕 후에는 옆방으로 옮겨서 머리를 묶고, 옷을 입고, 관을 썼다. 의관을 정제한 천황은 손을 씻고 양치질을 했다. 그 후 천황은 청량전 동남쪽에 마련된 이시바이노단石灰壇으로 갔다. 이시바이노단은 흙을 높게 쌓고 옻을 칠한 신성한 곳이었다. 천황은 그곳에서 이세 신궁과 3종의 신기의 하나인 동경이 안치된 내시소內侍所를 향해 예배했다. 이 예배는 매일 아침 행해졌다. 예배 후 10시경에 천황은 학자들이 기다리고 있는 장소로 가서 한문 서적을 놓고 공부했다. 공부를 마친 천황은 11시경에 아침을 먹었다. 식사는 천황 거소의 서쪽에 마련된 부엌에서 장만하여 운반되었다. 천황의 식사는 모두 은으로 만든 그릇에 담았다. 은수저와 은젓가락을 사용했다. 식사를 마친 천황은 자신전紫宸殿으로 가서 정무를 보았다. 천황은 오후 4시경에 저녁 식사를 했다. 헤이안 시대 천황은 1일 2식이 원칙이었지만, 13세기 이후에는 1일 3식이 관례화되었다. 저녁 식사를 마친 천황은 잠시 후 목욕을 했다. 천황은 밤 9시에서 11시 사이에 잠자리에 들었다. 침실 중앙에 다타미를 깔고 이불을 폈다. 다타미 주변에 병풍을 두르고, 사방에 촛불을 켰다. 머리맡에는 도검이 걸대에 걸려있었다.

간무는 동북 지방 개척에 힘을 쏟았다. 동북 지방은 아직 조정의 지배력이 미치지 못하는 곳이었다. 간무는 3회에 걸쳐서 원정을 감행했다. 788년 3월 첫 번째 원정이 시작되었다. 간무는 관동 지방의 호족을 정동부장군征東副將軍으로 발탁했다. 병사와 병량미를 용이하게 확보하고, 에미시蝦夷(동북 지방의 선주민)와의 전쟁을 유리하게 하기 위해서였다. 3군으로 편성된 원정군은 지금의 이와테현 지방으로 진군하면서 작전을 전개했으나 에미시 1,000여 명에게 기습을 당하여 대패했다.

간무는 790년 봄부터 다시 원정 준비를 했다. 병량 14만 석을 마련하고, 무기를 점검하고, 지휘부를 편성했다. 794년 두 번째 원정이 시작되었다. 6월에 전투가 시작되어 에미시 450여 명을 죽이고, 150여 명을 사로잡고, 마을 75개소를 불태웠다. 하지만 정작 가장 중요한 이사와성胆沢城(지금의 이와테현 오슈시)을 점령하지 못했다. 그곳은 가장 강력한 에미시 종족의 근거지였다.

800년부터 세 번째 원정을 준비했다. 최후의 공격 목표라고 할 수 있는 이사와성 일대를 평정하는 일은 사카노우에노 다무라마로坂上田村麻呂(758~811)에게 맡겨졌다. 다무라마로는 794년 원정군의 부장군으로 참가한 경력이 있었다. 797년 11월 간무는 다무라마로를 정이대장군征夷大將軍에 임명했다. 801년 2월 원정군이 출진했다. 다무라마로는 생각했던 것보다 치열한 전투를 치르지 않고 이사와성을 점령하고 동북 지방을 평정했다. 에미시 수장이 5백여 명의 부하를 거느리고 항복했다. 동북 지역 공략의 목적이 달성되었다.

간무 천황은 문란해진 지방 정치에 대한 감독을 강화했다. 순찰사를 파견해 지방의 행정을 감찰했다. 지방관은 출신 성분에 구애되지 않고 재능이 있는 자를 임명한다는 방침을 정하고, 아울러 그들에 대한 통제도 강화했다. 관찰사를 파견하여 실적을 올린 지방관은 포상하고, 부정에 개입한 지방관은 처벌했다.

율령에 반전수수班田收授는 6년에 1번씩 시행되게 되어 있었다. 그러나 제도가 시행된 지 얼마 지나지 않아서 반전수수 시행이 곤란해졌다. 행정을 제대로 집행할 수 있는 능력이 있는 관리가 부족했기 때문이다. 간무 천황은 일본의 실정에 맞춰 반전수수를 12년에 1번씩 시행하도록 했다.

간무는 농민의 어려움을 해소하기 위해 노력했다. 당시 사원이나 귀족이 산야수익권을 독점하고 있었는데, 간무는 농민도 산과 들에서 나무나 퇴비, 그리고 각종 산물을 자유롭게 취할 수 있도록 허용했다. 지방의 관리가 각종 작업에 농민을 강제로 동원하는 잡역 기간을 2분의 1로 줄이도록 했다. 이 조치로 농민이 잡역에 동원되던 기간이 연간 60일에서 30일로 줄었다.

군사제도도 개혁했다. 율령제 아래에서 군사제도는 농민을 주축으로 했다. 징집제도는 농민 생활을 피폐하게 했을 뿐만 아니라 군사제도도 부실하게 했다. 농민이 과중한 군역에 시달리고, 군단의 사유화가 진행되는 등 폐해가 드러났다. 간무는 792년에 규슈의 북부와 무쓰陸奧(지금의 후쿠시마현·미야기현·아오모리현과 아키타현의 일부 지역) 등을 제외하고는 군단을 폐지했다. 농민의 군역과 징병제도 폐지했다. 그 대신에 지방 관리, 부유한 자, 관직에 있는 자의 자제를 뽑아 요역을 면제해 주고 그들에게 군단의 임무를 부여했다. 이것을 건아健兒 제도라고 했다.

2. 섭관정치

1) 후지와라씨 북가 대두

806년 3월 헤이제이 천황(재위 806~09)이 즉위했다. 간무는 정치를 직접 관장했으나 헤이제이는 측근에게 정치를 맡겼다. 후지와라노 구스코藤原薬子(?~810)와 그의 오빠 후지와라노 나카나리藤原仲成(774~810)가 권세를 누렸다. 이들은 후지와라씨 식가 출신의 인물이었다. 구스코는 헤이제이가 태자 때부터 사랑하던 여인이었는데, 그녀의 딸이 후궁이 되면서 헤이제이는 구스코를 더욱 신임하게 되었다. 807

년 나카나리가 음모를 꾸며서 간무 천황의 아들 이요(伊予) 모자를 자살하게 만들었다. 이요의 어머니는 후지와라씨 남가 출신의 여성이었다. 이 사건을 계기로 후지와라씨 남가가 몰락했다.

헤이제이 천황은 매우 신경질적인 데다 병약했다. 809년 4월 동생인 가미노(神野)에게 양위했다. 가미노가 즉위하여 사가 천황(재위 809~823)이 되었다. 구스코와 나카나리는 세력을 잃었다. 그러자 구스코와 나카나리는 헤이제이 상황의 복위 계획을 추진했다. 이러한 정보를 입수한 사가 천황은 상황 복위 음모를 저지했다. 810년 9월 구스코는 자살하고 나카나리는 참살되었다. 후지와라씨 식가가 몰락했다. 헤이제이 상황이 출가하여 권력의 분열이 가까스로 해소되었다.

구스코의 변을 겪은 사가 천황은 정무상의 기밀을 유지할 필요가 있다고 판단했다. 그래서 구로도노토(蔵人頭)라는 직책을 신설하고, 그 자리에 후지와라씨 북가 출신의 후지와라노 후유쓰구(藤原冬嗣)(775~826)를 임명했다. 구로도노토는 궁중의 문서 보관, 사무 처리, 천황과 태정관 사이의 연락을 담당했다. 구로도노토는 점차로 궁중의 재정도 장악하면서 기능을 확대했다. 후유쓰구는 좌대신으로 승진했을 뿐만 아니라 천황과 인척관계를 맺었다. 후유쓰구가 천황의 외척이 되면서 북가의 권세가 강성해졌다.

후지와라노 후유쓰구를 중용한 사가 천황은 매우 다재다능한 인물이었다. 일본인들은 사가를 역사상 가장 뛰어난 서예가, 한시를 잘 지은 천재, 각종 악기를 잘 다루었던 음악가로 기억하고 있다. 그런데 사가의 뒷모습은 더욱 화려했다. 사가는 역대 천황 중 가장 많은 28명의 처첩을 두었고, 자식이 무려 50여 명이었다. 사가는 사냥을 매우 즐겼다. 헤이안경에서 가까운 넓은 산야를 사냥터로 정해 놓고 1년에 8회 이상 사냥을 나갔다. 사가는 매우 사치스러운 생활을 한 천황으로도 유명하다.

그런데 사가는 정치에 대해서는 매우 담백한 인물이었다. 사가는 아들이 많음에도 자신의 동생 오토모大伴를 태자로 삼았다. 823년 5월 오토모 태자에게 양위했다. 오토모가 즉위하여 준나 천황(재위 823~33)이 되었다. 준나는 사가의 은혜에 보답했다. 준나는 아들을 제쳐두고 사가의 아들 마사라正良를 태자로 삼고 10년 후에 양위했다. 833년 3월 마사라 태자가 즉위하니 닌묘 천황(재위 810~50)이있다. 닌묘 또한 자신의 아들을 태자로 삼지 않고, 준나의 아들 쓰네사다恒貞를 태자로 삼았다. 그런데 쓰네사다는 천황의 지위에 오르지 못했다. 842년에 일어난 조와承和의 변으로 폐위되었기 때문이다. 조와의 변은 후지와라씨가 다른 귀족 가문을 정계에서 몰아내면서 발생한 사건이었다.

사가 천황이 아들에게 양위하지 않고, 대승적 차원에서 일족에게 양위한 이래 30여 년간 정치가 안정되었고, 왕위 계승을 둘러싼 분쟁은 일어나지 않았다. 그 사이에 후지와라노 후유쓰구의 아들 후지와라노 요시후사藤原良房(804~72)가 사가 상황의 후원 아래 급속하게 대두했다. 요시후사의 누나가 닌묘 천황의 정비가 되었고, 그 사이에서 훗날 몬토쿠 천황이 되는 미치야스道康 왕자가 태어났다. 요시후사는 훗날 미치야스를 천황으로 삼을 심산이었다. 쓰네사다 태자는 요시후사의 손에 죽을 수도 있다고 생각했다. 그래서 자주 닌묘 천황에게 태자의 지위에서 물러나고 싶다고 청원했으나 그때마다 닌묘 천황이 안심하라고 다독였다.

그러나 840년에 준나 상황이 사망하고, 842년 7월에 사가 상황이 사망하면서 분위기가 급변했다. 후지와라노 요시후사는 사가 상황이 사망하자마자 도모노 고네미네伴健岑와 다치바나노 하야나리橘逸勢를 비롯한 쓰네사다 태자의 측근을 체포하고, 쓰네사다를 태자의 지위에서 물러나게 했다. 이 정변으로 명문 귀족 가문인 도모씨伴氏, 다치바나씨橘氏, 그리고 후지와라씨 북가의 경쟁 상대였던 후지와라씨가 모두 유배형에 처해지거나 관직에서 퇴출되었다. 조와의 변 직후에 후지와라노 요시후사는 대납언으로 승진하고, 미치야스 왕자는 태자로 책봉되었다.

850년 3월 미치야스 태자가 즉위하니 몬토쿠 천황(재위 850~58)이었다. 후지와라노 요시후사는 자신의 딸 아키라케이코明子를 몬토쿠의 비로 들여보냈고, 그녀가 낳은 아들 고레히토惟仁가 생후 8개월째 되었을 때 서둘러 태자로 책봉했다. 그런데 몬토쿠에게는 이미 기노시즈코紀

靜子가 낳은 첫째 아들 고레타카惟喬가 있었다. 고레히토가 태어났을 때 고레타카는 이미 7살이었고, 몬토쿠 천황은 총명한 고레타카를 매우 사랑하여 태자로 삼으려고 했다. 하지만 몬토쿠 천황은 이미 실권이 없었다. 정치는 사실상 후지와라노 요시후사가 전횡했다. 게다가 기씨는 명문가이기는 했지만 이미 권력에서 멀어진 씨족이었다. 결국 몬토쿠 천황은 아직 걷지도 못하는 고레히토를 태자로 세우고 고레타카는 출가시켰다.

요시후사는 천황의 외척으로서 권세를 휘둘렀다. 857년 요시후사가 태정대신이 되었다. 당시 태정대신은 천황 일족이 취임하는 자리였고, 합당한 인물이 없으면 결원으로 남겨 두는 것이 관례였다. 역사상 처음으로 신하인 요시후사가 최고의 관직에 올랐던 것이다.

2) 초기 섭관정치

858년 8월 몬토쿠 천황이 사망한 후 고레히토 태자가 8세의 나이로 즉위하니 세와 천황(재위 858~76)이었다. 세와는 후지와라노 요시후사의 손자였고, 아직 어린이였기 때문에 요시후사가 정치를 관장했다. 후지와라씨 일족이 조정의 요직을 차지했다.

866년 윤3월 정무소의 정문에 해당하는 오텐문応天門의 화재를 둘러싼 의옥 사건이 일어났다. 처음 화재가 일어났을 때, 대납언 도모노 요시오伴善男(809~68)는 좌대신 미나모토노 마코토源信가 방화했다고 고발했다. 그러나 몇 개월 후에 진짜 범인은 도모노 요시오의 아들 나카쓰네中庸라고 신고하는 자가 나타났다. 후지와라씨 일족은 도모노 요시오 부자를 체포해 심문했다. 후지와라노 요시후사는 도모노 요시오 일족을 유배형에 처하고 막대한 재산을 몰수했다. 그때 기씨紀氏 일족도 공범자로 몰아 유배형에 처했다. 후지와라씨는 예부터 명문 씨족인 도모씨와 기씨를 정계에서 완전히 몰아냈다.

866년 8월 오텐문 사건이 거의 마무리될 무렵, 후지와라노 요시후사는 어린 천황을 보필한다는 구실로 신하로서는 최초로 섭정의 지위에 올라 사실상 정권을 장악했다. 섭정은 어린 천황을 보좌하여 정치를 관장한다는 뜻이다.『일본서기』에는 예전에 성덕태자가 스이코 천황의 섭정으로 정치를 관장했다는 기록이 있다. 이 경우는 천황의 일족이 성인이 된 천황에 대신하여 정무를 본 것이다. 헤이안 시대의 섭정과는 근본적으로 달랐다.

세와 천황은 성인이 되었으나 외조부인 후지와라노 요시후사에게 "천하의 정무를 관장하라."는 조칙을 내렸다. 그리하여 요시후사는 천황이 성인이 된 후에도 정무를 관장하는 섭정의 선례를 남기게 되었다. 872년 9월 요시후사가 사망하고, 같은 해 11월에 그의 양자 후지와라노 모토쓰네藤原基経(836~91)가 대를 이어 섭정의 지위에 올라 정권을 장악했다.

876년 11월 세와 천황이 26세의 젊은 나이에 퇴위했다. 세와는 "어린 천황이지만 후지와라노 모토쓰네가 도우니 안심이다."라는 짧은 소감을 피력했다. 9살 난 사다아키라貞明가 즉위하여 요제이 천황(재위 876~84)이 되었다. 요제이의 모친은 새로 섭정이 된 후지와라노 모토쓰네의 여동생이었다. 후지와라씨 입장에서는 천황이 어릴수록 좋았다. 이제 막 정치를 알아가는 세와 천황의 갑작스러운 퇴위의 배경에는 후지와라 모토쓰네가 있었던 것이다.

요제이 천황은 15살이 되던 880년에 원복식元服式 즉, 성인식을 거행했다. 그해 12월에 후지와라노 모토쓰네가 태정대신의 지위에 올랐다. 모토쓰네는 섭정과 대정대신을 겸했다. 이 무렵부터 요세이와 모토쓰네의 관계가 악화되었던 것 같다. 883년 8월부터 모토쓰네는 조정에 출근하지 않고 자신의 저택에서 정무를 보았다. 그해 11월 요제이 천황의 시중을 들던 측근이 누군가에게 심하게 폭행당해 죽는 사건이 일어났다. 사건의 경위와 범인은 밝혀지지 않았지만, 요제이가 범인이라는 풍문이 돌았다. 884년 2월 후지와라노 모토쓰네는 요제이를 난폭하고 병약하다는 이유로 자리에서 물러나게 했다. 당시 요제이의 나이는 17세였다.

884년 2월 고코 천황(재위 884~87)이 즉위했다. 고코 천황은 닌묘의 아들로 즉위 당시 이미 55세였다. 고코는 모토쓰네에게 큰 은혜를 입었다고 생각했다. 고닌은 즉위하자마자 모토쓰네에게 관백関白의 지위를 수여하고 모든 실권을 부여했다. 고코는 자식이 29명이 있었지만, 모두 천황 일족의 자격을 포기하고 미나모토씨源氏를 칭하도록 했다. 모토쓰네와 상의해서 내린 결정일 것이다. 887년 8월 임종을 맞이한 고코가 "태자는 모토쓰네의 선택에 맡긴다."고 말했다.

고코는 즉위한 지 3년 만에 사망했다. 당시 21살이 된 고코의 7째 아들이 즉위해 우다 천황이 되었다. 우다는 이미 호적에 편입되어 미나모토노 사다미源定省라는 이름을 쓰고 있었다. 원칙적으로 천황이 될 수 없는 인물이었다. 모토쓰네의 후원으로 즉위할 수 있었다. 우다는 모토쓰네에게 관백의 지위를 부여하고, 모든 정무를 관백이 관장하게 한다는 조칙을 내렸다. 이후 후지와라씨가 정무를 관장했다.

891년 정월 후지와라 모토쓰네가 56세의 나이로 사망했다. 그러자 우다 천황(재위 887~97)은 섭정과 관백을 두지 않고 직접 정치를 관장했다. 우다 천황은 다행히 혈통적으로 후지와라씨와 관련이 없었다. 그의 모친은 간무 천황의 손녀였다. 그래서 외척의 간섭을 받지 않고 친정체제를 확립할 수 있었다. 우다 천황은 친정체제를 강화하고 후지와라씨 세력을 누르기 위해 귀족 출신이 아닌 스가와라노 미치자네菅原道真(845~903)를 중용했다.

897년 7월 우다 천황이 양위하고 출가하여 법황을 칭했다. 우다의 첫째 아들이 즉위하여 다이고 천황(재위 897~930)이 되었다. 다이고는 우다의 방침을 계승했다. 좌대신에 후지와라노 도키히라藤原時平 (871~909), 우대신에 스가와라노 미치자네를 임명했다. 미치자네의 중용으로 정치는 후지와라씨를 견제하면서도 세력균형을 이루었다. 그 결과 다이고 천황은 34년 동안이나 섭정과 관백을 두지 않고 직접 정치를 관장할 수 있었다. 다이고 천황의 친정체제는 그의 아들 무라카미 천황(재위 946~67)에게 계승되었다. 그러나 50여 년간의 다이고·무라카미 시대는 친정체제의 최후를 장식하는 시대였다. 이 시대에 후지와라씨 권세가 위축되었던 것은 사실이나 그들은 여전히 중앙 정계에서 중심세력을 형성했다.

3) 섭관정치의 전성

후지와라씨의 정치적 지위가 확립되어 섭정·관백이 정치의 실권을 장악하게 된 10세기 후반부터 원정院政이 개시된 11세기 후반까지의 정치를 일반적으로 섭관정치라고 한다. 섭관정치란 섭정·관백 가문이 실권을 행사하던 정치를 말한다. 섭정·관백을 배출한 가문을 섭관가라고 일컬었다.

섭정·관백은 행정 조직의 직무와 관계없이 그 상위에 설정된 직위였다. 오직 천황의 외척만이 그 지위에 오를 수 있었다. 천황이 연소할 때에는 섭정이 되고, 성인이 되어서는 관백이 되는 것이 관례화되었다. 섭정은 천황을 대신하여 권력을 행사하는 자리였고, 관백은 이미 성인이 된 천황을 보좌하며 정치적인 자문을 하는 자리였다.

10세기 중엽이 되면 후지와라씨 북가의 권세에 대항하는 귀족 집안이 정계에서 자취를 감췄다. 무라카미 천황과 후지와라노 모로스케藤原師輔(908~60)의 딸 사이에 태어난 두 아들이 레이제이 천황(재위 967~69)과 엔유 천황(재위 969~84)이 되면서 외척으로서의 입장이 강화되었다. 그 후 모로스케의 아들 사이에 섭정과 관백의 지위를 둘러싸고 대립하는 기간이 있었으나 어디까지나 형제간의 권력투쟁이었다. 권력투쟁의 최후의 승리자는 후지와라노 미치나가藤原道長(966~1027)였다. 그 후 섭정과 관백의 지위는 미치나가의 자손이 독점했다.

미치나가는 자신의 딸 4명을 차례로 천황의 비로 들여보내며 권세를 떨쳤다. 그의 장녀인 쇼시彰子는 이치조 천황(재위 986~1011)의 비가 되었고, 이치조와 쇼시 사이에 태어난 두 명의 아들이 훗날 각각 고이치조 천황(재위 1016~36)과 고스자쿠 천황(재위 1036~45)이 되었다. 미치나가의 차녀인 겐시姸子는 산조 천황(재위 1011~16)의 비가 되었고, 3녀인 이시威子와 4녀인 기시嬉子는 각각 조카인 고이치조 천황과 고스자쿠 천황의 비가 되었다. 고스자쿠 천황과 미치나가의 4녀 기시 사이에 태어난 아들이 고레이제이 천황(재위 1045~68)이었다. 그러니까 미치나가는 4명의 딸을 모두 천황과 혼인시켰고, 연이어 권좌에 오른 천황이 미치나가의 외손이었다.

후지와라노 미치나가의 아들 후지와라노 요리미치藤原賴通(990~1074)도 일찍부터 권력의 정점에 섰다. 1017년 요리미치가 내대신으로 승진했는데, 그때 미치나가는 요리미치에게 섭정의 지위를 물려주었다. 이때 요리미치는 겨우 26세의 청년이었다. 역사상 최연소 섭정이었다. 1019년에는 28살의 나이로 관백의 지위에 올라 세상을 놀라게 했다. 부친 미치나가의 후원에 힘입은 요리미치는 3대에 걸친 천황의 치세 50여 년간 섭정·관백의 지위에 있으면서 권력을 독점했다.

섭정·관백은 천황을 자신의 혈통에서 배출했을 뿐만이 아니라 실질적으로 천황에 버금가는 권위와 권력을 보유한 자였다. 섭정·관백의 권위와 권력은 천황의 외조부라는 신분에 주어지는 것이기도 했다. 천황은 대개 어렸을 적에 외가에서 성장했고, 또 천황이 되어서도 자주 외가의 사저에서 생활하는 경우가 많았다. 천황에게는 어렸을 때부터 의지했던 외조부야말로 가장 신뢰할 수 있는 존재였던 것이다.

❖ 무사단 형성

◎ 초기의 무사는 귀족의 신변과 저택을 호위하는 존재였다. 그런데 11세기 중엽부터 무사는 지도자를 중심으로 단결하여 무사단을 형성했다. 주종제도가 형성되면서 그들은 하나의 계급으로 성장했다. 무사는 폭력으로 민중을 위압했고, 민중은 그런 무사를 두려워했다.

◎ 헤이안 시대 말기, 농촌에서는 호족 상호간에 격렬한 세력다툼이 진행되었다. 조정은 치안을 유지할 수 있는 능력을 상실했다. 개발 영주들은 자위를 위해 무장했다. 처음에는 혈연적으로 가까운 일족을 중핵으로 하는 무사단이 형성되었다. 무사단은 일족을 중심으로 하고, 그들에게 충성을 서약한 무장한 자들을 전투원으로 거느렸다. 전투원 밑에는 예속성이 강한 하층 농민들이 소속되었다.

◎ 무사단의 지도자 중에는 섭관가 후지와라씨에 장원을 기진하거나, 섭관가 저택의 경비를 담당하는 자도 있었다. 무력을 배경으로 조정에 출사하는 자도 있었다. 천황 일족이나 귀족의 호위무사가 되기도 했다. 무사단의 지도자 중에는 수천의 군사를 동원할 수 있을 정도의 실력을 갖춘 자도 있었다.

◎ 동부 일본에는 귀족이나 사원과 같은 강력한 세력이 없었다. 그 대신에 일찍부터 개발 영주들이 일족과 예속민들을 이끌고 광대한 토지를 개간하고, 그곳을 근거지로 하여 세력을 넓혔다. 농촌의 유력한 토호를 중심으로 규모가 큰 무사단이 형성되었다.

◎ 호족이나 지주가 무장하면서 장원을 보호할 수 있었고, 장원영주의 이익을 지킬 수 있었다. 하지만 일단 형성된 무력은 장원영주에 대항할 수 있는 세력으로 성장했다. 또 각지에서 형성된 무장 세력이 중앙정치에서 밀려나 지방에 거주하던 명망가와 결합하면 커다란 조직으로 발전할 가능성이 있었다.

❖ 무사와 천황 일족

◎ 섭관정치 체제가 강화되자, 천황의 일족과 귀족은 후지와라씨 권세에 복종하든지, 그렇지 않으면 지방으로 내려가서 토착하는 길을 택하든지, 양자택일의 기로에 서게 되었다. 후자의 길을 택한 자 중에 지방의 무사들과 주종관계를 맺고, 점차로 유력한 무사단의 지도자로 성장하는 자가 출현했다.

◎ 토착 영주가 무사단을 형성하고 상호 연대를 강화하려면 보다 큰 단위 즉, 지역 무사단을 통합하여 이끌 수 있는 지도자를 필요로 했다. 이러한 시대적 요청으로 지방에 거주하던 귀족이나 관리가 무장 세력의 수령이 된 사례가 적지 않았다. 이와같이 지방의 무사들을 장악한 인물, 또는 그 가문을 무가의 동량棟梁이라고 했다.

◎ 10세기에 들어서면서 장원이 급속도로 확대되었다. 율령제가 사실상 붕괴되었다. 율령제의 붕괴로 천황과 그 일족의 재정이 궁핍해졌다. 조정은 사성제도賜姓制度를 시행했다. 즉 천황의 일족을 호적에 편입시켜서 새로운 가문을 창립하게 했다. 천황과 조정의 재정 부담을 덜기 위한 방편이었다. 무사들은 천황의 혈통을 이은 가문을 공경했다.

◎ 천황의 혈통을 이은 대표적인 가문은 미나모토씨源氏와 다이라씨平氏였다. 미나모토씨 중에서 세와겐지淸和源氏, 다이라씨 중에서 간무헤이시桓武平氏가 두각을 나타냈다.

◎ 세와겐지는 세와 천황의 손자인 쓰네모토오経基王를 시조로 했고, 간무헤이시는 간무 천황의 증손인 다카모치오高望王를 시조로 했다. 진수부장군鎭守府將軍에 임명된 쓰네모토오의 아들이 오사카 지역에 정착하여 세력을 넓혔고, 다카모치오는 관동 지방에 토착하여 세력을 넓혔다.

3. 원정 시대

1) 고산조 천황

후지와라노 요리미치는 자신의 딸을 고레이제이 천황(재위 1045~68)의 비로 들여보냈으나 외손이 태어나지 않았다. 1068년 4월 고레이제이가 사망하고, 그 뒤를 이어 고레이제이의 이복동생 다카히토尊仁가 즉위하여 고산조 천황(재위 1068~72)이 되었다. 고산조 천황의 모친은 산조 천황의 딸로 고스자쿠 천황의 정비였던 데이시禎子였다. 후지와라씨 섭관가와 인척 관계가 아니었다. 당시 이미 35세의 나이로 강건하면서도 매사에 적극적인 성격을 지니고 있었던 고산조 천황은 섭관가의 눈치를 보지 않고 개혁정치를 시행했다.

하지만 고산조는 노골적으로 후지와라씨를 배제하는 태도를 취하지 않았다. 그만큼 후지와라씨 세력은 여전히 강력했다. 고산조 천황은 후지와라노 요리미치의 동생 노리미치教通를 관백에 임명하고 요리미치의 양녀를 후궁으로 들였다. 후지와라씨의 반감을 사지 않기 위해서 매우 조심스럽게 처신했다. 그러면서 고산조 천황은 후지와라씨에 불만을 품은 중류 귀족 출신과 지방 관리 출신을 측근으로 등용하여 후지와라씨를 견제하면서 국정 개혁에 착수했다.

고산조 천황이 추진한 개혁 중에서 가장 주목되는 것은 1069년 윤10월에 개시된 장원정리 개혁이었다. 고산조는 장원의 증가가 국가재정을 압박한다는 것을 간파하고 엄격한 장원정리령을 내렸다. 관청을 설치하고 그곳에서 장원영주가 제출한 서류를 심사하도록 했다.

조정은 902년, 984년, 1045년, 1055년에도 여러 차례 장원정리를 시도했다. 그러나 장원정리령을 내린 정치책임자가 일본 최대의 장원소유주이며 조정의 고위직을 독점하던 후지와라씨 일족이었다. 장원정리령이 성과를 거둘 리 만무했다.

고산조 천황은 이전에 되풀이되었던 장원정리의 문제점을 보완하여 목적을 달성한다는 계획을 세웠다. 고산조는 많은 장원이 조정의 허가도 없이 설정되었고, 정식절차도 밟지 않고 섭관가 소유의 장원을 칭하는 곳이 전국에 산재해 있어서 관리가 공무를 집행할 수 없다는 정보를 입수했다. 고산조는 장원영주가 제출한 서류가 일정한 기준에 부합하지 않았을 때는 장원을 폐지한다는 방침을 정했다. 고산조 천황은 특별 관청을 설치하고, 그곳의 관리에 후지와라씨와 인연이 없는 인물을 임명했다. 특별 관청의 관리들은 장원영주에게 법에 정해진 대로 서류를 제출하라고 요구했다.

후지와라씨 일족과 대사원을 비롯한 장원영주들이 장원정리에 저항했지만 개혁은 원칙대로 추진되었다. 그 결과 섭관가와 대사원의 장원이 많이 정리되었다. 그러나 한편으로는 천황 권력에 의해 공인된 장원은 공적인 성격을 띠게 되었다. 즉, 장원도 공령과 같이 토지대장에 파악되어 조세 부과의 대상이 되었다. 이것은 중세적 토지제도의 출발점이 되었다.

2) 원정의 성립과 전개

고산조 천황은 즉위한 지 4년 만에 스스로 물러나 법황을 칭했다. 1072년 12월에 사다히토貞仁 왕자가 즉위하여 시라카와 천황(재위 1072~86)이 되었다. 고산조 법황은 다음 해인 1073년 5월에 사망했다. 시라카와 천황은 자신의 모친이 후지와라씨 일족의 딸이었다. 그래서 후지와라씨에 대한 저항감이 없었다.

고산조가 시라카와를 즉위시키면서 2살이 된 아들 사네히토實仁를 시라카와 천황의 태자로 정했다. 천황 즉위 순서를 자신의 손으로 정해두기 위한 조건부 양위였던 것이다. 고산조가 양위한 직후에 셋째 왕자 스케히토輔仁가 태어났다. 『源平盛衰記』에 따르면, 고산조 상황은 시라카와 천황에게 사네히토 다음에는 스케히토를 태자로 삼으라고 유언했다고 한다. 시라카와는 동생에게 천황의 지위를 물려줄 수밖에 없는 처지였던 것이다.

그런데 고산조 상황은 양위하고 겨우 6개월만에 사망했고, 시라카와는 고산조가 채워놓은 족쇄에서 해방되었다. 더구나 1085년 15살이 된 사네히토 태자가 천연두에 걸려 급사했다. 시라카와는 하늘이 준 기회라고 생각했다. 시라카와는 부친 고산조 상황의 뜻을 무시하고, 1086년 11월 8살이 된 자신의 아들 다루히토善仁를 태자로 삼고, 몇 시간 후 스스로 퇴위하면서 태자를 즉위시키니 그가 호리카와 천황(재위 1086~1107)이었다.

시라카와 상황은 자기 아들을 천황에 즉위시켰으나 앞날이 반드시 낙관적이지만은 않았다. 고산조 상황이 반드시 태자로 삼으라고 유언한 스케히토 왕자가 성인식을 올릴 나이가 되었기 때문이다. 시라카와는 스케히토를 애써 무시했다. 하지만 스케히토는 현명하고 신중하여 인망을 모았다. 그의 주변에 모이는 관리들이 적지 않았다. 권력을 지키려는 의지가 남달랐던 시라카와 상황은 자기 아들 호리카와 천황의 지위가 위험하다고 판단했다. 그래서 고산조 천황도 시도하지 못했던 원정院政을 실시하기로 결심했다.

원院이란 본래 상황의 거소를 의미했으나 후에 상황을 원이라고 불렀다. 원정이란 상황이 천황을 후견하면서 정치의 실권을 장악하는 체제를 말한다. 이러한 체제는 제도적인 것이 아니고 오히려 가부장적인 성격을 내포했다. 시라카와는 자신의 거소에서 정치를 관장했다. 이것이 원정의 시초가 되었다. 실로 원정은 후지와라씨와 아무런 관계도 없이, 시라카와 상황이 자기 자손의 지위를 지키기 위한 사사로운 목적으로 실시되었던 것이다.

시라카와 상황의 처소에는 사설기관인 원청院庁이 설치되었다. 원청에서는 원사院司가 행정을 집행했다. 상황의 명령은 원선院宣·원청하문院庁下文이라고 불렸다. 그러나 원청이 국정을 운영한 것이 아니고, 상황이 명령을 내려서 행정기관을 조종하는 형식을 취했다. 이러한 구조상의 특질 때문에 상황의 측근이 득세했다. 사무에 능통한 실무 관료, 재력이 있는 전직 지방 관료, 승려, 무사 등 상황과 개인적으로 가까운 인물이 측근을 형성했다. 원정의 인적 기반은 원청의 구성원으로 편성된 중급 귀족층이었다. 그들은 행정에 필요한 실무능력을 갖추고 있었다. 그들 가운데 지방 관리로 근무했던 자들은 막대한 재력을 보유했다. 무사는 시라카와 원정을 보호하는 폭력수단이었다.

시라카와 상황은 장원의 정리를 갈망하던 계층의 지지를 배경으로 무력을 강화했다. 상황 처소의 북쪽에 경비를 담당하는 북면北面 무사를 두고, 주로 기나이畿内를 중심으로 무사단을 조직하여 군사적 기반으로 했다. 처음에는 북면 무사의 수가 20~30명에 불과했으나 시라카와 상황이 무가의 동량들과 결합을 강화하면서 숫자가 늘어났다. 무가의 동량 중에는 수천 명의 무사를 거느리는 자도 있었다.

원정이 성립된 원인은 여러 가지가 있을 수 있겠으나, 다음과 같은 점을 중요한 원인으로 들 수 있다. 첫째, 천황의 친정이 부활했던 것이 가장 큰 원인이었다. 즉 섭관가의 세력이 억압되었기 때문이다. 둘째, 중하급 귀족인 지방 관리가 천황의 친정을 요구했기 때문이다. 그들은 오랜 기간에 걸친 섭관가의 전횡에 대하여 저항감을 지니고 있었다. 셋째, 지방 무사계급이 새로운 권력을 요구했기 때문이다. 천황도 그들의 무력을 배경으로 할 수 있었기 때문에 섭관가의 권세를 억압할 수 있었다.

시라카와 상황은 호리카와·도바·스토쿠 천황까지 3대 43년간 원정을 시행했고, 도바 상황은 스토쿠·고노에·고시라카와 천황까지 3대 27년에 걸쳐 원정을 시행했다. 1156년 7월 도바 법황이 사망하고 고시라카와 천황이 즉위했는데, 고시라카와는 곧 니조 천황에게 양위하고 원정을 시행했다. 고시라카와의 원정은 니조·로쿠조·다카쿠라·안토쿠 천황·고토바 천황까지 5대 34년에 걸쳐 시행되었다. 상황은 처신이 비교적 자유로운 실권자였으므로 종래의 관행에 크게 구애받지 않고 강력한 권력을 행사했다.

원정은 천황의 지위에서 물러난 상황이 정치를 주도하는 형태였다. 천황 이외의 존재가 국정을 관장한다는 점에서 이전의 섭관정치와 다를 바 없었다. 하지만 그 본질이 달랐다. 섭정은 천황이 정치를 위임하는 절차가 필요했다. 즉 권력의 근원은 어디까지나 천황이었다. 하지만 원정에서는 천황이 권력을 위임하는 절차가 없었다. 원정을 실시하는 상황이 권위와 권력의 근원이었다.

　원정이 시행되는 기간에도 섭정·관백이라는 직책은 있었으나 이미 실권이 없는 명목상의 지위에 불과했다. 섭관가의 권세는 점차로 쇠퇴했다. 이에 비하여 상황은 천황의 부친 또는 조부였을 뿐만이 아니라, 상황 자신이 전 천황이었기 때문에 그 권위가 대단했다. 원청에서 내려지는 명령은 천황이 내리는 조칙보다 우선시 되었다.

❖ 상황과 법황

◎ 천황과 관련된 용어가 독사의 머리를 혼란스럽게 할 것이다. 앞에서는 분명히 천황이라고 썼는데, 뒤에서는 상황으로 써졌고, 또 같은 사람이 그 뒤에서는 법황法皇이라고 표기되었으니 말이다.

◎ 천황이 양위하고 권좌에서 물러나면 태상천황이라고 한다. 태상천황이 정식 호칭이고 상황은 약칭이다. 이런 관례는 고려나 조선에서도 찾아볼 수 있다. 그런데 법황이라는 개념은 일본사에만 있다. 일본에서는 상황이 출가해 승려의 신분이 되는 경우가 많았다. 그런 경우 태상법황이라고 했다. 태상법황이 정식 호칭이고 법

황은 약칭이다. 법황이 되었다고 실제로 승려가 되었던 것은 아니었다. 형식상으로 출가하여 삭발하고 승복을 입었을 뿐이다. 법황이 되고 나서도 정치에 관여했다.

◎ 상황은 697년에 지도 천황이 몬무 천황에게 양위하고 물러나서 태상천황을 칭한 것이 시초였다. 법황은 897년 우다 상황이 양위한 후 출가하여 법황을 칭한 것이 시초였다. 마지막 법황은 1687년에 히가시야마東山 천황에게 양위한 레이겐靈元이었다.

4. 무사의 세상

1) 미나모토씨 동향

미나모토씨는 주로 관동 지방에 세력 기반을 두고, 중앙의 후지와라씨 섭관가에 신종하면서 정계의 이면에서 활약했다. 미나모토씨 시조 쓰네모토오의 아들 미나모토노 미쓰나카源満仲(913~97)는 이미 969년 3월 섭관가의 정적을 밀고하여 안나의 변을 일으켰다. 이 사건은 후지와라씨 섭관가 권력을 강화하는 결정적인 계기가 되었다.

986년 6월 후지와라노 가네이에藤原兼家(929~90) 등이 가잔 천황(재위 984~86)을 퇴위시키기 위해 은밀하게 궁중에서 인근의 사원으로 호송할 때 미쓰나카가 경호를 담당했다. 그 후에도 미나모토씨는 미나모토노 요리노부源賴信(968~1048), 미나모토노 요리요시源賴義(988~1075), 미나모토노 요시이에源義家(1039~1106)로 대를 이어서 후지와라씨 섭관가와 사실상 주종관계를 맺었다. 그래서 후지와라씨 섭관가가 권세를 떨치는 동안에는 중앙 정치무대에서 미나모토씨의 지위가 확고했다.

미나모토노 요리노부는 후지와라씨 섭관가의 정적을 무자비하게 제압하면서 용맹하고 병법에 통달한 무사라는 평판을 얻었다. 1028년 6월 요리노부는 아들 요리요시와 함께 다이라노 타다쓰네平忠常(967~1031)의 반란 도빌 준비를 하고 있었다. 그런데 그 소식을 들은 다이라노 타다쓰네가 스스로 요리노부를 찾아와 항복했다. 이 일로 미나모토씨의 명성이 높아졌다.

그 무렵 동북 지방에서 에미시 민족의 수장 아베씨安部氏가 반란을 일으켰다. 조정은 미나모토노 요리요시에게 아베씨 정벌을 명했다. 요리요시는 관동 지방의 무사단을 이끌고 출진했다. 1051년 6월 요리요시가 군대를 이끌고 북진했고, 그는 9년 동안 동북 지방에 머물며 아베씨 일족의 반란을 진압했다. 요리요시의 아들 요시이에도 진수부장군에 임명되어 동북 지방 호족의 내분을 잠재웠다. 그 후 요시이에는 관동 이북의 무사들과 주종관계를 맺으며 세력을 확장했다.

그러나 시라카와 법황이 본격적으로 원정을 개시하면서 분위기가 급변했다. 미나모토씨에게 불운한 시대가 열렸다. 시라카와 법황은 섭관정치를 부정했고, 후지와라씨 섭관가 세력을 억압하기 위해 다이라씨를 등용했다. 거기에는 후지와라씨를 보좌한 미나모토씨 세력을 약화시키고자 하는 목적도 포함되어 있었다. 설상가상으로 1109년에 미나모토씨 가문에 내분이 일어났다. 이 분란으로 원정이 시행되면서 점차로 세력을 잃었던 미나모토씨는 치명적인 타격을 입었다.

2) 다이라씨 동향

다이라노 타다쓰네의 난이 평정된 후, 1031년 6월 타다쓰네는 일족에게 미나모토노 요리노부에게 신종할 것을 당부하고 죽었다. 하지만 다이라씨 일족 중에는 미나모토노 요리노부에게 신종하는 것을 거부하는 자들도 있었다. 그들은 관서 지방으로 이주했다. 그러자 관동 지방의 다이라씨 세력이 크게 위축되었다.

다이라노 고레히라平維衡도 미나모토노 요리노부에게 신종하기를 거부한 인물 중의 하나였다. 그는 이세(伊勢)(지금의 미에현 일대)에 정착하여 이세 다이라씨의 시조가 되었다. 다이라씨는 지방 관리를 역임하면서 기반을 다지고, 이세에서 이가(伊賀)(지금의 미에현 서북부) 지방까지 세력을 넓혔다. 고레히라의 증손인 다이라노 마사모리平正盛는 1097년에 이가 지방의 장원을 시라카와 법황에게 기진하고 측근이 되었다. 그 후 마사모리는 지방의 반란과 해적을 진압하면서 실적을 쌓았다. 시라카와 법황이 사원을 건립하거나 불탑을 조성할 때도 거금을 바치면서 법황의 신임을 얻었다.

마사모리의 아들 다이라노 타다모리平忠盛(1096~1153)는 시라카와 법황과 도바 상황을 섬겼다. 1132년에는 대규모 건축 사업에 적극 참여하여 신임을 얻었고, 또 서부 일본 바다에서 활약하던 해적을 진압했다. 그 후 타다모리는 서부 일본 지역의 관리를 역임하면서 지방의 호속들을 지배하에 누었다. 또 일송무역에도 관여하면서 막대한 부를 죽적했다. 이러한 부와 권력을 상속한 타다모리의 아들 다이라노 기요모리平淸盛(1118~81)가 이윽고 중앙 정치무대에 진출했다.

3) 무사의 난

그 무렵 중앙에서는 천황의 후계를 둘러싸고 도바 법황과 스토쿠 천황(재위 1123~41)의 대립이 점점 심각해졌다. 도바 법황은 총애하는 후비가 아들 나리히토体仁를 낳자, 나리히토가 생후 3개월이 되었을 때 태자로 삼고, 3살이 되었을 때 스토쿠 천황을 물러나게 하고 나리히토를 즉위시켰다. 그가 1141년 12월에 즉위한 고노에 천황(재위 1141~55)이었다. 그런데 1155년 7월 고노에 천황이 16세의 나이로 요절하고 말았다. 그러자 도바 법황은 자신의 넷째 아들을 천황으로 삼았다. 그가 1155년 7월에 즉위한 고시라카와 천황(재위 1155~58)이었다. 그런 과정에서 스토쿠 상황은 철저하게 무시되었다. 스토쿠 상황의 불만이 깊어졌다.

1156년 7월 도바 법황이 54세의 나이로 사망했다. 도바 법황은 이미 6월 초부터 측근 무사들에게 궁정과 자신의 처소 경비를 철저히 하라고 명령했다. 자기가 사망한 후 스토쿠 상황이 반란을 일으킬 것을 예감했던 것이다. 그만큼 고시라카와 천황과 스토쿠 상황의 대립이 심각했다. 실제로 도바 법황이 사망했을 때 고시라카와 천황은 스토쿠 상황의 조문을 받지 않았다. 이 사건이 원인이 되어 내란이 일어났다.

7월 11일 다이라노 기요모리를 비롯한 고시라카와 천황파 무사단이 먼저 스토쿠 상황의 궁전을 급습하면서 전투가 벌어졌다. 미나모토노 다메요시源為義(1096~1156)를 비롯한 스토쿠 상황파 무사단이 분투했지만, 상황의 궁전이 불타면서 패전했다. 상황 편에 섰던 무사들이 체포되었다. 스토쿠 상황은 사누키讃岐로 유배되었고, 체포된 무사들은 사형에 처해졌다. 이 사건을 호겐保元의 난이라고 한다.

호겐의 난에 가담한 무사가 비록 수백 명에 지나지 않았지만, 조정 내부의 대립이 무사 세력을 동원한 전투에 의해 해결되었다는 것은 '무사의 세상'이 도래했다는 것을 의미하는 것이었다. 지엔滋円은 그의 저서에서 다음과 같이 말했다. "도바 법황이 사망하고 일본국에 변란이 일어난 후, 무사의 세상이 되었다."

호겐의 난이 일어난 후, 천황 중심의 정치체제를 구축한 고시라카와 천황은 1158년 8월 자기의 아들 모리히토守仁에게 양위하니 그가 니조 천황(재위 1158~65)이었다. 고시라카와는 상황이 되어 원정을 개시했다. 하지만 얼마 지나지 않아 상황과 천황이 대립하는 분위기가 조성되었다. 니조 천황은 청년이지만 매우 영명하고 천황 중심의 정치를 재현하려는 욕구가 강렬했다. 고시라카와 상황을 선제하면서 천황의 진정체제를 구축하려고 했다. 니조 천황은 암암리에 실력 있는 무사들을 포섭했다.

1159년 12월 다이라노 기요모리가 일족을 모두 거느리고 구마노산熊野山 참배에 나섰다. 상황파의 중심인물이 교토를 비우자, 12월 9일 미나모토노 요시토모源義朝(1123~60)를 비롯한 천황파 무사단이 이때를 놓치지 않고 수백 명의 무사를 동원하여 궁전을 급습했다. 당시 천황과 상황은 궁전에 같이 있었는데, 천황과 무사들은 상황과 천황을 유폐나 다름없는 상태로 두고 논공행상에 열중했다. 그들은 조정의 인심을 잃었다.

구마노산으로 향하는 도중에 급보에 접한 다이라노 기요모리 일행이 12월 17일에 교토로 돌아왔다. 기요모리는 휘하 무사들에게 동원령을 내리고 전투태세를 갖추었다. 다이라노 기요모리는 거짓으로 항복할 의사를 표명하는 한편, 천황파 내부의 분란을 이용하여 니조 천황을 궁전에서 자신의 근거지로 호송했다. 그 사이에 고시라카와 상황도 인근의 사원으로 도망했다.

궁전을 습격한 무사들은 졸지에 조적이 되었다. 12월 27일 충분한 전력을 갖춘 기요모리는 궁전에 진을 친 무사들을 공격했다. 일부 천황파가 태도를 바꾸어 기요모리 편에 가담했다. 완패한 미나모토노 요시토모는 동쪽으로 도망하다 오와리尾張에서 주살되었다. 요시토모 일족이 모두 체포되어 처형되었다. 그 와중에 요시토모의 3남 미나모토노 요리토모源賴朝(1147~99)만이 처형 직전에 구사일생으로 살아서 이즈伊豆(지금의 시즈오카현 남부) 지방으로 유배되었다. 이 사건을 헤이지平治의 난이라고 한다.

호겐·헤이지의 난은 귀족사회 내부의 분쟁이 무사의 실력으로 일거에 해결된 사건이었다. 특히 헤이지의 난은 무사단이 서로 대립하면서 정치의 실권이 무사의 손으로 옮겨간 획기적인 사건이었다. 이러한 혼란을 거치면서 다이라노 기요모리의 권력이 더욱 강화되어 무사의 동량 지위를 확립했다.

5. 다이라씨와 미나모토씨의 싸움

1) 다이라씨 정권

다이라노 기요모리는 고시라카와 상황에게 충성하며 권력을 강화했다. 1160년 초엽 조정 내에서 고시라카와 상황과 니조 천황 사이에 다시 정치의 주도권 다툼이 격해디었다. 니조 천황은 상황 처소의 전망대를 판자로 둘러 외부가 보이지 않도록 하라고 명령했다. 상황이 처소의 전망대에서 교토 시내를 구경할 때 민중들이 모여들어 쳐다본다는 이유였다.

대노한 고시라카와 상황은 기요모리를 불러서 천황 측근들을 유배형에 처하라고 명령했다. 1160년 6월에 니조 천황 측근 무사들이 상황의 목숨을 노렸다는 죄명으로 유배되었다. 천황 측근이 권력에서 추방될 때마다 기요모리가 활약했다. 고시라카와 상황의 신임을 얻은 기요모리는 공경의 반열에 올랐다. 같은 해 8월에 참의가 되었고, 1161년 정월에는 교토의 치안 책임자를 겸했다.

다이라노 기요모리는 영악했다. 고시라카와 상황은 기요모리를 편애했지만, 기요모리는 반드시 상황에게만 충성하지 않았다. 천황 측과도 원만한 관계를 유지하려고 노력했다. 당시 조정 내에 천황 지지 세력이 많기 때문이다. 기요모리는 천황의 궁전 주변에 초소를 마련하고 다이라씨 일족을 동원해 경비를 서게 했다.

상황과 천황 어느 편에도 서지 않고 신중하게 처신한 기요모리는 출세를 거듭했다. 1161년 9월에 중납언, 1165년에는 대납언에 임명되었다. 그는 조정 내에서 중심적인 인물이 되었다. 1163년에는 기요모리의 아들 다이라노 시게모리平重盛(1138~79)가 종3위의 관직에 오르면서 기요모리 부자가 함께 공경의 반열에 올랐다.

1165년 6월 젊은 니조 천황이 병으로 퇴위한 후 사망했다. 그 뒤를 이어 겨우 2살 난 니조의 아들이 즉위해 로쿠조 천황(재위 1165~68)이 되었다. 그러자 고시라카와 상황이 조정의 실권을 장악했다. 군사력을 배경으로 하는 다이라씨 일족의 역할이 더욱 커졌다. 1166년 다이라노 기요모리가 정2위로 승진했다. 같은 해 10월 고시라카와 상황과 기요모리의 처제 사이에 태어난 노리히토憲仁를 태자로 세웠다. 이때 기요모리는 동궁의 대부가 되었고, 이어서 11월에는 내대신이 되었다.

기요모리는 태자의 외척이며 다이라씨 일족의 장로로서 조정 내에서 누구도 넘볼 수 없는 지위를 확립했다.

1167년 2월 50세가 된 다이라노 기요모리는 천황을 보좌하는 최고의 관직인 태정대신에 임명되었다. 그때 기요모리는 다이라씨의 동량 즉, 지도자 지위를 아들 시게모리에게 넘겼다. 조정은 시게모리에게 전국의 군사경찰권을 부여했다. 다이라씨 일족이 고위 관직을 독점했다. 기요모리는 20여 명의 일족을 지방관에 임명하고, 500여 곳의 장원을 소유했다.

1163년 다이라노 기요모리는 자신의 딸을 관백의 지위에 있는 후지와라노 모토자네藤原基実(1143~66)에게 시집보냈다. 모토자네는 후지와라씨 북가의 적장자로 이미 16세 때 관백에 임명되면서 후지와라씨 일족의 지도자가 되었다. 당시 모토자네는 이런 로쿠조 천황의 섭정도 겸했다. 그러나 1166년 8월 모토자네가 24세의 젊은 나이로 급사했다.

기요모리는 모토자네의 죽음을 전화위복의 기회로 이용했다. 당시 모토자네가 소유한 장원이 150여 개소에 달했다. 기요모리는 그 장원의 일부만 모토자네의 동생에게 나누어 주고, 장원의 대부분은 모토자네의 어린 아들에게 물려주었다. 기요모리는 그 장원을 기요모리의 딸이 관리하게 했다. 섭관가의 방대한 장원을 사실상 다이라씨가 빼앗은 것이다. 고시라카와 상황도 원선院宣 즉, 상황이 내리는 문서로 기요모

제7장 헤이안 시대 173

리의 편을 들어주었다. 상황과 기요모리의 책략으로 후지와라씨 종손가는 분열되었고, 섭관가의 위세가 추락했다.

1168년 2월 고시라카와 상황은 4살 난 로쿠조 천황을 폐하고, 7살이 된 노리히토를 즉위시켰다. 그가 다카쿠라 천황(재위 1168~80)이었다. 다카쿠라는 자주 환청에 시달리는 병자였을 뿐만 아니라, 권력은 고시라카와 상황과 다이라노 기요모리가 장악하고 있었기 때문에 측근들도 다카쿠라를 업신여겼다. 다카쿠라가 행행할 때, 40여 명의 공경 중에 호종하는 자가 2명에 불과했다. 당시 다카쿠라를 호종했던 대납언 도쿠다이지 사네사다德大寺実定는 "왕위王威가 없는 것과 같다"고 탄식할 정도였다.

1169년 6월 고시라카와 상황이 출가하여 법황을 칭했다. 1171년 기요모리는 자신의 딸 도쿠시德子를 다카쿠라 천황의 후궁으로 들여보냈고, 다음 해에는 중궁이 되게 했다. 기요모리는 야망을 품었다. "도쿠시가 아들을 낳고, 그 아들이 천황이 되면, 다카쿠라는 상황이 되어 원정을 실시할 것이다. 그렇다면 기요모리는 천황의 외조부가 되어 권력을 장악할 수 있게 될 것이다."

1178년 봄 다카쿠라 천황의 중궁 도쿠시가 혼인한 지 7년 만에 회임했다. 기요모리는 유명한 신사와 사원에서 도쿠시의 안산을 기원하는 기도와 법회를 연이어 개최했다. 죄인을 풀어주는 대사면을 단행하기도 했다. 도쿠시는 기요모리와 다이라씨 일족의 기대에 부응했다. 1178년 11월에 아들을 낳았다. 고시라카와 법황은 갓난애를 즉시 태자로 세웠다. 이후 조정 내에서 기요모리의 위세에 대항할 자가 없었다. 다이라씨 정권이 확립되었다.

2) 내란 일어남

다이라씨 일족 중에 공경의 지위에 오른 자가 16명, 고위 관직에 오른 자가 30여 명이었다. 다이라씨 세상이었다. 하지만 다이라씨의 영화도 영원할 수는 없었다. 조정의 귀족은 물론 지방의 무사도 다이라노 기요모리의 전제 정치에 불만을 품었다. 다이라노 기요모리와 고시라카와 법황이 소원해진 것도 다이라씨에 대한 저항운동이 격화되는 계기가 되었다.

다이라노 기요모리는 고시라카와 법황의 권위를 배경으로 단기간에 다이라씨 정권을 반석 위에 올려놓을 수 있었다. 고시라카와도 기요모리의 무력을 이용하여 원정을 강화했다. 기요모리와 고시라카와는 서로 의지하는 관계였다. 그런데 기요모리가 다카쿠라 천황의 외척이 되고, 권력이 천황과 기요모리의 수중으로 옮겨가면서 고시라카와 법황이 소외되었다.

1177년 5월 법황 측근들이 교토 히가시야마東山의 산장에 모여서 다이라씨를 압박하고 원정을 강화하는 방책을 논의했다. 그러나 회의에 참석했던 동지 중 한 명이 기요모리에게 밀고했다. 기요모리는 음모에 가담한 자들을 체포하여 사형에 처하거나 유배를 보냈다. 이 사건에 고시라카와 법황이 관련되어 있었다.

   1178년 6월 고시라카와 법황은 기요모리의 딸이 관리하던 후지와라씨 섭관가의 장원을 회수하고, 다음 달에 기요모리의 아들 시게모리가 사망하자 그가 소유하던 장원도 몰수했다. 고시라카와는 다이라씨를 타도할 결심을 했던 것이다. 기요모리는 격분했다. 1179년 11월 고시라카와에 협조한 40여 명의 귀족을 추방하고, 고시라카와 법황의 원정을 폐지했다. 법황은 이궁에 유폐되었다. 1180년 2월 기요모리는 다카쿠라 천황을 물러나게 하고 자신의 외손인 안토쿠 천황(재위 1180~85)을 세웠다. 당시 안토쿠는 14개월 된 갓난애였다.

   1180년 4월 미나모토노 요리마사源賴政(1104~80)와 고시라카와의 아들 모치히토오以仁王(1151~80)가 지방 무사단의 수장에게 서신을 보내 다이라씨 타도에 나서라고 요청했다. 온조지園城寺(시가현 오쓰시 소재)와 고후쿠지興福寺(나라현 나라시 소재) 등 대사원이 요리마사와 모치히토오를 보호했다. 정보를 입수한 기요모리는 먼저 모치히토오를 체포하라고 명령했다. 5월 26일 다이라군은 온조지에서 고후쿠지로 이동하는 모치히토오와 요리마사 일행을 급습했다. 모치히토오는 참살되고,

요리마사는 자결했다.

1180년 8월 지금의 시즈오카현 이즈伊豆에 은거하던 미나모토노 요리토모源賴朝(1147~99)가 300여 명의 무사를 거느리고 다이라씨 타도의 기치를 올렸다. 요리토모는 미나모토노 요시토모의 아들이었다. 1159년 헤이지의 난 때 미나모토씨는 멸족의 위기를 맞았었다. 13세의 어린 나이였던 요리토모는 사형 직전에 가까스로 목숨을 부지하여 이즈로 유배되었다. 그로부터 20년의 세월이 흘렀고, 드디어 요리토모가 미나모토씨 가문의 재건이라는 사명을 띠고 다이라씨 타도의 선봉에 서게 된 것이다. 9월에는 시나노信濃에서 미나모토노 요시나카源義仲(1154~84)가 거병했다. 요리토모와 요시나카는 4촌 간이었다.

다이라씨 타도 내란을 보통 겐페이갓센源平合戰이라고 한다. 다이라씨와 미나모토씨가 세력을 다투는 과정으로 인식했다. 그러나 그것은 단순히 다이라씨와 미나모토씨의 대결이 아니었다. 물론 요리토모와 요시나카가 먼저 거병하고, 잇달아 미나모토씨 일족이 봉기했다. 미나모토씨 일족이 반란을 주도한 것은 사실이었다. 하지만 전국 각지에서 다이라씨에 반감을 품은 무사들이 동시다발적으로 봉기했고, 대사원의 승병들도 이에 동조하면서 전국적인 내란으로 발전했다.

미나모토노 요리토모는 사가미相模(가나가와현 지역)의 이시바시야마石橋山의 전투에서 대패했다. 다이라노 기요모리는 미나모토군을 추토하기 위해 손자인 다이라노 고레모리平維盛(1118~81)가 지휘하는 대군을 관동 지방으로 파견했다. 10월 20일 후지누마富士沼(미야기현 이시마키시 소재) 전투에서 다이라군은 미나모토군에게 대패했다. 요리토모는 다이라군의 기선을 제압했지만 상경을 서두르지 않았다. 요리토모는 동생 미나모토노 요시쓰네源義経(1159~89)에게 패주하는 다이라군을 추격하게 하고, 자신은 가마쿠라鎌倉로 돌아와 조직을 정비하고 세력 기반을 공고히 하는 데 전념했다.

다이라노 기요모리가 열병으로 병상에 누웠다. 그의 병세는 호전되지 않았고, 1181년 윤2월 64세의 나이로 사망했다. 기요모리의 3남 다이라노 무네모리平宗盛(1147~85)가 다이라씨 일족의 지도자가 되었다. 그런데 무네모리는 기요모리와 달리 평범한 인간이었다. 다이라씨의 운세가 기울고 있었다. 다이라군은 미나모토군에게 연패하면서 세력이 급속히 약화되었다.

3) 다이라씨 멸망

1181년 가을 다이라군이 호쿠리쿠北陸(지금의 니이가타현·도야마현·이시카와현·후쿠이현) 지방으로 진입했으나 토착 무사들이 저항하여 나아갈 수 없었다. 1183년 4월 다이라씨 대군이 다시 호쿠리쿠 지방을 제압하려고 했으나 도나미야마砺波山(도야마현과 이시카와현 경계에 있는 산)에서 미나모토노 요시나카에게 대패했다. 요시나카는 퇴각하는 다이라군을 쫓아 오미 지역으로 진격했다.

1183년 7월 요시나카가 교토로 입성했다. 위기를 맞은 다이라씨 일족은 7월 25일 6살 난 안토쿠 천황과 3종의 신기를 받들고 서쪽으로 달아났다. 다이라씨가 물러간 후, 사원으로 피신했던 고시라카와 법황이 교토로 돌아왔다. 고시라카와는 입경한 요시나카에게 다이라씨 추토를 명령함과 동시에 가마쿠라에 사신을 보내 미나모토노 요리토모의 상경을 종용했다. 요시나카를 견제하려는 속셈이었다.

한편, 교토를 장악한 미나모토노 요시나카는 안토쿠 천황 다음에 누구를 천황으로 추대할 것인가 등의 문제를 둘러싸고 고시라카와 법황과 대립했다. 고시라카와는 안도쿠 전황의 아우로 4살 난 시노미야四宮를 추천했다. 하지만 요시나카는 모치히토오의 아들 호쿠리쿠노미야北陸宮를 추천했다. 1183년 8월 고시라카와는 요시나카의 뜻을 묵살하고 시노미야를 즉위시켰다. 그가 고토바 천황(재위 1183~98)이었다. 이 일로 고시라카와와 요시나카의 사이가 벌어졌다.

1183년 10월 고시라카와 법황은 교토에서 동쪽으로 나아가는 간선도로 연변에 있는 사원과 귀족의 장원을 원래대로 회복한다고 선언하고, 만약 그러한 조치에 불복하는 자가 있다면, 미나모토노 요리토모의 뜻에 따르라는 명령을 내렸다. 이 시점에서 가마쿠라 막부의 권력이 사실상 성립되었다. 미나모토노 요시나카는 고시라카와의 이러한 조치에 반발했다. 그러자 같은 해 11월 고시라카와는 요시나카에게 교토를 떠나라고 요구했다.

법황의 태도에 불만을 품은 요시나카는 궁전에 불을 지르고, 법황의 측근들을 살해하거나 파면시키고, 스스로 정이대장군의 지위에 올랐다. 그러나 이미 고시라카와로부터 요시나카를 추토하라는 명령을 받은 요리토모는 대군을 교토로 보내 요시나카를 공격했다. 1184년 정월 요시나카는 오미 지역에서 전사했다. 고시라카와는 요리토모에게 다이라씨를 추토하라는 선지를 내렸다.

요시나카와 요리토모가 서로 싸우는 동안 규슈로 물러났던 다이라씨는 세력을 회복하여 서부 일본 지역을 지배하에 두고, 주력군이 동쪽으로 진군하면서 전열을 갖추었다. 다이라씨의 군세는 수만 명으로 알려졌다. 다이라군이 2월 중순에 교토를 회복할 계획을 세웠다. 그러나 1184년 2월 다이라군이 후쿠하라福原(지금의 고베시 효고구)의 남쪽에서 미나모토군에게 대패했다. 다이라군의 총대장 다이라노 무네모리는 안토쿠 천황을 데리고 야시마屋島(지금의 카가와현 다카마쓰시 소재)로 도망했다.

1185년 2월 미나모토군의 총대장 미나모토노 요시쓰네는 이요伊

予(지금의 에히메현)의 수군을 자기편으로 끌어들여 전력을 보강했다. 1185년 3월 24일 미나모토군은 나가토의 단노우라壇の浦(지금의 야마구치현 시모노세키시 동쪽 해안)로 몰린 다이라군을 총공격했다. 양군은 해상에서 결전을 벌였다. 처음에는 바다의 바깥쪽에서 안쪽으로 흐르는 조류를 탄 다이라군이 유리한 형국이었다. 그러나 공교롭게도 전투 중에 조류의 방향이 바뀌면서 미나모토군이 유리해졌다. 이 전투에서 다이라씨가 전멸했다.

이때 다이라노 기요모리의 정실 도키코時子는 안토쿠 천황을 품에 안고 바다로 뛰어들어 죽었다. 당시 안토쿠 천황은 8살 난 어린애였다. 천황을 상징하는 3종의 신기도 도키코와 함께 바다 밑으로 가라앉았다. 싸움이 끝난 후, 미나모토군은 물에 빠진 3종의 신기를 찾기 위해 물속을 샅샅이 살폈다. 동경과 곡옥은 건져 올렸지만, 도검은 끝내 찾을 수 없었다.

제8장

가마쿠라 시대

가마쿠라 시대는 12세기 말 미나모토노 요리토모가 가마쿠라鎌倉에 막부를 연 시기부터 1333년 5월 가마쿠라 막부가 멸망할 때까지이다. 이 책에서는 가마쿠라 막부가 멸망한 후 고다이고 천황이 친정을 시행한 2년간의 기간을 포함하기로 한다.

가마쿠라 막부가 개설되면서 조정은 권력을 막부에 빼앗겼다. 천황은 여전히 일본의 군주였으나 예전과 같이 권력을 행사할 수 없는 권위적 존재로 남게 되었다. 조정의 관직을 세습적으로 독점하는 귀족 또한 매우 한정된 권력만 행사하여 가문의 명맥을 유지할 수밖에 없었다.

> 이 시대에 14명의 천황이 즉위했다. 쓰치미카도土御門, 준토쿠順德, 주쿄仲恭, 고호리카와後堀河, 시조四条, 고사가後嵯峨, 고후카쿠사後深草, 가메야마亀山, 고우다後宇多, 후시미伏見, 고후시미後伏見, 고니조後二条, 하나조노花園, 고다이고後醍醐 등이었다.

1. 고시라카와 법황과 미나모토노 요리모토

단노우라에서 승리한 미나모토노 요시쓰네가 교토로 개선했다. 그의 무공이 세상에 알려지면서 민중의 영웅으로 떠올랐다. 무사들 사이에서도 요시쓰네의 인기가 상승했다. 미나모토노 요리토모는 요시쓰네가 정치적으로 부상하는 것을 경계했다. 자신에게 충성하는 무사는 요시쓰네를 따르지 말라는 명령을 내릴 정도였다.

1185년 5월 요시쓰네가 교토를 떠나 가마쿠라로 향했다. 그러나 요리토모는 요시쓰네의 가마쿠라 입성을 허락하지 않았다. 요시쓰네는 한을 품고 말머리를 돌려 교토로 돌아왔다. 요시쓰네가 교토로 돌아가자, 요리토모는 요시쓰네의 장원 24곳을 몰수했다. 분개한 요시쓰네는 고시라카와 법황에게 요리토모 추토의 선지를 요청하고, 요리토모가 자신을 감시하기 위해 교토로 보낸 무사들을 살해했다. 요시쓰네는 생사를 걸고 요리토모와 맞서는 수밖에 다른 길이 없었다.

1185년 10월 18일 고시라카와 법황은 요시쓰네에게 요리토모를 추토하라는 선지를 내렸다. 요시쓰네는 선지를 앞세워 우선 기나이에서 병사를 모집했다. 그러나 모집에 응한 병사의 숫자는 요시쓰네의 기대에 미치지 못했다. 한편, 자신을 추토하라는 선지가 내려졌다는 정보를 입수한 요리토모는 대군을 이끌고 가마쿠라를 출발했다. 11월 3일 요시쓰네는 소수의 측근을 거느리고 교토를 떠났다. 그 후 요시쓰네의 행방이 묘연했다.

11월 5일 요리토모가 이끄는 대군이 교토로 입성했다. 고시라카와 법황은 요시쓰네의 관직을 거두고, 요리토모에게 사신을 보내 양해를 구했다. 하지만 요리토모는 고시라카와를 협박하여 오히려 요시쓰네를 추토하라는 선지를 얻어냈다. 1186년 2월경에 요시쓰네가 오슈奧州의 후지와라노 히데히라藤原秀衡(? ~ 1187)에게 몸을 의탁하고 있다는 정보가 입수되었다. 전국 제패를 꿈꾸는 요리토모는 독자적인 세력을 구축한 오슈 후지와라씨를 제압하지 않으면 안 되었다. 요리토모는 요시쓰네 추토를 명분으로 오슈 후지와라씨를 정벌하기로 결심했다.

미나모토노 요리토모는 고시라카와 법황에게 후지와라노 히데히라

추토의 선지를 요청했다. 조정의 권위를 이용하여 추토의 명분을 세우기 위해서였다. 고시라카와는 히데히라에게 서신을 보내 모반인 요시쓰네를 인도하라고 요구했다. 그러나 히데히라는 듣지 않고, 1187년 9월부터 전투 준비에 들어갔다. 그런데 정치적인 교섭이 진행되던 중 히데히라가 사망하면서 국면이 전환되었다. 요시쓰네는 처자와 함께 자결하여 30년의 생애를 마감했다.

요리토모는 다시 고시라카와 법황을 협박하여 전국에 슈고守護와 지토地頭를 임명할 수 있는 권리와 병량미를 징수할 수 있는 권리를 확보했다. 이것은 무사에 의한 군사·경찰권과 토지 관리권을 합법적으로 장악한 것으로, 가마쿠라 막부의 권력을 확립하기 위한 획기적인 사건이었다. 요리토모는 고시라카와 법황의 측근들을 파면시키고, 자신에게 호의적인 귀족들을 중요한 정무회의에 참가시키는 등 조정 내의 인사에 간섭했다.

1190년 10월 미나모토노 요리토모는 대군을 이끌고 상경했다. 전국 제패의 위업을 과시하는 한편, 조정에서 자신의 편을 드는 귀족 구조 가네자네九条兼実(1149~1207)의 지위를 안정시킬 목적이었다. 상경한 요리토모는 법황에게 전국의 치안경찰권을 위임해 줄 것을 요구하여 관철시켰다. 요리토모의 무사단이 국가의 군사력으로 공인되었다.

법황은 미나모토노 요리토모에게 관직을 주어 지배층의 일원으로 편입시키려고 했다. 그러나 요리토모는 곧 관직을 사퇴했다. 무사정권의 수장에 어울리는 정이대장군의 지위를 원했기 때문이다. 법황은 요리토모의 환심을 사기 위해 광대한 토지를 하사하고, 요리토모의 부하 10여 명에게 관직을 주었다. 하지만 요리토모는 귀족 세력과 타협할 생각이 없었다. 요리토모는 교토에 오래 머물지 않고 가마쿠라로 돌아왔다.

1192년 3월 고시라카와 법황이 사망했다. 구조 가네자네가 정치의 실권을 장악했다. 가네자네는 고시라카와 법황의 측근을 파면하고, 법황의 장원을 몰수하고, 자신의 동생을 천태종의 좌주로 임명하는 등 권세를 떨쳤다. 조정은 요리토모를 정이대장군에 임명했다. 원래 정이대장군은 9세기 초 간무 천황이 동북 지방을 정벌할 때 임시로 설정한 관직이었는데, 요리토모가 그 직위에 취임하면서 무가로서 천하의 실권을 장악한 자를 의미하게 되었다. 정이대장군의 칭호를 생략하여 쇼군將軍이라고 했다. 미나모토노 요리토모가 쇼군에 취임하면서 가마쿠라 막부가 명실상부하게 성립되었다.

2. 조정과 막부의 관계

미나모토노 요리토모가 쇼군에 취임하면서 교토의 조정과 가마쿠라의 막부가 서로 협조하는 분위기가 형성되었고, 정무도 순조롭게 처리되는 시기가 도래했다. 하지만 조정에서 구조 가네자네가 권세를 누릴 때, 쓰치미카도 미치치카土御門通親(1149~1202)가 은밀하게 세력을 넓혔다. 그는 고시라카와 법황의 측근이었다. 미치치카는 가네자네의 권세가 안정되었을 때는 정국의 전환을 꾀하는 것이 곤란하다는 것을 알고 훗날을 대비했다.

미치치카는 먼저 막부에 접근하여 막부와 가네자네를 이간하는 일부터 시작했다. 미치치카는 고토바 천황의 후궁으로 들여보낸 자신의 양녀가 다메히토為仁 왕자를 낳자 입지가 강화되었다. 미치치카는 고시라가와 법황의 아들과 함께 구소 가네사네를 배척하는 일에 앞장섰다. 1196년 11월 가네자네가 음모를 꾸몄다고 고토바 천황에게 상주했다. 가네자네는 곧 실각되었다. 이어서 미치치카는 가네자네 일당도 조정에서 모두 몰아냈다. 이것을 겐큐建久 7년의 정변이라고 한다.

미치치카는 자신의 일당을 조정의 요직에 임명하는 한편, 막부와 충돌을 피하기 위한 방책도 강구했다. 당시 막부는 쇼군 요리토모의 최측근 이치조 요시야스一条能保(1147~97)를 교토 슈고에 임명했다. 슈고는 각 지방의 군사·경찰·사법권을 행사하는 직책이었다. 특히 교토 슈고는 천황과 귀족을 감시하는 막중한 임무를 수행하고 있었다. 그런데 미치치카는 요시야스의 아들과 사위에게 조정의 고위 관직을 수여했다. 미치치카는 막부의 핵심 세력을 관직에 임용함으로써 막부와 정면으로 대립하는 것을 피했다.

조정에서 가네자네 일당이 완전히 축출되면서 막부를 대변하는 세력이 일소되었다. 조정의 실권을 장악한 미치치카는 외손인 다메히토 왕자를 즉위시켜 천황의 외조부가 되려고 했다. 1196년 말 미치치카는 고토바 천황의 양위를 막부에 통보하고, 양위 준비를 서둘렀다. 1198년 정월 3살 난 다메히토 왕자가 즉위해 쓰치미카도 천황(재위 1198~1210)이 되었다.

고토바 상황은 원정을 개시했다. 미치치카는 원청의 최고 책임자가 되어 실권을 장악했다. 쇼군 미나모토노 요리토모는 교토의 정세 변화에 관심을 보였으나 조정의 일에 적극적으로 개입하지 않았다. 1198년 9월 교토 슈고 이치조 다카요시一条高能(1176~98)가 사망하면서 조정의 정보가 막부에 전달되던 통로가 막혔다. 그러자 쇼군 요리토모는 실각한 가네자네와 은밀히 연락하면서 다시 상경할 준비를 했다. 그런데 1199년 정월 쇼군 요리토모가 53세의 나이로 사망했다.

고토바 상황의 원정은 조정의 실권자 쓰치미카도 미치치카의 천하였다. 미치치카는 조정의 관위를 수여할 때 상황의 의사조차 무시할 정도로 권력을 휘둘렀다. 하지만 1202년 10월 미치치카가 급사하면서 고토바 상황의 전제체제가 서서히 확립되었다. 상황이 조정의 정치를 주도하면서 미치치카가 등용한 인물들이 조정의 정치에서 차례로 해임되었다.

고토바 상황은 일찍부터 막부의 3대 쇼군 미나모토노 사네토모源実朝(1192~1219)에게 접근했다. 귀족의 딸을 사네토모의 부인으로 맞아들이게 중매한 것도 고토바 상황이었다. 3대 쇼군 사네토모 또한 교토의 귀족사회를 동경했다. 상황과 사네토모는 서로 우호적이었다. 그러나 사네토모가 암살되면서 조정과 막부의 관계가 소원해졌다. 막부는 고토바 상황의 아들을 쇼군으로 영입하고 싶다는 뜻을 조정에 전했다. 하지만 고토바 상황은 막부의 요청을 거절했다. 상황과 막부의 충돌은 이미 피할 수 없는 단계로 접어들었다.

3. 고토바 상황

1210년 11월 고토바 상황은 쓰치미카도 천황을 권좌에서 물러나게 하고, 모리나리守成 왕자를 즉위시키니 그가 준토쿠 천황(재위 1210~21)이었다. 고토바 상황은 성품이 온화하고 매사에 소극적이었던 쓰치미카도 천황을 못마땅하게 생각했다. 그래서 성격이 활달한 모리나리 왕자가 성장하기를 기다렸다가 천황에 즉위시켰던 것이다. 그런데 이때 고토바 상황은 새로운 천황이 즉위할 때 막부에 자문을 구하던 전례를 무시했다.

준토쿠 천황을 중심으로 조정을 통합한 고토바 상황은 막부를 타도하는 작업에 착수했다. 상황은 원에 직속한 병사인 호쿠멘北面 무사 조직과는 별도로 사이멘西面 무사 조직을 결성하여 직속 군사를 양성했다. 교토에 머무는 고케닌과 막부의 실권을 장악한 호조씨北条氏의 정치에 반감을 품은 무사들을 상황 편으로 끌어들이는 작업도 진행했다. 당시 무시할 수 없는 무력을 보유한 대사원의 승병 세력을 조직화하는 데에도 힘을 기울였다.

1219년 정월 3대 쇼군 미나모토노 사네토모가 암살되었다. 고토바 상황은 이 사건을 기화로 막부를 토벌하려고 결심했다. 상황은 막부가 동요하기를 기다리며 기회를 엿보았다. 그러나 고토바 상황의 기대와는 달리 막부는 조금도 동요하지 않았다. 하지만 상황의 막부 타도 의지는 확고했다. 몇몇 측근이 막부 타도 계획이 무모하다고 여러 차례 간언했으나 상황의 뜻을 꺾을 수 없었다. 여러 명의 왕자, 상황의 측근, 준토쿠 천황의 측근, 대사원의 승려, 호쿠멘의 무사들이 모의에 가담했다. 1221년 4월에는 준토쿠 천황도 주쿄 천황(재위 1221~21)에게 양위하고 모의에 참여했다. 당시 세간에서는 이미 상황이 막부를 토벌한다는 소문이 돌기 시작했다. 극비로 상황에 충성을 맹세하는 무사들이 늘어났다.

1221년 5월 고토바 상황은 드디어 막부 타도의 기치를 올렸다. 상황은 대사원에 명하여 막부의 실권자 호조 요시토키北条義時(1163~1224) 추토의 선지를 전국의 지방관에게 발령했다. 상황은 호쿠멘·사이멘 무사와 승병 세력을 결집한 다음 막부에 직속한 무사들을 포섭하면 막부 내부에서도 적지 않은 이반자가 나올 것이라고 믿었다. 그러나 고토바 상황의 휘하에 결집한 병력은 일부 대사원의 승병을 제외하고는 기대에 훨씬 미치지 못했다.

막부는 직속 무사들에게 동원령을 내렸다. 하지만 막부 측은 군주인 고토바 상황을 상대로 전투를 벌이는 일이 도리에 어긋나는 일이라는 무사들의 평판이 두려웠다. 호조 요시토키는 고케닌들 사이에 조정의 권위를 두려워하는 분위기가 퍼지기 전에 교토를 점령한다는 방침을 세웠다. 요시토키는 자신의 아들인 호조 야스토키北条泰時(1183~1242)를 대장으로 하는 19만 대군을 편성하여 교토로 진군하게 했다. 막부군이 상경하면서 각지의 무사들이 합류했다. 6월 15일 막부군은 큰 저항없이 교토에 입성했다.

궁지에 몰린 고토바 상황은 호조 요시토키를 추토하라는 선지를 철회하고, 이번의 거병은 일부 간신들의 음모였고, 고토바 상황 자신은

모르는 일이라고 발뺌했다. 그리고 앞으로는 막부가 요청하면 선지를 내릴 것이라고 선언했다. 사실상 항복했던 것이다. 이것이 조큐의 난承久の乱이었다.

막부는 상황 측에 가담했던 귀족들을 관대하게 처분했다. 민심의 동요를 막기 위해서였다. 하지만 막부 타도 계획을 추진했던 주모자들은 엄벌에 처해졌다. 주모자들은 가마쿠라로 호송되던 중에 비참하게 살해되었다. 막부는 고토바 상황의 처리에 부심했다. 6월 23일 호조 요시토키는 고토바·쓰치미카도·준토쿠 상황을 유배형에 처하라고 명령했다.

7월 13일 고토바 상황은 오키隠岐(지금의 시마네현에 속한 섬)로 유배되었다. 준토쿠 상황은 사도佐渡(지금의 니이가타현에 속하는 섬)로 유배되었다. 쓰치미카도 상황은 막부 타도 계획에 직접 참여하지 않았고, 막부도 그를 처분할 의사가 없었다. 그러나 쓰치미카도 상황은 고토바 상황이 유배되는데, 그 아들인 자신이 교토에 머무는 것은 도리가 아니라고 하여 스스로 도사土佐(지금의 고치현 지역)로 유배되는 길을 택했다. 그 밖에 막부 타도 계획에 참여했던 고토바 상황의 여러 아들이 각각 다른 지역으로 유배되었다.

조큐의 난 후, 준토쿠 천황의 뒤를 이어 즉위했던 어린 주쿄 천황은 재위 70여 일 만에 폐위되고, 그 뒤를 이어 고호리카와 천황(재위

1221~32)이 즉위했다. 고호리카와 천황은 당시 나이가 10살이었기 때문에 그의 부친 모리사다守貞가 원정을 시행하면서 정무를 관장했다. 그가 고타카쿠라인後高倉院(1179~1223)이었다. 고토바 상황에게서 몰수한 전국 220여 개소의 광대한 장원은 형식적으로 고타카쿠라인에게 기진되었다. 하지만 그 장원은 막부가 필요하다면 언제든지 회수한다는 조건이었다. 조큐의 난 후, 조정은 막부의 뜻에 따라 움직이는 기관에 불과했다.

막부는 교토에 천황과 귀족을 감시하는 기관을 설치하며 조정의 개혁에 착수했다. 막부에 협조적인 귀족이 실권을 장악하게 했다. 조큐의 난을 계기로 조정과 막부의 이원적 지배가 크게 변화했다. 막부로 대표되는 무사정권이 조정으로 대표되는 천황·귀족 정권을 압도했다. 막부의 정치력이 한층 강화되었다. 천황이 즉위할 때도 막부가 깊이 관여할 수 있게 되었다.

4. 천황의 즉위 문제와 가마쿠라 막부

조큐의 난 후, 막부는 교토의 조정을 효과적으로 통제했다. 조정 관료의 임명과 해임은 물론 천황 지위의 승계까지도 막부의 의사에 따라 결정되었다. 1228년 막부는 관백을 파면하고 그 자리에 막부의 4대 쇼군으로 영입한 구조 요리쓰네九条頼経(1218~56)의 친부 미치이에道家를 임명했다. 구조 미치이에는 친막파 귀족들과 협력하여 조정의 정치를 주도했다.

1230년 관백 구조 미치이에는 자신의 딸을 고호리카와 천황의 비로 들여보냈다. 1232년 11월 고호리카와는 자기 아들 미쓰히토秀仁에게 양위하고 원정을 시행했다. 미쓰히토가 즉위하여 시조 천황(재위 1232~42)이 되었다. 그런데 1242년 2월 시조 천황이 후사를 두지 못하고 급사했다. 조정은 막부에 다음 천황을 누구로 추대할 것인지 자문했다. 막부는 쓰치미카도 천황의 차남 구니히토邦仁를 추천했다. 1242년 2월 구니히토가 즉위하여 고사가 천황(재위 1242~46)이 되었다.

1246년 2월 고사가 천황은 장자 히사히토久仁에게 양위하고 원정을 시행했다. 히사히토가 즉위하여 고후카쿠사 천황(재위 1246~60)이 되었다. 그러나 고사가 상황은 고후카쿠사 천황보다 둘째 아들을 더 좋아했다. 1259년 말 고사가 상황은 고후카쿠사 천황을 물러나게 하고, 1260년 정월 둘째 아들 쓰네히토恒仁를 즉위시켰다. 그가 가메야마 천황(재위 1260~74)이었다. 이때부터 고후카쿠사 천황 혈통과 가메야마 천황 혈통이 대립했다.

고사가 상황이 사망한 후, 이번에는 누가 상황이 되어 원정을 주도해야 마땅한가라는 문제로 조정 내부에서 알력이 생겼다. 가마쿠라 막부는 이 문제에 적극적으로 개입했다. 막부는 고사가 상황의 유지를 존중하여 가메야마 천황을 상황으로 추대해야 한다는 의견을 냈다. 가메야마 천황이 아들 요히토世仁에게 양위하고 상황이 되어 원정을 시행했다.

1274년 3월 요히토가 즉위하여 고우다 천황(재위 1274~87)이 되었다. 고우다 천황은 가마쿠라 시대 가장 현명한 천황으로 알려졌다. 학문에 힘을 기울였고, 명필로도 이름을 날렸고, 시가에도 조예가 깊어 저서를 남기기도 했다. 그런데 가마쿠라 막부는 고우다 천황의 아들을 태자로 삼는 것에 반대하고, 고후카쿠사 상황의 차남을 태자로 세웠다. 그가 1287년 11월에 즉위한 후시미 천황(재위 1287~98)이었다.

이때부터 천황의 지위는 고후카쿠사 천황의 혈통을 잇는 지묘인持明院 계통과 가메야마 천황의 혈통을 잇는 다이카쿠지大覺寺 계통이 교대로 계승하는 선례가 세워지게 되었다. 참고로 고후카쿠사 상황은 교토의 지묘인을 거소로 정했다. 그래서 고후카쿠사 상황의 혈통을 지묘인 계통이라고 일컫게 되었다. 가메야마 천황의 적통인 고우다 천황이 1321년에 사가산嵯峨山의 다이카쿠지大覺寺를 재건하고 그곳에 거주했다. 그래서 가메야마·고우다 천황의 혈통을 다이카쿠지 계통이라고 일컫게 되었다.

천황의 승계 문제는 매우 민감한 문제였다. 지묘인 계통과 다이카쿠지 계통은 언제라도 즉위 문제를 둘러싸고 대립할 수 있는 불씨를 안고 있었다. 1298년 8월 후시미 천황은 10살 난 장남 다네히토胤仁에게 양위하고 상황이 되어 원정을 시행했다. 다네히토가 즉위하여 고후시미 천황(재위 1298~1301)이 되었다. 지묘인 계통에서 2대에 걸쳐 천황에 즉위했던 것이다. 고우다 상황은 당시 가마쿠라 막부의 실권자 호조 사다토키北条貞時(1272~1312)에게 약속이 지켜지지 않았다고 불만을 토로했다. 그러자 막부가 나서서 즉위한 지 3년 되는 고후시미 천황을 물러나게 하고, 1301년 3월 고우다 상황의 장남 구니하루邦治를 새로운 천황으로 추대하니 고니조 천황(재위 1301~08)이었다.

막부는 소위 양통질립兩統迭立 즉, 지묘인 계통과 다이카쿠지 계통이 번갈아 즉위하는 방식을 제도화시키려고 했다. 조정과 막부는 지묘인 계통과 다이카쿠지 계통이 교대로 천황에 즉위한다는 협약을 했다. 천황의 후계문제까지 막부가 개입했던 것이다. 협약에 따라 고니조 천황은 1308년 9월에 후시미 천황의 아들 도미히토富仁에게 양위했다. 도미히토가 즉위하여 하나조노 천황(재위 1308~18)이 되었다. 양통질립의 전통이 확립되었다. 하지만 막부가 천황 즉위에 관한 문제에 적극적으로 간섭하게 되면서 천황 일족과 귀족이 불만을 품게 되었다.

5. 고다이고 천황

양통질립의 전통에 따라, 하나조노 천황이 즉위할 때 다이카쿠지 계통의 고우다 상황의 차남 다카하루尊治가 태자로 정해졌다. 1318년 3월 다카하루가 즉위하여 고다이고 천황(재위 1318~39)이 되었다. 동시에 고우다 법황의 원정이 시작되었다. 법황은 뛰어난 인재를 측근으로 등용하여 정무를 보좌하게 했다. 측근들의 적극적인 보좌로 조정의 정치가 활기를 되찾았다. 법황은 직접 소송의 재판을 주재하기도 했다. 그러나 오래지 않아 고우다 법황은 정무를 고다이고 천황에게 양도하기로 결심했다.

1321년 10월 고우다 법황이 막부에 사신을 파견하여 원정의 정지와 천황의 친정에 대한 동의를 구했다. 막부도 양통질립의 원칙에 저촉되지 않는다고 판단하여 천황의 친정을 양해했다. 대의명분을 상소하는 주자학을 배운 고다이고 천황은 유교적 덕치주의와 율령제 고대국가의 부활을 꿈꾸는 야심가였다. 고다이고 천황은 기록소記錄所를 부활시키는 등 정치를 쇄신했다. 고다이고는 고우다 법황의 측근을 조정의 정치에 참여시키고, 지묘인 계통과 인연이 있는 인물을 중용하는 등 가문의 지위에 구애받지 않고 인재를 발탁했다.

그 무렵 막부의 기강이 문란해졌다. 고다이고 천황은 막부의 정치가 혼란스러운 틈을 타서 두 번이나 막부를 전복하려는 계획을 세웠다. 천황이 무력으로 막부를 타도하려고 결심했던 직접적인 원인은 천황의 후계를 둘러싼 내분을 일거에 잠재우기 위해서였다. 협약에 따르면, 고다이고 천황의 다음에 지묘인 계통의 가즈히토量仁 왕자가 즉위하기로 되어 있었다. 하지만 고다이고는 자신의 아들에게 천황의 지위를 물려주고 싶었다. 타고난 야심가였던 고다이고는 이러한 상황을 일거에 타개하려면 막부를 타도하고 천황 중심의 정치체제를 구축하는 길밖에 다른 방법이 없다고 판단했다.

천황을 보좌하는 소장파 측근들도 막부가 천황의 즉위 문제에 개입하는 것이 불만이었다. 조정 내부에서 막부 타도의 기운이 조성되었다. 고다이고 천황의 계획은 먼저 가마쿠라 막부가 교토에 설치한 로쿠하라탄다이六波羅探題를 공격하고, 이어서 동부 일본에서 교토로 들어오는 교통의 요충지를 선점하는 것이었다. 그런 다음 조정을 따르는 무사를 규합하여 막부를 타도하려고 했다.

1324년 9월에 거병하기로 했다. 그러나 천황의 거병 계획은 로쿠하라탄다이에 의해 사전에 발각되어 실패로 끝났다. 막부는 토막 계획에 참여했던 호족들을 참살하고, 히노 스케토모日野資朝(1290~1332)를 비롯한 귀족은 섬으로 유배되었다. 고다이고 천황은 이 계획을 전혀 몰랐다고 발뺌하여 무사했다. 이 사건을 쇼추正中의 변이라고 한다.

막부는 천황에 대한 감시를 강화했다. 교토에 5,000명의 기병을 파견하여 조정을 감시하는 한편, 교토 시중의 경비를 강화했다. 쇼추의 변은 고다이고 천황의 입지를 약화시켰다. 하지만 고다이고 천황은 호조씨 권력이 점점 약해지고 있다고 판단하고 다시 토막 계획을 추진했다. 고다이고 천황의 아들 모리나가護良(1308~35)는 사원세력의 결집에 힘썼다. 하지만 이번에도 토막 계획은 천황 측근의 밀고로 사전에 발각되었다.

막부는 정변의 주모자로 지목된 귀족과 승려들을 체포하여 가마쿠라로 압송했다. 막부는 고다이고 천황도 체포하려고 했다. 하지만 고다이고는 교토 인근의 사원으로 탈출했고, 그곳에서 토막에 호응하는 병력을 결집했다. 지금까지 일본인이 가장 존경하는 충신으로 여기는 구스노키 마사시게楠木正成(?~1336)가 고다이고 천황에게 달려갔다. 그러나 고다이고 천황은 막부의 포위망을 벗어나지 못하고 체포되어 오키隱岐 섬으로 유배되었다.

고다이고 천황의 막부 타도 모의에 가담했던 귀족들이 사형에 처해졌다. 그때 막부는 고다이고 천황에게 지묘인 계통의 가즈히토量仁 왕자에게 양위하도록 압박했다. 고다이고 천황은 끝까지 저항했다. 1331년 10월 막부는 가즈히토 즉위를 실현시키니 그가 고곤 천황(재위 1331~33)이었다. 고곤은 북조北朝의 초대 천황이었다. 하지만 고곤은 천황을 상징하는 소위 3종의 신기가 없는 상태에서 즉위했기 때문에 정통성이 문제가 되었다.

고다이고 천황의 막부 타도 계획은 실패했다. 하지만 이를 계기로 사원 세력과 호조씨 정치에 반발하는 무사들이 각지에서 거병했다. 모리나가 왕자와 구스노키 마사시게의 집요한 저항이 계속되었다. 특히 마사시게는 산악지대에 산성을 구축하고 농성하면서 막부군에 저항했다. 막부는 반란 세력을 제압하기 위해 대군을 동원했다.

1333년 윤2월 혼란한 정세를 틈타서 고다이고 천황이 오키 섬에서 탈출했다. 그때 인근의 호족들이 고다이고를 맞이하여 막부군과 싸워 이겼다. 그러자 각지의 토착 무사와 지방관이 호조씨 타도의 기치를 올렸다. 사태의 심각성을 인식한 막부는 아시카가 다카우지足利尊氏 (1305~58)가 이끄는 군대를 보냈다. 그러나 다카우지는 가마쿠라를 출발할 때 이미 호조씨에 반기를 들고 고다이고 천황 편에 서기로 작정했다. 다카우지는 고다이고 천황에게 밀사를 보내 자신의 속내를 전하고, 반기를 들어 교토의 로쿠하라탄다이를 공격했다. 천황에 투항하는 무사들이 줄을 이었다.

가마쿠라 막부에 결정적인 타격을 가한 것은 닛타 요시사다新田義貞 (1301~38)였다. 다카우지가 반기를 들었다는 소식에 접한 요시사다는 1333년 5월 8일 막부 타도의 기치를 올렸다. 요시사다는 관동 일대의 고케닌들을 규합하여 5월 23일 가마쿠라로 진격했다. 가마쿠라 막부의 14대 싯켄 호조 다카토키北条高時(1303~33)는 가족과 부하들을 거느리고 자살했다. 호조씨가 멸망하면서 가마쿠라 막부가 붕괴했다. 6월

4일 고다이고 천황이 교토로 귀환했다.

6. 겐무의 신정

교토로 돌아온 고다이고 천황은 가마쿠라 막부가 옹립한 지묘인 계통의 고곤 천황을 폐했다. 고곤 천황을 섬겼던 조정의 관료들을 해임했다. 고다이고는 고곤을 천황으로 인정하지 않았다. 고다이고는 단지 잠시 떠났던 교토로 돌아왔을 뿐, 결코 빼앗겼던 권력을 되찾은 것이 아니라는 것을 분명히 했다.

고다이고 천황은 의복적으로 개혁을 단행했다. 그의 목표는 막부와 원정도 부정하고, 섭정과 관백도 부정하고, 천황이 직접 정치를 관장하는 정치체제로 돌아가는 것이었다. 고다이고는 무사정권이 성립된 이래 정치에서 소외되었던 귀족을 정치의 일선에 배치했다. 고다이고는 조정의 기초를 다지기 위해 중앙과 지방의 정치조직을 개편했다. 이러한 고다이고 천황의 신정을 겐무建武의 중흥이라고 한다.

천황은 모리나가 왕자를 정이대장군에 임명하고, 가마쿠라 막부를 타도하는 데 결정적인 공을 세운 아시카가 다카우지를 진수부장군에 임명했다. 가마쿠라 막부가 개설된 이래 무사의 지도자가 막부를 개설하여 정치를 전담하던 전통과 제도가 부정되었다. 정이대장군에 임명되어 새로운 막부를 개설하려는 꿈을 꾸었던 아시카가 다카우지는 크게 실망했다.

신정부의 최고기관으로 국정의 중요사항을 의결하는 기로쿠쇼記錄所를 설립하고, 귀족 출신의 사무 관료와 구스노키 마사시게 등의 무사가 중용되었다. 업무는 다수의 귀족과 무사가 참여하여 심의했다. 또 가마쿠라 막부 타도에 공적이 있는 자들에게 은상을 내리기 위해 관청을 설치하고, 그곳에서 논공행상의 심사를 하도록 했다. 가마쿠라 막부가 개설되면서 사실상 폐지되었던 고쿠시國司 제도도 부활했다.

고다이고는 천황의 일족이나 귀족 출신 인물을 고위 관료에 임명하고, 그 밑에서 무사가 업무를 담당하도록 했다. 몰수한 호조씨의 영지는 주로 천황의 일족과 귀족에게 분배했다. 사원의 영지를 원래대로 회복했다. 노골적으로 귀족과 사원을 중시하는 정책을 추진했다. 신정부 내부에서조차 귀족과 무사의 대립은 피할 수 없는 분위기가 조성되었다.

신정부 수립에 참여했던 귀족과 무사의 기대가 일치하지 않았다는 점이 치명적이었다. 귀족은 천황 정권의 확립을 꿈꾸었다. 하지만 무사는 단지 자신의 영지 확대를 목적으로 하거나, 호조씨를 대신하는 무사정권의 수립을 기대했다. 신정부가 무사의 요망에 제대로 부응하지 못했다는 점 또한 불안한 요인으로 남아있었다. 특히 은상이 귀족이나 사원에게 후하게 적용되었으나 정작 무사에게는 그렇지 못했다. 논공행상이 공평하지 못하다고 판단한 무사들이 고다이고의 정치에 불만을 품었다.

아시카가 다카우지는 신정부 창립의 일등공신이었다. 아시카가씨足利氏의 본성은 미나모토씨源氏였는데, 시모쓰케下野(지금의 도치기현)의 아시카가 장원에 근거지를 두었기 때문에 아시카가씨라고 불리게 되었다. 다카우지는 미나모토씨가 가마쿠라 막부를 개설했음에도 호조씨 정권이 되어버린 것을 안타까워했다. 그가 막부에 반기를 들고 고다이고 천황 편에 선 것은 미나모토씨를 재흥하겠다는 뜻이 있었기 때문이었다. 천황 정권을 수립하는 것이 그의 목적이 아니었다.

아시카가 다카우지는 신정부에 적극적으로 참여하지 않았다. 호시탐탐 기회를 엿보던 아시카가 다카우지는 1335년 8월 천황의 칙허도 없이 군대를 움직였다. 그는 스스로 정이대장군을 칭하며 대군을 이끌고 가마쿠라로 가서 호조씨 잔당을 토벌하고 그곳에 주둔했다. 다카우지는 고다이고 천황에 대한 반역의 뜻을 공공연하게 드러냈다.

1335년 10월 아시카가 다카우지는 신정부군의 총사령관 닛타 요시사다를 토벌한다는 명목으로 교토로 진군했다. 신정부군은 초전에서 아시카가군과 싸워 승리했다. 하지만 1335년 12월 하코네산箱根山(가나가와현 소재) 일대에서 벌어진 전투에서 신정부군이 패배했다. 전투에서 승리한 아시카가군은 일시적으로 교토를 점령했다. 하지만 전열을 가다듬은 신정부군에 패배하여 규슈로 물러났다.

아시카가 다카우지는 규슈에서 무사단을 결집했다. 1336년 4월 다카우지는 규슈의 무사단을 이끌고 다시 교토로 진군했다. 다카우지는 같은 해 5월 신정부의 맹장 구스노키 마사시게와 싸워 크게 이기고 교토를 점령했다. 닛타 요시사다는 교토의 북쪽으로 도망했다. 고다이고 천황은 엔랴쿠지延曆寺로 도망했으나 곧 체포되어 유폐되었다. 신정은 2년 만에 붕괴되었다.

1336년 8월 아시카가 다카우지는 고다이고 천황과 혈통이 다른 지묘인 계통의 고묘 천황(재위 1337~48)을 즉위시켰다. 그런데 천황의 정통성을 증명하는 3종의 신기는 여전히 고다이고 천황이 갖고 있었다. 다카우지는 고다이고를 협박하여 같은 해 12월 21일 3종의 신기를 고묘 천황에게 양도하도록 했다. 하지만 이때 고다이고가 양도한 신기는 모조품이라고 알려졌다. 3종의 신기 진위 논란은 훗날 다시 천황의 정통성 문제로 비화했다.

제9장

무로마치 시대

　　정치사적으로 무로마치室町 시대는 1336년 11월 아사카가 다카우지기 막부를 창립한 시기부터 1573년 7월 오다 노부나가가 무로마치 막부의 15대 쇼군 아시카가 요시아키足利義昭를 추방하면서 막부가 멸망한 시기까지를 말한다. 무로마치 시대 말기를 전국시대라고 구분하기도 한다. 전국시대는 1467년 오닌応仁의 난이 일어나면서 무로마치 막부가 쇠퇴하고, 전국 각지에서 군웅이 할거하던 시대였다. 전국시대의 말미를 장식한 것은 도요토미 히데요시였다.

　　1333년 5월 가마쿠라 막부가 멸망하고 무로마치 막부가 설립될 때까지 3년 남짓한 공백기가 있다. 그 시기는 고다이고 천황의 친정과 소위 남북조 시대가 개막되는 정치적 혼란기였다. 남북조 시대는 고다이고 천황이 아시카가 다카우지와 대립하면서 개막되었다. 아시카가 다카우지가 쿠데타를 일으켜 고다이고 천황의 친정을 부정하고, 고다이고와 계통이 다른 천황을 즉위시키자, 이에 반발한 고다이고가 교토에서 남쪽에 있는 요시노吉野로 도망하여 정통성이 자신에게 있다고 주장했다. 교토의 조정과 요시노의 조정이 대립하면서 공존하는 모양이 되었다. 요시노의 조정을 남조, 교토의 조정을 북조라고 했다. 이후 일본에서는 약 60년에 걸친 내란이 지속되었다. 그동안 북조에서는 아시카가 막부가 세운 천황 5명이 대를 이었고, 요시노에서는 고다이고의 자손이 대를 이었다. 이 시기를 남북조 시대라고 한다.

이 책에서는 가마쿠라 막부가 멸망한 시점부터 16세기 말까지 즉위한 천황의 존재와 정치적 입장을 조명하기로 한다. 그런데 천황가는 남조 정통론의 입장에서, 막부가 추대한 천황 5명, 즉 가마쿠라 시대 말기 고다이고 천황을 유폐하고 막부가 세운 고곤光嚴, 아시카가 다카우지가 고다이고를 유폐하고 세운 고묘光明와 그 자손 스코崇光, 고코곤後光嚴, 고엔유後円融 등은 정식 천황으로 인정하지 않는다. 천황의 적통은 고다이고로부터 그 자손 고무라카미後村上, 조케이長慶, 고카메야마後亀山로 이어지고, 이어서 남조의 고가

> 메야마 천황으로부터 선양 형식으로 삼종의 신기를 넘겨받은 북조의 고코마쓰後小松부터 정통성이 인정되었다. 고코마쓰 이후, 쇼코稱光, 고하나조노後花園, 고쓰치미카도後土御門, 고카시와라後柏原, 고나라後奈良, 오기마치正親町, 고요제이後陽成 등의 천황이 대를 이었다.

1. 남북조 내란

아시카가 다카우지의 강압을 견디지 못한 고다이고 천황은 고묘 천황에게 양위하는 의식을 거행했다. 그러나 그것은 다카우지를 안심시키기 위한 술책이었다. 고다이고는 고묘 천황의 정통성을 인정하지 않았다. 탈출 기회를 엿보던 고다이고는 경비가 허술한 틈을 타서 도망했다. 1336년 12월 고다이고가 요시노(지금의 나라현 남부에 있는 요시노산을 중심으로 하는 산악지대)에 도착했고, 다음 날 엔랴쿠지에 서신을 보내 자신의 승리를 위해 기도해 달라고 요청했다. 대사원은 여전히 천황이 의지할 수 있는 세력이었다.

요시노는 천험의 요새였을 뿐만 아니라, 서쪽으로 고다이고 천황의 정치적 기반인 고카와데라粉河寺(지금의 와카야마현 기노카와시. 천태종 사원)가 있었고, 동쪽으로는 천황의 조상신을 모신 이세 신궁의 세력권이었다. 또한 고다이고 천황의 충신 기타바타케 지카후사北畠親房(1293~1354)의 세력이 포진한 곳이기도 했다. 고다이고는 각지의 사원과 자신에 복종하는 무사들에게 서신을 보내 거병을 재촉했다.

한편, 아시카가 다카우지는 고묘 천황을 옹립하고 실권을 장악했다. 1338년 8월 고묘 천황은 다카우지에게 정이대장군의 관직을 수여했다. 다카우지는 막부를 개설하고 무사정권를 부활시켰다. 다카우지가 1336년에 실권을 장악했음에도 불구하고 2년 후에야 정이대장군에 취임한 것은 고다이고 천황에게 충성하는 경쟁자 닛타 요시사다가 건재했기 때문이다.

닛타 요시사다는 미나모토씨 혈통을 이은 명문 가문의 후예였다. 무사들은 요시사다를 아시카가 다카우지에 대항할 수 있는 유일한 인물로 여겼다. 그런 요시사다가 남조군을 지휘하는 한 고다이고 천황이 지방의 무사들을 장악할 수 있었다. 그래서 다카우지도 요시사다가 건재할 때는 군사적 승리를 선언할 수 없었다. 1338년 7월 닛타 요시사다가 전사하면서 닛타씨와 아시카가씨의 천하쟁패 다툼에 종지부를 찍었고, 아시카가 다카우지는 닛타 요시사다가 전사한 다음 달에 비로소 정이대장군에 취임할 수 있었다.

무로마치 막부가 성립되고, 통치 조직이 정비되었지만, 아시카가 다카우지는 남조의 고다이고 천황을 공격하지 못했다. 요시노는 교통의 요지였을 뿐만 아니라, 섣불리 공격하기 어려운 험준한 지형을 배경으로 하고 있었다. 막부의 군대라도 쉽게 쳐들어가기 어려웠다. 많은 무사가 남조의 정통성을 인정하고 있었다는 점도 다카우지가 요시노를 섣불리 공격할 수 없었던 이유였다. 더구나 당시 막부 내부의 갈등이 심화되고 있었다.

한편, 고다이고 천황은 자신이 친정을 수립했을 때 우대했던 무사, 자신과 친분이 있는 사원의 병력, 스스로 남조를 섬기는 무사 등을 병력으로 활용하면서 무로마치 막부에 대항했다. 고다이고 천황이 가장 신뢰했던 인물은 동북 지방에서 분투하던 닛타 요시사다와 기타바타케 아키이에北畠顯家(1318~38)였다. 그런데 아키이에는 1338년 봄 이시쓰石津(지금의 오사카부 사카이시)에서 막부군과 싸우다 전사했다. 같은 해 7월에는 닛타 요시사다가 후지시마藤島(지금의 후쿠이현 후쿠이시 후지시마초)의 전투에서 전사했다. 총사령관이라고 할 수 있는 두 장수가 전사하면서 남조의 사기가 꺾였다.

1339년 8월 고다이고 천황이 파란만장한 삶을 마감했다. 고무라카미 천황(재위 1339~68)이 그 뒤를 이었으나 남조 세력은 점점 약화되었다. 노리나가 왕자가 기타바타케 아키이에와 함께 관동 지방으로 진출할 때 고다이고 천황의 측근 기타바타케 지카후사도 동행했다. 지카후사는 한때 오다와라성小田原城(지금의 가나가와현 오다와라시)에 근거지를 두었으나 막부군의 공격으로 그곳에서 물러났다. 남조 측은 관동 지방의 거점을 상실했다.

무로마치 막부의 정치가 안정되면서 내분도 점차로 진정되었다. 1358년 4월 무로마치 막부를 창립한 아시카가 다카우지가 사망하고, 그의 아들 아시카가 요시아키라足利義詮(1330~67)가 2대 쇼군에 취임했다. 요시아키라는 남조군의 공격을 격퇴하고 정권을 안정시켰다. 2대 쇼군 요시아키라는 남북조 통합에 의욕을 보였다. 1366년부터 적극적인 통합 공작을 벌였다. 남조 측에서도 사람을 보내 요시아키라와 회담했다. 그러나 무로마치 막부는 남조를 흡수통합하려 했고, 남조는 먼저 막부가 항복하라고 요구했다. 회담은 결렬되었다.

2. 남북조 통일

1367년 12월 2대 쇼군 요시아키라가 병으로 사망했다. 그러자 겨우 10살이 된 요시아키라의 아들 아시카가 요시미쓰足利義満(1358~1408)가 막부의 3대 쇼군에 취임했다. 막부의 정치는 쇼군 요시미쓰의 충직한 측근 호소카와 요리유키細川頼之(1329~92)의 손에 맡겨졌다. 요리유키는 정치를 안정시키고 남조와 북조의 통합에도 힘을 기울였다. 요리유키는 남조의 온건파 구스노키 마사노리楠木正儀와 연락을 취하면서 평화협상을 추진했다.

구스노키 마사노리는 호소카와 요리유키의 협상 제안에 적극적으로 응했다. 그것은 마사노리가 냉철한 현실주의자였기에 가능한 일이었다. 그는 전쟁의 비참함을 누구보다도 잘 알고 있었다. 남조의 군사력이 열세라는 현실적인 문제도 있었지만, 현실과 동떨어진 대의명분론만으로는 남조가 직면한 난관을 헤쳐나갈 수 없다고 판단했던 것 같다. 마사노리는 남조의 버팀목 구스노키 마사시게의 아들이었다. 긴 내전을 경험하면서 부자지간에도 생각의 차이가 생겼던 것이다.

호소카와 요리유키와 구스노키 마사노리가 머리를 맞대고 타협점을 찾아가던 1368년 3월, 남조의 고무라카미 천황이 사망했다. 그러자 다음 해에 구스노키 마사노리가 무로마치 막부에 투항했다. 그가 막부에 투항한 것은 남조의 내분 때문이었다. 남조에는 여전히 강경파가 득세했다. 고무라카미 천황의 아들이며 강경파인 조케이 천황(재위 1368~83)이 즉위하자, 마사노리는 협상 전망이 밝지 않다고 판단했던 것 같다. 1383년 3월 조케이 천황이 물러나고, 온건파 고카메야마 천황(재위 1383~92)이 즉위한 시점에 마사노리가 다시 남조로 돌아간 것을 보면 알 수 있다.

구스노키 마사노리가 막부에 투항하자, 구스노키씨 일족이 마사노리를 공격했다. 호소카와 요리유키는 군대를 보내 마사노리를 구원했다. 남조의 군사지도자 마사노리의 투항은 남조에 큰 타격을 안겨주었다. 1373년 8월 구스노키 마사노리는 막부군의 선봉에 서서 남조 천황의 지휘부를 공격했다. 남조군은 요시노 산속으로 물러나지 않을 수 없었다. 그 결과 가와치河內(지금의 오사카부 일대), 기이紀伊(지금의 와카야마현과 미에현의 일부) 일대의 남조 세력이 급격하게 쇠퇴했다. 남조 내부의 분열이 심화되었다.

  한편, 무로마치 막부의 정치는 안정기에 접어들었다. 1378년에 21세가 된 3대 쇼군 아시카가 요시미쓰는 새로 조성한 무로마치의 저택으로 거처를 옮겼다. 다음 해에 12년간 쇼군 요시미쓰를 보좌하던 호소카와 요리유키가 퇴진했지만, 요리유키가 비난을 감수하고 정치를 주도한 12년 동안 3대 쇼군 요시미쓰는 어느덧 건장한 청년으로 성장해 있었다. 막부 쇼군의 권력이 확립되었다.

  아시카가 요시미쓰는 압도적인 실력을 배경으로 남조와 평화협상을 시도했다. 그때 요시미쓰가 내건 조건은 다음과 같았다. 첫째, 남조의 고카메야마 천황은 3종의 신기를 교토에 돌려주는 것에 동의하고, 막부가 옹립한 고코마쓰 천황(재위 1382~1412)에게 양위하는 형식으로 그것을 수여한다. 둘째, 장래 다이카쿠지 계통과 지묘인 계통이 서로 번갈아가며 천황에 즉위한다. 셋째, 고쿠가령国衙領은 모두 다이가쿠지 계통이 관할한다. 넷째, 전국에 산재한 조코도령長講堂領은 모두 지묘인 계통이 관할한다.

쇼군 요시미쓰가 제시한 4가지 조건을 검토해 보면, 남조와 북조의 주장을 다 포용하는 내용이지만, 특히 남조 측의 체면을 존중한 흔적이 역력하다. 제1항에서 고카메야마 천황이 북조의 고코마쓰 천황에게 양위의 의식을 거행한다는 것은 남조에게 정통성이 있다는 남조 측의 주장을 인정한 것이다. 제2항의 양통질립의 원칙은 남북조 시대 이전으로 돌아가자는 것인데, 북조 측에서 보았을 때는 이미 기정사실화된 사안을 뒤집는 것으로 불만의 소지가 있는 내용이다. 그런 만큼 쇼군 요시미쓰가 정치적으로 결단을 내린 사안이라고 할 수 있다. 제3항과 제4항은 경제적인 문제였다. 조코도령은 고시라카와 법황이 설정한 토지인데, 가마쿠라 시대부터 이미 지묘인 계통의 재산이었다. 고쿠가령은 헤이안 시대 후기 이래 선국의 관청이 시배하던 토지이다. 만드시 다이가쿠지 계통의 것이라고 할 수 없었다. 그런 면에서 다이가쿠지 계통이 유리한 조건인 것처럼 보인다. 그러나 고쿠가령은 이미 막부가 임명한 무사가 점유하고 있었다. 그것을 되찾는다는 것은 현실적으로 불가능한 일이었다. 이 약속은 남조 측의 체면을 생각한 형식적인 것에 지나지 않았다. 요컨대, 쇼군 요시미쓰가 강화의 조건으로 내건 4개조는 막부가 남북조 통일을 실현하기 위해 북조의 불만을 누르고, 남조의 체면을 세우는 모양으로 정리한 것이었다.

남조의 고카메야마 천황은 쇼군 요시미쓰의 제안을 수용했다. 1392년 10월 고카메야마 천황은 요시노에서 교토로 가서 북조의 고코마쓰 천황에게 양위했다. 실로 60여 년 만에 남조와 북조가 통합되었다. 하지만 고카메야마 천황이 직접 고코마쓰 천황을 만나지는 않고 3종의 신기만 전달했다. 고카메야마가 직접 삼종의 신기를 들고 고코마쓰의 거소로 갈 때 비가 내리고 있었다. 막부 측에서 고카메야마 천황을 영접하는 사람은 아무도 없었다.

다이가쿠지大覺寺에 머물던 고카메야마 천황에 대한 북조 측의 시선은 차가웠다. 쇼군 요시미쓰는 1394년 2월에야 고카메야마 천황을 처음으로 대면하고 상황의 존호를 허용했다. 고카메야마는 교토의 변두리에서 소리 없이 생활했다. 쇼군 요시미쓰가 강화의 조건으로 내건 약속은 지켜지지 않았다. 강화의 조건조차도 쇼군 요시미쓰의 교묘한 책략이었던 것이다.

1408년 5월 3대 쇼군 아시카가 요시미쓰가 사망했다. 1410년 3월 고카메야마 상황은 4대 쇼군 아시카가 요시모치足利義持(1386~1428)의 저택을 방문했다. 그때 고카메야마 상황이 쇼군 요시모치에게 경제적 지원을 호소했던 것 같다. 쇼군 요시모치는 고카메야마 상황을 매정하게 대했다. 그러자 수치심을 느낀 고카메야마 상황은 돌연히 교토에서 요시노의 산으로 들어갔다. 고카메야마는 남조에 충성했던 신하들을 불러 남조 재흥운동을 일으켰다. 그러나 고카메야마의 뜻에 호응하는 무사는 거의 없었다. 세상은 이미 남조의 존재를 잊고 있었던 것이다.

❖ 천황을 꿈꿨던 아시카가 요시미쓰

◎ 1394년 12월 무로마치 막부의 3대 쇼군 아시카가 요시미쓰는 쇼군의 지위를 당시 9살이 된 아들에게 물려주고, 자신은 태정대신의 지위에 올랐다. 그때부터 요시미쓰는 사실상 천황이 된 것처럼 행동했다. 요시미쓰는 사원에 공양을 올릴 때도, 사원에 행차할 때도, 천황의 행행과 동등한 격식을 갖추었다. 국가의 평안을 기원하는 기도를 드리기도 했다. 자녀를 닌나지仁和寺·쇼렌인青蓮院·엔유인圓融院·다이가쿠지大覺寺 등 천황의 자손만 취임하는 것이 관행인 사원의 몬제키門跡로 들여보냈다.

◎ 요시미쓰는 명나라의 책봉을 받았다. 당시 많은 비난이 있었음에도 불구하고 스스로 일본국왕이라는 칭호를 사용했다. 자신이야말로 일본의 주권자라는 의식을 지니고 있었다.

◎ 요시미쓰는 둘째 아들 아시카가 요시쓰구足利義嗣(1394~1418)를 천황의 자리에 앉히고 자신은 태상천황이 되려는 야망을 품었다. 요시미쓰는 그 준비의 일환으로 1406년에 자신의 부인 히노 야스

코日野康子를 준삼후准三后의 지위, 즉 태상태후·황태후·황후에 준하는 지위에 올려놓았다. 1408년 2월에는 고코마쓰 천황을 자신의 저택으로 초청해 연회를 베풀었다. 그때 쇼군 요시미쓰는 천황과 나란히 앉고, 아들 요시쓰구는 최고의 관직인 관백關白보다 상석에 있게 했다. 그것은 요시쓰구가 왕사와 동등한 지위라는 것을 보여준 것이었다. 다음 달에 아시카가 요시미쓰는 요시쓰구를 천황의 궁전으로 들여보내서 겐부쿠식元服式 즉, 성인식을 거행하게 했다. 모두 왕자의 겐부쿠 의식과 동등한 격식에 따랐다. 고코마쓰 천황이 아시카가 요시쓰구를 양자로 삼았다는 소문이 돌았다. 일단 양자로 삼고 그 다음에 태자로 삼는 절차를 거치면 천황의 지위에 오를 수 있었다.

◎ 그러나 쇼군 요시미쓰의 야망은 달성되지 않았다. 1408년 5월 아시카가 요시미쓰가 갑자기 유행병에 걸려서 51세의 나이로 사망하고 말았던 것이다.

3. 오닌의 난과 그 영향

무로마치 막부의 쇼군은 유력한 슈고守護를 견제하면서 가까스로 정권을 유지하고 있었다. 원래 슈고는 가마쿠라 막부가 전국의 66구니國에 쇼군의 측근을 파견하면서 성립된 직제였다. 슈고는 쇼군을 대신하여 군사지휘권과 경찰·행정권을 행사했다. 그런데 슈고의 직위는 자손에게 상속되었다. 세월이 지나면서 슈고의 독립성이 강화되었다. 가마쿠라 시대 말기의 슈고는 이미 각 구니의 지배자로 군림하고 있었다.

무로마치 막부는 유력한 슈고 연합정권의 성격을 지닌 정치체제였다고 할 수 있다. 슈고의 영국은 이미 쇼군의 지배지가 아니었다. 쇼군은 유력한 슈고의 뒷받침이 없이는 정권을 유지할 수 없었다. 쇼군은 유력한 슈고와 타협하면서 권력을 행사했다. 이런 성지제제의 특성 때문에 간레이管領 즉, 막부의 행정을 담당하는 가문이 정치를 주도했다.

3대 쇼군 아시카가 요시미쓰가 사망하면서 막부의 존재가 유명무실해졌다. 5대 쇼군은 재위 3년 만에 사망했고, 1441년 6월 슈고 세력이 6대 쇼군을 살해했다. 8세 때 취임한 7대 쇼군은 2년 만에 사망했다. 그의 뒤를 이어 7살 난 아시카가 요시마사足利義政(1436~90)가 8대 쇼군에 취임했다. 8대 쇼군 요시마사는 성인이 되어서도 정치에는 관심을 두지 않았다.

8대 쇼군 요시마사 시대에 쇼군의 권위가 더욱 실추되었다. 이 시기에 유력한 슈고 가문인 시바씨斯波氏·하타케야마씨畠山氏·호소카와씨細川氏·야마나씨山名氏 가문이 번갈아 간레이에 취임하여 막부의 정치를 좌지우지했다. 15세기 후반에 쇼군 요시마사의 후계 문제로 막부가 분열되었다. 시바씨와 하타케야마씨 가문에서도 가독의 상속을 둘러싸고 내분이 일어났다.

당시 무사사회에 단독상속이 정착되었다. 가문의 지도자인 소료惣領에게 가문의 영지와 재산은 물론 적장자로서의 지휘권도 물려주었다. 소료의 정치적·경제적 지위는 다른 자식들에 비해 절대적이었다. 그래서 소료의 지위를 둘러싸고 일족과 가신단이 대립하는 경우가 많았다. 무사 가문의 상속은 가신들에게도 중요한 문제였다. 누가 후계자가 되느냐에 따라서 가신들의 운명이 좌우되었음은 물론, 무사사회의 세력구도에도 영향을 미쳤다. 그래서 가독의 상속 문제를 둘러싼 분쟁이 끊이지 않았다.

시바씨와 하타케야마씨 가문의 내분에 당시 최고의 실력자 야마나 모치토요山名持豊(1404~73)와 호소카와 가쓰모토細川勝元(1430~73)가 개입하면서, 가문의 내분이 무사사회를 양분하는 전란으로 비화했다. 호소카와 가문과 야마나 가문은 병력을 모으기 시작했다. 1467년 4월부터 각 지방의 병력이 상경하기 시작했다. 24개국 병력 16만으로 알려진 호소카와군은 교토의 동쪽에 진을 쳤고, 20개국 9만으로 알려진 야마나군은 교토의 서쪽 평야에 진을 펼쳤다. 호소카와군을 동군, 야마나군을 서군이라고 불렀다.

동군과 서군의 싸움이 시작되었다. 전투는 대부분 교토 시내에서 치러졌다. 내란은 11년간이나 이어졌다. 이것을 오닌応仁의 난이라고 한다. 그런데 1473년 3월 야마나 모치토요가 사망하고, 이어서 호소카와 가쓰모토가 세상을 떠났다. 1474년 4월 호소카와씨와 야마나씨 사이에 휴전이 성립되었다. 교토에 결집한 병력도 속속 고향으로 돌아갔다. 이리하여 오닌의 난은 승자도 패자도 없이 끝나게 되었다.

전쟁터가 되었던 교토는 황폐화되었다. 교토에 거주하던 귀족의 생활기반이 완전히 붕괴되었다. 남북조 내란으로 커다란 타격을 입은 장원제도는 이 시점에서 거의 붕괴했다. 오닌의 난으로 교토의 저택이 소실되고, 지방의 장원을 무사들에게 통째로 빼앗겨 수입의 원천이 붕괴한 귀족과 승려들이 지방으로 거처를 옮기는 경우가 많았다. 생계를 위해 직업을 갖는 귀족도 있었고, 지방의 호족 가문에 몸을 의탁하여 목숨을 부지하는 귀족도 있었다.

오닌의 난은 무로마치 막부가 붕괴하는 출발점이 되었다. 막부는 일본사회를 통괄하는 공권력을 행사하지 못했다. 쇼군의 명령은 유명무실해졌다. 쇼군의 영향력이 미치는 지역은 교토 일대에 불과했다. 천황의 권위도 실추되었다. 막부의 쇼군과 다이묘는 천황을 돌보지 않았다.

조정은 겨우 전통적인 권위를 유지할 뿐이었다. 천황의 생활은 상상할 수 없을 만큼 궁핍했다.

4. 전국시대 천황

1) 고카시와바라 천황

1500년 9월 고쓰치미카도 천황(재위 1464~1500)이 사망하고 가쓰히토勝仁 태자가 즉위하여 고카시와바라 천황(재위 1500~26)이 되었다. 고쓰치미카도의 유해는 같은 해 11월에 사원에서 화장했는데, 그때까지 궁중에 43일이나 방치되었다. 당시 조정은 천황의 다비식을 거행할만한 비용이 없었다. 그래서 무로마치 막부에 장례식 비용을 요청했다. 막부가 한 달이 넘어서야 약간의 금전을 보내왔고, 조정은 그 돈으로 고쓰치미카도의 장례를 치를 수 있었다.

1501년 3월 고카시와바라 천황은 조정의 귀족들과 자신의 즉위식 문제를 상의했다. 그해 12월에 즉위식을 올리기로 했으나 조정은 재정적인 여유가 없었다. 조정은 다시 막부에 즉위식 비용을 요청하기로 했다. 당시 막부의 쇼군은 11대 아시카가 요시즈미足利義澄(1480~1511)였는데, 그는 실권이 전혀 없는 허수아비였다. 막부의 권력은 간레이의 지위에 오른 호소카와 마사모토細川政元(1466~1507)가 장악하고 있었다. 마사모토는 1493년 4월에 10대 쇼군 아시카가 요시타네足利義稙(1466~1523)를 추방하고 요시즈미를 11대 쇼군으로 옹립한 실력자였다.

1500년을 전후한 막부의 정치 상황이 매우 불안했다. 호소카와씨의 10대 쇼군 추방에 반대하는 다이묘大名들이 막부의 통제에서 벗어났고, 쫓겨난 아시카가 요시타네가 친분이 있는 다이묘들에게 서신을 보내 호소카와씨 타도운동을 전개하고 있었다. 당시 막부의 실권자 호소카와 마사모토細川政元 앞에는 천황의 즉위식보다도 시급한 재정부담 요인이 산재해 있었다. 보다 못한 지방의 몇몇 다이묘들이 십시일반으로 약간의 금선을 모아 조정에 진딜했지만, 그것은 그야말로 성의 표시에 불과했다.

호소카와 마사모토는 전통적인 가치에 구애되지 않는 사람이었다. 그의 눈에는 천황의 즉위식이 허례에 지나지 않았다. 그는 조정이 즉위식 비용을 요청하자 다음과 같이 말했다. "조정이 즉위식을 거행하는 것은 아무 가치가 없다. 가령 그런 의식을 거행한다고 해도 실질이 따르지 않으면 여러 사람이 국왕으로 인정하지 않을 것이다. 즉위식을 올리지 않아도 나는 국왕으로 인정할 것이다. 요컨대, 거창한 의례는 말

세인 지금 어울리지 않는다."이 말을 들은 무사와 귀족은 놀랐지만 모두 "옳다"고 동의했다. 즉위식은 무기한 연기되었다. 고후쿠지興福寺의 승려 진손尋尊의 저서에 기록된 이야기이다.

호소카와 마사모토는 천황의 권위를 두려워하지 않는 하극상 발언을 한 셈이다. 그러나 호소카와 마사모토는 현실을 냉철하게 진단한 인물이었다. 오닌의 난 이후, 무사들이 전국에 산재한 막부의 토지를 사유화했다. 겨우 교토 일대에서 조세를 거둘 수밖에 없었던 막부의 재정은 이미 파산상태였다. 또 조정이 사실상 붕괴되면서 천황의 권위도 끝없이 추락했다. 이와같이 기존의 가치·권위·질서가 무너진 현상을 마쓰모토는 말세라고 진단했다. 이러한 시대에 천황제도와 그것을 지탱하는 의례의 효과가 거의 없고, 그렇지 않아도 어려운 막부의 재정부담을 늘린다고 판단했던 것 같다.

1503년 5월 셋쓰摂津(지금의 오사카부 중부·북부 지역) 지방의 다이묘가 180관, 1510년 3월에 에치젠越前(지금의 후쿠이현 북부)의 다이묘가 500관의 자금을 조정에 헌납했다. 그런데 1511년 4월 조정은 이세 신궁의 수리비로 800관을 지출했다. 조정의 재정은 다시 바닥을 보였다. 천황의 즉위식이 다시 연기되었다.

어느덧 고카시와바라 천황이 48세가 되었다. 3종의 신기를 물려받고 정무를 보면서도 오랫동안 즉위식을 올리지 못한 천황은 가마쿠라 시대의 주쿄 천황 이외에는 없었다. 그러나 그는 4살이 된 1221년 5월에 즉위하여 2개월 후에 폐위되었다. 나이도 워낙 어렸고 즉위식을 거행할 시간이 없었다. 이러한 특별한 예를 제외하면, 고카시와바라와 같이 자금이 부족해서 즉위식을 올리지 못한 천황은 역사상 처음이었다.

그 무렵 막부 내부에서 정변이 일어났다. 1508년 4월 오우치 요시오키大內義興(1477~1528)가 전 쇼군 요시타네를 앞세우고 교토로 입성했다. 오우치씨는 호소카와씨에 버금가는 실력자 가문이었다. 11대 쇼군 요시즈미는 쇼군의 지위에서 물러나 오미 지역으로 도망했다. 요시타네는 오우치 가문의 무력을 배경으로 다시 쇼군의 자리로 복귀하는 데 성공했다. 쇼군 요시타네는 천황을 공경하는 태도를 보였다.

1515년 2월 천황은 쇼군 요시타네에게 즉위식을 올릴 수 있게 자금을 지원해달라고 요청했다. 쇼군 요시타네는 반드시 자금을 마련해 보겠다고 약속했다. 하지만 요시타네는 즉위식 자금을 마련하지 못했다. 1517년 초 쇼군 요시타네는 10월까지 즉위식 비용을 조달하겠다고 약속했다. 하지만 이번에도 약속은 지켜지지 않았다. 쇼군 요시타네가 성의가 없었던 것은 아닐 것이다. 쇼군이라도 오우치씨나 호소카와씨의 협력 없이는 거금을 조달할 수 없었을 것이다.

1518년이 되어서야 즉위식 준비가 시작되었다. 11월에 막부는 1000관을 조정에 헌납하고, 별도로 여성용 의복 비용 230관, 음식 장만 비용 240관을 헌납했다. 그러나 즉위식을 거행하기에는 아직도 자금이 부족했다. 즉위식은 다시 연기되었다. 고카시와바라 천황은 쇼군 요시타네에게 즉위식을 거행할 비용을 마련해달라고 부탁했다. 하지만 1520년에 지방에서 반란이 일어나서 쇼군이 직접 출진하지 않을 수 없었다. 즉위식은 다시 연기되었다.

1520년에 교토와 그 주변 지역에서 전란이 이어졌다. 설상가상으로 호소카와씨와 쇼군 요시타네의 관계가 악화되었다. 막부는 혼란스러운 와중에도 2000관 정도의 자금을 조정에 헌납했다. 1520년 8월로 예정된 즉위식은 10월로 연기되었다가 다시 다음 해 3월 21일로 정해졌다. 그런데 천황의 즉위식을 며칠 앞둔 1521년 3월 8일 쇼군 요시타네는 호소카와 다카쿠니細川高国(1484~1531)의 압박을 견디지 못하고 아와지淡路로 도망했다.

쇼군의 도망으로 교토의 분위기가 어수선했지만, 고카시와바라 천황은 단호하게 정해진 날에 즉위식을 거행한다고 선언했다. 천황은 1521년 3월 20일 막부의 실권자 호소카와 다카쿠니를 불러 직접 궁궐의 경비에 힘써 달라고 당부하고, 다음 날 무사히 즉위식을 거행했다. 천황은 이윽고 58세가 되어서야 즉위식을 올릴 수 있었다. 즉위한 지 21년째 되는 해였다.

2) 고나라 천황

1521년 12월 호소카와 다카쿠니는 11대 쇼군 요시즈미의 아들 아시카가 요시하루足利義晴(1536~65)를 12대 쇼군으로 옹립했다. 막부의 정치는 여전히 호소카와 다카쿠니 일파에 의해 좌지우지되었으나 그런대로 안정기를 맞이하고 있었다. 1526년 4월 고카시와바라 천황이 즉위식을 올린 지 5년 만에 병으로 사망했다. 고카시와바라의 아들 도모히토知仁가 즉위하여 고나라 천황(재위 1526~57)이 되었다.

그 무렵 호소카와 다카쿠니 정권의 앞날에 그늘이 드리워졌다. 호소카와씨 동족 간에 내분이 장기화되었다. 1527년 2월에는 미요시 모토나가三好元長(1501~32)가 교토로 쳐들어왔다. 쇼군 요시하루와 호소카와 다카쿠니는 오미 지역으로 도망하는 수모를 겪었다. 이후 교토는 사실상 미요시씨 일족이 지배했다. 쇼군 요시하루와 호소카와 다카쿠니가 교토로 돌아올 수 없었다. 1532년에는 전국적인 조직망을 가진 정토진종 신도가 봉기하여 교토를 무법천지로 만들었다. 고나라 천황의 즉위식을 논의할 상황이 아니었다.

막부의 경제적 지원이 끊긴 천황과 조정에 봉직하는 귀족의 생활은 매우 궁핍했다. 그림을 그려 주고, 글씨를 써 주고, 시가를 가르쳐 주고 약간의 돈을 받아 생활하는 귀족도 있었다. 약을 제조하여 생계를 잇는 귀족도 있었다. 고나라 천황도 가난을 피하지 못했다. 고나라는 직접 족자나 병풍에 글씨를 써서 팔아 생계를 유지했다.

교토의 치안이 극도로 문란해지자, 교토에 본부를 둔 법화종 신도와 교토의 민중이 힘을 합하여 잇코잇키 세력을 몰아냈다. 잇코잇키 세력은 오사카로 물러가 이시야마石山의 혼간지本願寺에 본부를 두고 활동했다. 1533년 여름이 되어서야 교토 시가지가 겨우 일상을 회복했다. 1534년 9월 쇼군 요시하루가 교토로 돌아왔다.

그동안 고나라 천황은 자신의 즉위식에 필요한 자금을 구하기 위해 분주히 움직였다. 1533년 여름 천황은 여러 지방의 다이묘에게 사자를 보내 헌금을 요구했다. 오우치 요시타카大內義隆(1507~51)가 2000관, 호조 우지쓰나北条氏綱(1486~1541)가 500관, 이마가와 우지치카今川氏親(1473~1526)가 300관, 아사쿠라 다카카게朝倉孝景(1493~1548)가 100관을 헌납하겠다고 약속했고, 몇몇 다이묘들도 형편에 따라 성의를 표했다. 그런데 막부의 헌금은 태자의 성인식 비용이 전부였다. 이미 막부는 명목상으로 존재하는 권력에 불과했다는 것을 알 수 있다.

1535년 정월 조정은 고나라 천황의 즉위식 일정을 논의했다. 그런데 고나라의 생모가 급사했다. 장례를 마치고 복상 기간이 선포되었다. 자연스럽게 즉위식이 다음 해로 미뤄졌다. 1536년 2월 드디어 고나라 천황이 즉위식을 올렸다. 고나라가 즉위하여 정무를 관장한 지 10년이 지나서였다. 1537년 천황은 가장 많은 금액을 헌상한 오우치 요시타카에게 높은 관직을 수여했다. 1545년 8월 천황은 이세 신궁으로 가서 참배했다.

3) 오기마치 천황

1557년 9월 고나라 천황이 병사했다. 그의 아들 미치히토方仁가 즉위하여 오기마치 천황(재위 1557~86)이 되었다. 오기마치가 즉위하면서 가장 관심을 기울였던 것이 고나라 천황의 장례식이었다. 하지만 고나라의 유해는 2개월 반이나 궁중에 방치하다가 11월 22일이 되어서야 겨우 장례식을 치를 수 있었다.

당시 막부의 쇼군은 아시카가 요시테루足利義輝(1536~65)였다. 그는 12대 쇼군 아시카가 요시하루의 아들로, 1546년 간레이 지위를 독점한 호소카와씨에 의해 13대 쇼군으로 옹립되었으나 실권이 없는 허수아비에 불과했다. 고나라 천황이 사망했을 때, 호소카와 일족의 내분으로 교토의 분위기는 살벌했다. 쇼군 요시테루는 오미 지역으로 피신했고, 호소카와 하루모토細川晴元(1514~63)도 먼 곳으로 도망하고 없었다. 셋쓰의 실력자 미요시 나가요시三好長慶(1523~64)가 호소카와 정권을 사실상 붕괴시키고 교토와 그 주변 지역을 지배하고 있었다.

고나라 천황의 장례식이 늦어진 것은 조정의 재정이 고갈되었기 때문이었다. 조정은 미요시 나가요시에게 고나라 천황의 장례식 비용을 요청했다. 나가요시는 교토 시중에 600관의 특별세를 부과했다. 나가요시는 2개월 동안 특별세를 징수하여 조정에 헌납했다. 오사카 이시야마 혼간지와 몇몇 다이묘가 장례식 다음 날 약간의 금전을 헌납했지만, 그야말로 푼돈에 불과했다.

천황의 즉위식은 장례식에 비교도 되지 않을 정도로 비용이 드는 행사였다. 조정은 그 비용을 막부에 요청할 수밖에 없었다. 하지만 당시 쇼군 요시테루는 교토를 떠나 오미 지역에서 숨어지내고 있었다. 오기마치 천황의 즉위식을 논의할 상황이 아니었다. 그런데 1553년부터 계속된 미요시씨 일족의 교토 지배는 6년을 넘기지 못했다. 1558년 6월 쇼군 요시테루가 오미 지역 다이묘의 원군을 거느리고 교토로 입성했다. 조정은 비로소 오기마치 천황의 즉위식 계획을 세울 수 있었다.

1559년 2월 오기마치 천황은 측근을 즉위식 준비 책임자로 임명하고, 여러 다이묘에게 사신을 보내 즉위식 비용을 헌납해 달라고 요청했다. 당시 서부 일본에서 지배 영역을 확대하고 있던 모리 모토나리 毛利元就(1497~1571)가 선뜻 2000관을 헌상하겠다고 약속했다. 그러자 아사쿠라 요시카게와 미요시 나가요시도 각각 100관을 헌상했다. 모리 모토나리가 즉위식 비용의 대부분을 헌납하면서 오기마치 천황의 즉위식 준비가 어려움 없이 진행되었고, 1560년 5월 즉위식이 거행되었다.

오기마치 천황은 모리 모토나리에게 무쓰노카미陸奧守, 모토나리의 아들 모리 다카모토毛利隆元(1523~63)에게 다이젠다이후大善大夫라는 관직을 수여했다. 아사쿠라 요시카게와 미요시 나가요시도 승진시켰다. 관위 서임은 헌금의 대가였다. 1555년 모리 모토나리는 오우치씨가 지배하던 광대한 영지를 손에 넣었는데, 무쓰노카미 임관은 서부 일본의 패자로 군림하기 위한 디딤돌이었다.

제10장

오다 · 도요토미 시대

1. 오다 노부나가와 천황

1534년 6월 오다 노부나가織田信長(1534~82)는 오다 노부히데織田信秀(1510~51)의 아들로 태어났다. 당시 오다씨 일족이 오와리尾張(지금의 아이치현) 지역을 나누어 지배하고 있었는데, 그중에서 교통의 요지를 지배하고 있던 노부히데가 가장 강력한 힘을 지니고 있었다. 노부히데는 종종 군대를 이끌고 국경을 접한 미노美濃(지금의 기후현 남부)의 사이토 도산斎藤道三(1494~1556)과 자웅을 겨루던 강력한 영주였을 뿐만 아니라 정치적인 수완이 탁월한 인물이었다. 일찍부터 중앙 정치무대에 줄을 댈 기회를 엿보고 있었다.

당시 조정 살림살이가 매우 궁핍했다. 천황이 생계를 걱정해야 할 정도였다. 궁전이 허물어져도 수리할 비용이 없었다. 조정은 여러 다이묘에게 금전 헌납을 요청했지만 응하는 자가 없었다. 1543년 2월 노부히데는 궁궐 수리비용으로 4000관을 헌납했다. 당시 지방의 호족이 마련하기 어려운 거액이었다. 고나라 천황은 노부히데에게 사자를 보내 감사의 뜻을 전했다. 그때 노부히데는 자신이 미노 지역을 손에 넣으면 다시 궁궐을 수리할 수 있는 금전을 헌상하겠다고 약속했다.

노부히데의 헌금 소식은 일본 전역에 널리 퍼졌던 것 같다. 고후쿠지興福寺(지금의 나라현 나라시 소재)의 승려 에이슌英俊은 그의 일기에 노부히데의 헌금이 매우 놀라운 일이라고 적었다. 이름도 알려지지 않은 지방의 호족이 거액을 헌납했다는 소식이 믿어지지 않았던 모양이다. 하여튼 노부히데가 조정에 거금을 헌상하면서 그의 이름이 정치의 중심인 교토에 알려지게 되었다.

오다 노부히데가 지배하던 지역은 관동 지방에서 교토·오사카로 이어지는 교통의 요지였다. 특히 노부히데 영내에 있는 쓰시마津島(지금의 아이치현 쓰시마시)는 이세伊勢(지금의 미에현)와 오와리를 연결하는 선착장으로 상당히 번성했다. 쓰시마에는 부유한 상인이 많았고 금융업자가 영업을 하고 있을 정도로 큰 항구였다. 노부히데는 일찍부터 상품경제의 중요성에 주목했는데, 그는 경제가 정치를 배경으로 했을 때 상상 이상의 효과를 낼 수 있다고 생각했던 것 같다. 노부나가는 어려서부터 부친 노부히데에게 경제·정치 감각을 배웠다. 노부나가의 경제·정치 감각은 그의 부친이 꿈꾸던 미노 지역을 공략하면서 꽃을 피웠다.

1566년 노부나가는 미노와 오와리의 접경 지역에 스노마타성墨俣城(지금의 기후현 오가키시 소재)을 쌓았다. 젊은 시절의 도요토미 히데요시가 감독해서 쌓았다는 이 성은 사이토씨를 공격하기 위한 교두보였다. 1567년 사이토씨의 총대장 사이토 다쓰오키斎藤竜興(1548~73)와 측근 사이에 분란이 일어났다. 그해 8월 노부나가는 큰 힘을 들이지 않고 미노를 기습해서 사이토씨를 멸망시켰다. 숙원을 푼 노부나가는 본거지를 사이토씨의 거성이었던 이나바야마성稲葉山城으로 옮기고 그곳의 지명을 기후岐阜(지금의 기후현 기후시)라고 했다.

노부나가가 승리하자, 오기마치 천황이 노부나가에게 사신을 보냈다. 천황은 미노·오와리 지역에 천황 직할 영지를 설정해 줄 것, 왕자의 성인식 비용과 궁궐의 수리비를 부담해 줄 것 등을 요청했다. 그런데 여기서 오해하지 말아야 할 것은 천황이 노부나가에게만 그런 요청을 한 것이 아니었다는 점이다. 천황의 목적은 천황 일족이 지배하는 장원을 회복하는 것이었다. 특정한 다이묘와 친분을 맺거나 힘을 실어 주는 데 있지 않았다. 실력이 있다고 판단한 여러 다이묘에게 같은 요구를 했다.

노부나가에게 천황의 칙명은 교토 입성의 기회를 제공하는 촉매제였다. 노부나가가 상경을 꿈꾸었던 것은 결코 천황이나 쇼군에게 경의를 표하기 위해서가 아니었다. 그는 교토로 진출해서 천하를 수중에 넣겠다는 야망을 불태우고 있었다. 노부나가는 미노를 공략하면서 천하포무天下布武라고 새겨진 인장을 사용하기 시작했다. 노부나가는 이미 일본을 제패하겠다는 뜻을 품었던 것이다.

기회는 의외로 빨리 찾아왔다. 무로마치 막부의 13대 쇼군 아시카가 요시테루의 동생 아시카가 요시아키足利義昭(1537~97)가 노부나가에게 도와달라는 서신을 보냈다. 요시테루가 암살당한 후, 요시아키는 여러 다이묘에게 무로마치 막부를 재건해 달라고 호소했다. 그러나 선뜻 나서는 다이묘가 없었다. 교토를 장악한 미요시 일족과 그 연합세력에 맞설 수 없었기 때문이다. 실의에 처한 요시아키는 마지막으로 오다 노부나가에게 구원을 청했다. 노부나가는 야망을 펼칠 수 있는 절호의 기회라고 생각했다. 1568년 7월 노부나가는 요시아키를 사신의 거성에서 가까운 사원에서 지내도록 했다. 노부나가는 교토로 진출할 수 있는 명분을 얻었다.

1568년 9월 노부나가는 5만 대군을 이끌고 교토로 향했다. 노부나가는 교토로 가는 길 연변의 저항 세력을 차례로 무찌르고 나아갔다. 9월 12일 오다군의 선봉대가 롯카쿠 요시카타六角義賢(1521~98)가 지키던 미쓰쿠리성箕作城(지금의 시가현 히가시오미시)을 공격해 단숨에 함락시켰다. 전의를 상실한 롯카쿠씨 일족이 본거지 간온지성觀音寺城(지금의 시가현 오미야하타시)을 버리고 도주했다. 요시카타가 도주했다는 소식을 들은 미요시씨 일족도 교토를 버리고 도망했다.

교토로 들어가는 길목을 확보한 노부나가는 자신의 거성 기후에 머물고 있던 아시카가 요시아키에게 측근을 보내 낭보를 전했다. 요시아키는 노부나가의 승전 소식을 듣고 자신이 드디어 쇼군에 취임할 수 있다는 생각에 잠을 이루지 못했다. 요시아키는 서둘러 기후를 출발해 9월 22일에 노부나가 진영에 합류했다. 오다군의 교토 입성 준비가 완료되었다.

미요시 일족이 도망한 교토는 무주공산이나 다름이 없었다. 곧 전쟁이 일어난다는 소문이 돌자 교토의 민중은 불안했다. 천황과 귀족들도 불안하기는 마찬가지였다. 아직 이름도 생소한 노부나가에게 자신들의 운명을 맡길 수밖에 없는 처지였다. 대세가 기울었다고 판단한 오기마치 천황은 노부나가에게 교서를 내려 궁전의 경호와 교토 시내의 치안을 유지해 달라고 당부했다.

오다군이 곧 상경한다는 소식이 전해지자 교토 민중의 불안감이 극에 달했다. 교토가 전란에 휩싸였던 것은 이번이 처음이 아니었다. 그러나 오다군의 상경은 이전과는 다른 의미를 지니고 있었다. 이전의 소란은 무로마치 막부 내부의 세력다툼이었다. 그래서 어느 편이 이겨도 사태의 근본적인 변화가 없었다. 그런데 이번은 겨우 오와리 · 미노 지역을 다스리는 신분이 낮은 다이묘가 교토로 입성하는 것이었다. 전례가 없는 일이었다. 천황과 귀족도 공포에 질려 있었다. 오기마치 천황은 3일간 칩거하며 천하가 평안하기를 기원했다.

1568년 9월 26일 노부나가와 아시카가 요시아키가 교토에 입성했다. 노부나가는 측근을 조정으로 보내 천황 궁전을 경호하겠다는 뜻을 전했다. 노부나가는 병사들에게 엄정한 기강을 유지하라고 명령했다. 궁문도 굳게 지키고 교토 시내도 정기적으로 순찰하게 했다. 난폭한 행동이나 약탈을 엄금했다. 군기가 엄정한 군사들의 모습을 지켜본 교토 민중은 그제야 안심하고 일상생활에 복귀했다. 귀족과 사원의 승려들도 비로소 두려움에서 해방되었다.

교토 주변의 다이묘나 호족에 대한 노부나가의 조치는 관대했다. 노부나가는 상경하기 선부터 자신에게 호의적이었던 자들은 물론, 전투 과정에서 항복한 자들에 대해서도 영지의 지배권을 승인했다. 노부나가가 상경하기 전부터 호의적이었던 인물 중에 마쓰나가 히사히데松永久秀(1510~77)도 포함되어 있었다. 그는 교토 인근을 무대로 미요시씨 일족과 싸우면서 노부나가를 후방에서 지원했다. 노부나가에게 끝까지 맞섰던 미요시 요시쓰구三好義継(?~1573)가 노부나가에게 측근을 보내 용서를 빌었다. 노부나가는 요시쓰구의 죄를 묻지 않았다.

마쓰나가 히사히데와 미요시 요시쓰구는 무로마치 막부의 13대 쇼군 아시카가 요시테루를 암살한 장본인이었다. 15대 쇼군에 취임한 아시카가 요시아키는 노부나가에게 그들을 죽이라고 요구했다. 그러나 노부나가는 말했다. "스스로 찾아와 머리를 조아리는 자를 용서하는 것이 관용입니다." 노부나가는 상경하면서 미요시 요시쓰구와 마쓰나가 히사히데를 응징하고 막부를 재흥한다는 명분을 내걸었다. 하지만 노부나가는 그들을 사면했다. 노부나가의 속내가 드러난 것이다. 노부나가는 막부의 재건에 큰 의미를 두지 않았다. 노부나가는 아시카가 요시아키와 오기마치 천황을 효과적으로 이용하면서 천하를 호령하려고 했던 것이다.

전국시대의 천황과 귀족은 겨우 전통적인 의례를 관장하고 있었을 뿐, 정치적으로도 경제적으로도 회복 불가능할 정도로 몰락했다. 천황 일족은 정해진 수입이 없었다. 가끔 서부 일본의 영지에서 얼마 되지 않는 조세가 징수될 뿐이었다. 그 밖의 수입으로는 관직을 얻은 자들이 바치는 예물, 때때로 귀족 가문이 바치는 물품 등이 있었다.

전국시대의 왕자들과 공주들 대부분이 승려가 되었다. 경제적으로 궁핍했기 때문이다. 심지어 오기마치 천황의 태자 사네히토誠仁(1552~86)는 정비를 두지 못했다. 예식을 거행하려면 막대한 비용이 들었기 때문에 배필을 맞이할 엄두도 내지 못하고 있었다. 오기마치 천황은 세 명의 측근이 시봉하고 있었고, 태자는 두 명이 시봉하고 있었다. 궁궐에서 생활하는 인원은 천황 일족 10여 명, 시봉하는 측근과 궁녀

30여 명이 고작이었다.

 1571년 10월 노부나가는 미곡 520석을 교토의 상공인들에게 강제로 대여하고 30퍼센트의 이자를 납부하게 해서 그 자금을 천황의 생활비로 쓰게 했다. 상공인이 이자로 납부하는 미곡은 매월 13석 정도였다. 그중 7석 정도는 궁전에 거주하는 인원의 식료로 사용하고, 나머지는 소금이나 식료품을 사는 비용으로 썼다. 노부나가의 배려로 천황 일족은 끼니를 거르는 걱정을 덜 수 있게 되었다.

 천황의 궁궐이 낡거나 파괴되었어도 수리하지 못하고 방치되었다. 노부나가는 천황의 궁궐을 수리하거나 신축할 계획을 세웠다. 노부나가는 천황 궁궐 수리 및 신축 책임자를 임명했다. 노부나가는 책임자에게 '속도전'을 명령했다. 공사는 밤낮을 가리지 않고 진행되었다. 노부나가도 자주 공사 현상을 순시하면서 인부들을 격려했다. 공사는 단기간에 마무리되었다.

 노부나가는 천황과 쇼군의 권위를 영악하게 이용했다. 노부나가는 천황에게 자신이 승리할 수 있도록 기도해 달라고 청했다. 1570년 4월 노부나가는 오미 지역을 공략할 계획을 세웠다. 가장 먼저 아사쿠라씨朝倉氏의 거성을 공격하기로 결심한 노부나가는 화려한 군장을 갖추고 교토를 출발했다. 노부나가의 뒤를 잇는 행렬 중에는 귀족의 모습도 보였다. 길거리에는 교토 민중들이 나와서 오다군을 전송했다. 천황은 궁중에서 며칠 동안이나 기도하면서 노부나가의 전승을 기원했다. 천황이 응원하는 노부나가군은 이미 관군의 성격을 띠고 있었다.

노부나가는 전쟁의 고비마다 천황을 중재자로 내세워 적군과 강화했다. 1570년 가을 노부나가군은 오미 지역에서 아자이浅井·아사쿠라 연합군과 3개월 가까이 대치하고 있었다. 드디어 11월 말 양군이 가타다堅田(지금의 시가현 오쓰시)에서 충돌했다. 아사쿠라 요시카게가 군대를 가타다로 보냈다. 잇코잇키 세력도 아사쿠라씨를 따라 참전했다. 격전 끝에 아사쿠라군이 가타다를 점령하며 노부나가군을 포위했다. 노부나가군은 군량을 운반할 수 없었다.

겨울이 깊어가고 있었다. 궁지에 몰린 노부나가는 천황에게 중재를 요청했다. 천황은 조정의 귀족을 보내서 강화 교섭에 나섰다. 12월 9일 천황은 아자이·아사쿠라 연합군이 주둔하고 있는 엔랴쿠지延暦寺(지금의 시가현 오쓰시 소재)에 강화에 협조하라는 서한을 보냈다. 천황이 대사원을 압박하며 강화에 나서자, 아자이·아사쿠라 연합군은 천황의 뜻에 따르지 않을 수 없었다. 양편 진영은 일단 강화를 맺고, 서로 인질을 교환한 다음 군대를 물렸다. 노부나가는 천황을 움직여서 위기에서 벗어났고, 아자이·아사쿠라 연합군은 노부나가를 죽일 수 있는 절호의 기회를 놓쳤다.

오다 노부나가는 오사카의 이시야마 혼간지의 명령에 따르는 잇코

잇키 세력과 10여 년간 힘든 싸움을 벌이고 있었는데, 1579년에 들어서면서 노부나가의 혼간지 포위 작전이 효과를 발휘하기 시작했다. 그러자 노부나가는 이번에도 오기마치 천황을 움직여 곤경에 처한 적을 항복시킬 계획을 세웠다. 광대하고 장엄한 시설을 갖춘 혼간지를 온전한 채로 소유하고 싶었기 때문이다.

1579년 12월 노부나가는 오기마치 천황에게 전쟁을 평화롭게 끝낼 수 있도록 중재해 달라고 요청했다. 천황은 혼간지에 사신을 보내서 전쟁을 끝내라고 명했다. 사신은 노부나가의 혼간지 공격은 천황의 명을 받은 정이대장군(=쇼군)이 국가를 안정시키기 위해 싸우는 국사 행위이고, 이에 맞서는 혼간지의 저항은 적대행위라는 논리를 폈다. 1580년 3월 노부나가는 종전 조건을 제시했다. 혼간지 세력은 졸지에 조적으로 몰렸다. 1580년 윤3월 혼간지의 지도자 겐뇨顯如(1543~92)가 천황의 화의 제안을 받아들였다. 노부나가는 혼간지에 무혈 입성했다.

1582년 2월 오다 노부나가는 아들 오다 노부타다織田信忠(1557~82)에게 다케다씨武田氏 공격을 명령했다. 2개 군단으로 편성된 노부타다군은 각기 다른 길로 다케다씨 영내로 진격했다. 도쿠가와 이에야스도 대군을 이끌고 다케다씨 영내로 진격했다. 그러자 다케다군의 전열이 허무하게 무너졌다. 변방의 성주들이 노부타다에게 항복하고 스스로 길 안내를 자청했다. 오다군은 큰 어려움 없이 진격할 수 있었다. 2월 16일에 첫 전투가 있었으나 이미 전의를 상실한 다케다군이 힘없이 물러났다. 오다·도쿠가와 연합군이 파죽지세로 공격하자, 3월 3일 다케다군의 총대장 다케다 가쓰요리武田勝賴(1546~82)가 후퇴했다. 가쓰요리 일행이 덴모쿠잔天目山(지금의 야마나시현 고슈시 야마토초) 기슭에 이르렀을 때, 측근이 배반해서 가쓰요리를 공격했다. 가쓰요리는 가까스로 덴모쿠잔으로 도망하여 아들과 함께 자결했다. 다케다씨가 멸망했다.

한때 중원을 호령했던 다케다씨가 맥없이 무너지자, 천황과 귀족은 노부나가 시대가 열렸음을 직감했다. 노부나가의 환심을 살 필요가 있었다. 천황과 귀족은 노부나가를 조정의 최고 관직에 임명해야 한다는 결론을 내렸다. 그러나 노부나가는 조정의 관위 수여에 연연하는 인물이 아니었다. 천황이 관직에 임명했을 때, 노부나가가 수락하지 않을 수도 있었다. 그래서 전례가 없는 일을 추진했다. 노부나가로 하여금 태정대신·관백·정이대장군 중에서 하나를 선택하게 하자는 것이었다. 이른바 삼직추임三職推任에 관한 안이었다.

태정대신은 조정의 최고 관위였다. 고대 말 무가의 동량 다이라노 기요모리平清盛가 취임한 전례가 있었다. 관백은 천황의 외척이 되어 정치 전반을 관장하는 자리였다. 일본 고대의 귀족 후지와라씨가 그 자리를 독점했던 전례가 있었다. 그리고 정이대장군은 막부를 개설할 수 있는 직위였다. 미나모토노 요리토모가 정이대장군에 취임해서 가마쿠라 막부를 개설한 전례가 있었다. 오다 노부나가가 정이대장군에 취임하기를 원한다면 가마쿠라·무로마치 막부에 이어 일본에서 세 번째로 막부를 여는 인물이 되는 셈이었다.

조정은 두 명의 여관女官을 노부나가의 거성인 아즈치성安土城(지금의 시가현 오미하치만시 소재)에 보냈다. 여관을 사자로 보냈다는 것은 천황이 직접 삼직추임에 관한 일에 관여했다는 것을 의미했다. 1582년 5월 4일 사신이 아즈치성에 도착했다. 하지만 노부나가는 조정의 제안에 즉시 응답하지 않았다. 이틀이 지나도 천황이 보낸 사신을 만나지 않았다. 노부나가는 이미 전년에 좌대신 취임을 거절한 적이 있었다.

노부나가는 삼직추임을 수락할 생각이 없었다. 천황의 사신과 대면하면 수락하지 않겠다고 말해야 했고, 그러면 사신의 체면을 손상하는 일이었다. 그래서 노부나가는 사신을 대면하는 것을 피했을 것이다. 당황한 사신이 어쨌든 만나자고 요청했다. 노부나가는 할 수 없이 5월 6일 천황의 사신과 대면했다. 그때 무슨 말이 오갔는지 알 수 없다. 다음 날 사신은 교토로 돌아왔고, 그 후 삼직추임에 관한 일은 다시 거론되지 않았다. 노부나가가 삼직추임에 관한 일을 거절했을 가능성이 있다.

1582년 5월 노부나가는 도쿠가와 이에야스를 아즈치성으로 초대해서 잔치를 베풀었다. 이때 빗추備中(지금의 오카야마현 서부)의 다카마쓰성高松城에서 모리씨와 대치하고 있던 하시바 히데요시가 서둘러 군대를 증파해 달라는 서신을 보냈다. 노부나가는 위기에 처한 히데요시를 구원하기로 했다. 노부나가는 아케치 미쓰히데를 비롯한 여러 장수들에게 각각 자신의 영지로 돌아가 모리씨 공략에 합류하기 위한 준비를 하라고 명령했다.

　도쿠가와 이에야스를 위한 잔치는 5월 20일까지 이어졌다. 5월 21일 노부나가와 이에야스는 사카이堺・오사카・나라奈良를 구경했다. 이에야스를 배웅한 노부나가는 아즈치성으로 돌아왔다. 빗추로 떠날 준비를 마친 노부나가는 5월 29일 상경해서 혼노지本能寺(지금의 교토시 주쿄구 소재)에 여장을 풀었다. 빗추로 출진하는 부장들은 노부나가가 명령을 내리면 달려오기로 되어 있었다. 그래서 노부나가를 호위하는 측근은 20~30여 명에 불과했다. 혼노지에 도착한 노부나가는 교토에서 5일간 머문 후 6월 4일에 전선으로 떠날 계획이었다.

　6월 1일 천황의 사신과 귀족들이 혼노지로 노부나가를 예방했다. 천황의 사신, 전 태정대신 부자, 전 관백, 현 관백, 우대신 등의 순으로 40명이 넘는 귀족들이 차례로 노부나가를 예방했다. 노부나가는 귀족들을 위해 다회를 베풀면서 여러 시간 환담했다. 노부나가는 귀족들에게 직접 지난 3월에 다케다씨를 멸망시킨 이야기, 앞으로 모리씨와 싸울 계획 등에 대해서 매우 상기된 표정으로 말했다.

　6월 1일 밤 혼노지 인근의 사원에 숙소를 정한 장남 노부타다가 노부나가를 방문했다. 이어서 교토의 행정을 책임지고 있는 교토쇼시다이京都所司代가 예방했고, 측근들도 들러 인사를 했다. 귀족을 상대하는 공식행사는 부담이 되었지만, 가까운 사람들과 보내는 시간은 편안했다. 노부나가는 매우 기분 좋게 시간을 보냈고, 노부타다도 늦은 시간까지 노부나가 곁에 있다가 숙소로 돌아갔다.

한편, 그날 밤 아케치 미쓰히데明智光秀(1528~82)가 1만3000여 명의 군사를 거느리고 가메야마성亀山城(지금의 미에현 가메야마시)을 출발해서 교토로 향했다. 교토 시가지에 다다랐을 때 6월 2일 새벽이 밝아오고 있었다. 먼동이 틀 무렵 미쓰히데의 군대가 혼노지를 에워쌌다. 노부나가는 혼노지 밖에서 들려오는 총소리에 눈을 떴다. 노부나가는 잠옷 바람으로 창을 들고 적과 싸웠지만 역부족이었다. 노부나가는 침소의 문을 안에서 잠그고 불을 질러 스스로 목숨을 끊었다. 노부나가의 나이 49세였다.

노부나가가 사망한 후, 천황과 귀족이 배후에서 아케치 미쓰히데를 부추겼고, 그 결과 미쓰히데가 노부나가를 배반하게 되었다는 소문이 돌았다. 당시 노부나가는 오기마치 천황과 사이가 좋지 않았다. 1581년 9월 노부나가는 오기마치 천황에게 양위하라고 압박했다. 연호를 개정하라고 요구하기도 했다. 노부나가의 고압적인 태도에 천황과 귀족은 불안한 나날을 보냈다. 노부나가와 조정 사이의 팽팽한 긴장감이 아케치 미쓰히데의 모반에 어떤 식이든 영향을 미쳤을 것이라는 추측을 자아냈고, 그것이 미쓰히데 모반의 배경에 천황과 귀족이 있었다는 소위 조정 배후설이 퍼졌을 것이다.

2. 도요토미 히데요시와 천황

도요토미 히데요시는 오와리 지역의 농가에서 태어났다. 어려서부터 각지를 떠돌아다니다가 18세가 되던 1554년에 고향으로 돌아와서 오다 노부나가를 섬기게 되었다. 그때 히데요시는 기노시타 도기치로木下藤吉郎라고 칭했다. 그는 충직하고 성실했다. 일을 추진하는 능력이 탁월했다. 노부나가는 히데요시의 성품과 재주를 눈여겨보았다. 노부나가는 히데요시를 중용했고, 히데요시는 노부나가의 은혜에 보답했다.

도요토미 히데요시는 오다 노부나가의 후계자 지위를 쟁취한 후, 자신이 난세를 끝내고 치세를 여는 인물이 될 수 있다는 자신감을 얻었다. 히데요시는 오사카의 이시야마 혼간지 자리에 거대한 규모의 오사카성을 건설했다. 혼간지 자리는 오다 노부나가가 10여 년의 전쟁을 치르며 겨우 손에 넣은 전략적 요충지였다. 다이묘의 거성은 지방 권력의 중심지이듯이, 히데요시는 오사카성을 일본을 제패한 실력자의 거성으로 삼을 계획이었다. 1583년 5월 히데요시는 거처를 오사카로 옮겼다.

도요토미 히데요시가 일본 최고 실력자가 된 후, 은밀히 새로운 막부를 창립할 계획을 세운 것 같다. 당시 히데요시는 오다 노부나가의 후계자를 표방하면서 다이라씨平氏를 본성으로 칭하고 있었다. 그런데 막부를 창립하려면 천황으로부터 정이대장군에 임명되어야 하고, 그 지위에 오르려면 미나모토씨源氏를 칭하지 않으면 안 되었다. 미나모토씨는 예부터 무가의 동량이라는 권위를 지니고 있었다. 그것은 미나모토씨가 귀종貴種 즉, 천황의 혈통을 이었다는 사실에 근거를 두고 있었다. 미나모토씨가 아니면 무사들의 자발적인 복종을 이끌어 낼 수 없었다.

히데요시는 누구나 다 아는 비천한 농민 출신이었다. 히데요시는 권력을 장악했지만 무사들의 마음을 얻은 것은 아니었다. 무사들은 히데요시의 무자비한 무력에 복종한 것이지 자발적으로 복종한 것은 아니었다. 고민을 거듭한 히데요시는 무로마치 막부의 15대 쇼군 아시카가 요시아키를 이용할 생각을 했다. 1573년 7월 오다 노부나가가 요시아키를 추방하여 무로마치 막부를 멸망시켰는데, 그 후 요시아키는 전국을 떠돌며 지방 다이묘의 도움으로 겨우 목숨을 부지하고 있었다.

히데요시는 요시아키에게 자신을 양자로 입적해 달라고 끈질기게 청했다. 참고로 아시카가씨는 미나모토씨를 본성으로 하는 가문이었다. 그래서 무로마치 막부를 개설할 수 있었다. 히데요시의 제안을 받은 요시아키는 분개했다. 히데요시와 같은 미천한 자가 감히 입에 올려서는 안 되는 말을 자신의 귀로 들었다는 사실에 극심한 수치심을 느꼈다. 미나모토씨는 천황의 혈통을 이은 명문 가문이었다. 히데요시가 미나모토씨를 칭하면 목숨보다도 귀중한 가문의 명예를 훼손하는 것이었다. 요시아키는 히데요시의 청을 단호하게 물리쳤다.

히데요시는 정이대장군이 되고, 막부를 개설하여 일본을 통치하는 길을 포기했다. 대신에 천황과 귀족을 등에 업고 천하를 다스리는 길을 택했다. 히데요시는 천황과 귀족의 환심을 사기 위해 힘썼다. 우호적인 귀족의 도움으로 조정의 관위를 착실하게 높여갔다. 히데요시의 측근 오무라 유코大村由己(1536~96)가 집필한 『関白任官記』에 따르면, 히데요시는 1582년 10월에 종5위하·좌근위소장에 서임되었다. 1583년 5월에 종4위하·참의, 1584년 11월에 종3위·권대납언에 서임되어 공경公卿의 반열에 올랐다. 1585년 3월에 종2위·내대신에 서임되었고, 그로부터 4개월 후에는 종1위 관백에 취임했다. 이례적인 승진을 거듭했던 것이다.

그런데 『関白任官記』에 기록된 1584년 이전의 히데요시 관위와 그 수여 연도를 전적으로 신뢰할 수 없다. 1585년 3월의 내대신 임명 사실은 다른 문서에도 기록되어 있는데, 그 이전의 히데요시 임관 자료는 『関白任官記』가 유일하다. 훗날의 기록은 거의 『関白任官記』를 인용한 것에 불과하다.

히데요시는 매우 빈번하게 문서를 위조했다. 당시는 귀족들이 연도와 날짜를 조작한 문서를 발급하는 것이 다반사였다. 심지어 날짜를 위조한 문서를 천황에게 내밀며 날인을 요구하는 귀족도 있었다. 이미 살펴보았듯이, 당시 조정의 살림살이가 매우 궁핍했다. 천황은 사원의 승려나 다이묘에게 관위를 수여하고 헌금 형식으로 금전을 받았다. 매관

매직이 중요한 수입원이었다. 히데요시가 귀족을 매수하여 부정한 수단으로 임관 기록을 위조했거나, 오무라 유코에게 위조를 지시했을 가능성이 있다.

관백은 예부터 후지와라씨藤原氏 가문에서 배출하는 것이 관례였다. 히데요시가 오를 수 있는 지위가 아니었다. 히데요시는 이번에도 편법을 썼다. 대대로 관백을 배출하는 가문의 후예 고노에 사키히사近衛前久(1536~1612)의 양자가 되어 관백의 지위에 오르는 형식을 취했다. 참고로 고노에씨는 후지와라씨를 본성으로 하는 가문이었다. 그래서 고노에 사키히사도 공식적으로는 후지와라노 사키히사라고 칭했다. 마찬가지로 천황의 칙서에는 관백 후지와라노 히데요시라고 쓰여 있다. 히데요시는 그때까지 사사로이 다이라씨를 본성으로 사용했는데, 관백에 취임하면서 본성을 후지와라씨로 바꾸었다.

1586년 11월 오기마치 천황이 손자 가즈히토和仁에게 양위했다. 가즈히토가 즉위하여 고요제이 천황(재위 1586~1611)이 되었다. 양위의 방식과 일정은 히데요시가 관백에 취임했을 때부터 계획한 것이었다. 히데요시는 관백에 취임하자마자 오기마치가 양위한 후 기거할 궁전을 조영했다. 오기마치 상황은 히데요시가 마련한 새로운 궁전으로 거처를 옮겼다. 히데요시는 고노에 사키히사의 딸을 양녀로 삼은 후 고요제이 천황의 비로 들여보냈다. 천황의 외척이 된 히데요시는 그해 12월에 태정대신에 임명되었다. 히데요시는 조정의 최고 권력자가 되었다. 천황을 받들고 문무백관을 거느리는 고대적 신분질서의 정점에 섰다.

고요제이 천황은 히데요시에게 도요토미豊臣라는 씨성을 수여했다. 귀족사회에 성공적으로 편입한 히데요시는 이윽고 천황이 사성賜姓하는 형식으로, 본성을 후지와라씨에서 도요토미씨로 바꾸었던 것이다. 『関白任官記』에는 히데요시가 역사상 특별하고 걸출한 인물이기 때문에 미나모토·다이라·후지와라·다치바나의 명문 4성에 어깨를 나란히 하는 제5의 새로운 성씨를 창설하게 되었다고 기록되어 있다.

히데요시는 노부나가에게 천황을 정치적으로 이용하는 방법을 배웠다. 히데요시가 아직 공경의 반열에 오르기 전에는 천황의 칙명을 앞세워 다이묘를 압박하는 수법을 썼다. 1584년 5월 히데요시는 천황에게 "히에이잔比叡山은 천하의 안전을 수호하는 영지"로서 "국가진호"를 위해 부흥해야 하니 여러 다이묘에게 원조를 명하는 칙명을 내려달라고 청했다. 다이묘들은 막대한 경비와 인부를 동원하여 히에이잔 엔랴쿠지延暦寺를 재건했다. 그러나 세상 사람들은 히데요시가 엔랴쿠지를 재건했다고 믿었다.

1585년 7월 히데요시가 관백의 지위에 오른 직후, 히데요시는 천황의 조상신 아마테라스오미카미天照大神를 받드는 이세 신궁에 참배했다. 천황은 이때부터 이세 신궁에 명하여 히데요시가 출진할 때마다 무운장구를 기원하도록 했다. 유서 깊은 신사나 사원에서도 히데요시를 위해 기도했다. 히데요시의 출진 그 자체가 성스러운 전쟁으로 여러 신과 부처의 가호를 받았다. 심지어 히데요시가 병에 걸렸을 때도 사원에서 기도회가 열렸다.

히데요시는 조정을 대표하는 존재이며 천황의 대리인이었다. 히데요시의 명령은 곧 천황의 명령이라는 권위를 지니고 있었다. 이 무렵부터 히데요시는 다이묘 상호 간의 교전권을 부정하고, 전쟁의 원인이 되는 영토분쟁은 도요토미 히데요시의 재판권에 의해 평화적으로 해결해야 마땅하다는 전쟁금지령을 내렸다. 다이묘는 양자택일의 기로에 섰다. 히데요시의 전쟁금지령을 받아들이면 그의 신하가 되어 평생 전쟁터를 전전해야 하고, 받아들이지 않으면 가문의 멸망을 각오해야 했다.

1586년 봄부터 규슈의 다이묘들 사이에 영토분쟁이 일어났다. 규슈 남부의 대부분을 차지하고 있던 시마즈 요시히사島津義久(1533~1611)가 규슈 북부를 침략했다. 그해 4월 규슈 북부의 붕고豊後(지금의 오이타현)에 본거지를 두고 있던 오토모 소린大友宗麟(1530~87)이 히데요시에게 구원을 요청했다. 히데요시는 시마즈씨에게 전쟁금지령을 내리고, 시마즈씨에게 히고肥後(지금의 구마모토현)와 부젠豊前(지금의 후쿠오카현·오이타현의 일부)의 2분의 1, 그리고 지쿠고筑後(지금의 후쿠오카현)를 오토모씨에게, 히젠肥前(지금의 사가현과 나가사키현)을 모리씨에게, 지쿠젠筑前(지금의 후쿠오카현)은 히데요시 자신의 직할령으로 양도하라고 요구했다. 시마즈 요시히사는 히데요시의 명령을 받아들이지 않았다.

1587년 3월 히데요시는 직접 규슈로 출진하기로 하고, 부장들과 서부 일본 다이묘들에게 출진 일과 군역 인수를 지시했다. 이때 동원된 인원은 8만6,750명이었다. 규슈에 상륙한 히데요시는 저항 세력을 무자비하게 살육하면서 진군했다. 그러자 5월 8일 히데요시의 위세에 눌린 시마즈 요시히사가 항복했다. 히데요시는 출진할 때 "한 사람도 남기지 않고 목을 베겠다."고 공언했으나 요시히사가 공손한 태도를 보이자 사쓰마薩摩・오즈미大隅(모두 지금의 가고시마현)・휴가日向(지금의 미야자키현)의 영유권을 승인했다.

1587년 여름 히데요시가 교토의 천황 궁전 가까이에 주라쿠테이聚楽第라는 성곽을 조영하기 시작했다. 공사는 다음 해 여름까지 이어졌다. 주라쿠테이는 '장생불로의 즐거움을 모으다'라는 뜻이었다. 1587년 9월 히데요시가 오사카성에서 새로 지어진 주라쿠테이로 거처를 옮겼다. 선교사가 오사카성과 비슷한 궁전이라고 설명한 주라쿠테이는 돌로 높게 기단을 쌓아 올리고, 그 위에 천수각, 누문, 겹겹이 두른 담장, 가신의 저택, 정원 등을 배치한 성곽이었다. 깊은 해자와 가파른 석축이 주라쿠테이 주위를 에워쌌다.

히데요시는 천황과 귀족을 경제적으로 지원하면서 정치적으로 이용했다. 1588년 4월 14일 히데요시는 고요제이 천황을 주라쿠테이로 초청했다. 천황의 화려한 행렬은 천황 궁전에서 주라쿠테이까지 이어졌다. 천황이 경제적으로 궁핍해지면서 오랜 세월 동안 사실상 폐지되었던 천황의 행행 장면을 지켜본 교토 서민들은 감탄했다. 천황의 화려한 나들이가 히데요시의 후원금으로 연출되었다는 것을 알게 된 교토의 서민들은 히데요시를 진심으로 공경했다.

히데요시는 성대한 연회를 베풀었다. 연회는 며칠 계속되었다. 이때 히데요시는 천황에게 은화 5,530냥을 바치고, 태자에게도 벼 800석을 바쳤다. 귀족과 귀족 출신 승려에게는 벼 8,000석이 생산되는 오미 지역의 다카시마군高島郡(지금의 시가현 다카시마시)을 기진했다. 천황이 주라쿠테이로 행행한 다음 날, 히데요시는 연회에 참석한 29명의 다이묘에게 다음과 같이 맹세하도록 했다. "왕실의 영지에 대해서는 자자손손 법도에 어긋난 행위를 하지 않겠습니다. 관백 히데요시의 명령이라면 무엇이든지 어기지 않겠습니다." 히데요시는 천황 앞에서 다이묘들이 자신에게 충성을 서약하게 했다.

히데요시는 조정·사원·신사와 같은 전통적 권위, 그중에서도 특히 천황의 권위를 정치적으로 교묘하게 이용했다. 그러면서 자신을 신비하고 존엄한 존재로 부각하기 위해 조작도 불사했다. 히데요시는 측근인 오무라 유코에게 명하여 자신의 업적을 찬양한 『天正記』라는 책을 쓰게 했다.

제10장 오다·도요토미 시대 251

『天正記』중의 1권이 「関白任官記」라는 제목으로 전해지는데, 거기에 히데요시 출생에 대하여 다음과 같이 기록되어 있다. 히데요시의 조부는 하기주나곤萩中納言이라는 귀족이었다. 동료의 무고로 교토를 떠나 오와리(지금의 아이치현) 무라쿠모村雲라는 마을에 숨어 지냈다. 하기주나곤에게 딸이 하나 있었는데, 그녀는 약 3년간 천황을 보필하다가 고향으로 돌아와 아들을 낳았다. 그 아들이 바로 히데요시였다. 그러나 당시 하기주나곤이라는 인물은 없었다. 히데요시가 자신이 비천한 신분이라는 것을 숨기기 위해 꾸며낸 이야기였다.

제11장

에도 시대

에도江戶 시대의 정치적인 시대구분은 1603년 2월 도쿠가와 이에야스가 에도에 막부를 개설한 때부터 1867년 12월 에도 막부가 붕괴하고 메이지 정부가 수립된 때까지를 말한다. 에도 시대에는 고미즈노오後水尾, 메이쇼明正, 고코묘後光明, 고사이後西, 레이겐靈元, 히가시야마東山, 나카미카도中御門, 사쿠라마치桜町, 모모조노桃園, 고사쿠라마치後桜町, 고모모조노後桃園, 고카쿠光格, 닌코仁孝, 고메이孝明 등의 천황이 재위했다.

1. 도쿠가와 이에야스와 천황

도쿠가와 이에야스德川家康(1542~1616)는 미카와三河(지금의 아이치현 동반부) 지역의 토호 마쓰다이라씨松平氏 가문 출신이다. 이에야스는 1542년 미카와의 오카자키岡崎(지금의 아이치현 오카자키시) 성주 마쓰다이라 히로타다松平広忠(1526~49)의 장남으로 출생했으나 가문이 융성하지 못했다. 이에야스가 8살이 되었을 때 부친 히로타다가 24세의 나이로 암살되었다. 이에야스는 이마가와 요시모토今川義元(1519~60)에게 인질로 끌려가서 슨푸駿府(지금의 시즈오카현 시즈오카시)에서 성장했다.

1560년 5월 오케하자마桶狭間 전투는 오다 노부나가의 운명을 바꾸었을 뿐만 아니라, 당시 이마가와군의 일익을 담당하던 마쓰다이라 모토야스松平元康(당시 이에야스의 이름) 운명도 바꾸었다. 13년의 인질 생활에서 벗어나 고향 오카자키로 돌아올 수 있었기 때문이다. 1561년 이에야스는 노부나가와 동맹을 맺고 자립했다. 이때 모토야스는 이름을 이에야스라고 바꾸었다. 이에야스는 1564년에 미카와 지역을 통일하고 동쪽으로 세력을 넓혔다.

이 무렵부터 이에야스는 남몰래 야망을 품었던 것 같다. 이에야스는 친분이 있는 조정의 귀족을 움직여 성씨를 바꾸는 일을 추진했다. 이에야스는 마쓰다이라씨 가문이 조부 기요야스清康 때부터 미나모토씨源氏를 본성으로 하는 닛타씨新田氏의 혈통을 이은 세라다씨世良田氏의 후예라고 칭했다는 것을 근거로 제시하며, 조정에 미카와노카미三河守라는 관직을 수여해 달라고 청했다. 그러나 오기마치 천황은 세라다씨에게 미카와노카미라는 관직이 수여된 전례가 없다는 이유로 이에야스의 청을 거절했다.

  1566년 이에야스는 미카와 출신으로 교토의 세이간지誓願寺(지금의 교토시 주쿄쿠 소재)의 주지와 친분이 있는 귀족 고노에 사키히사에게 도움을 요청했다. 이때 이에야스는 사키히사에게 매년 현금 300관과 말 1필을 바치겠다고 약속했다. 사키히사는 고요제이 천황에게 이에야스가 원하는 관직을 수여해 달라고 청했다. 천황은 3년이 지나도 응답을 하지 않다가 1569년 봄에 측근을 이에야스에게 보내 헌금을 요구했다. 고나라 천황 13주기 법회 비용 명목이었다. 이에야스는 즉시 거금을 헌납했다. 그러자 한 귀족이 도쿠가와씨는 미나모토씨의 후예라는 기록을 필사해서 세출했고, 천황은 이에야스에게 중5위하 미기와노기미三河守라는 관직을 수여했고, 마쓰다이라씨에서 도쿠가와씨로 씨성을 바꾸는 것을 허락했다. 마쓰다이라씨 일족 중에서 이에야스 한 사람만 도쿠가와씨를 칭할 수 있었다.

  그 후 도쿠가와 이에야스는 오다 노부나가와 손을 잡고 영토를 넓혔고, 노부나가가 사망한 후에는 도요토미 히데요시에 신종하면서 광대한 관동 지방을 지배하는 대영주가 되었다. 히데요시가 사망한 후에는 도요토미 정권의 실력자가 되어 전국의 다이묘들을 통제했는데, 1600

년 9월 세키가하라關ヶ原 전쟁에서 도요토미 히데요시를 추종하는 다이묘들을 일거에 제거했다. 히데요시의 아들 도요토미 히데요리豊臣秀頼(1593~1615)는 오사카 일대를 지배하는 일개 다이묘로 전락했다.

세키가하라 전쟁 후, 이에야스의 군사력과 경제력에 맞설 수 있는 다이묘는 없었다. 그런데 이에야스가 독자적인 정권을 수립하기 위해서는 무엇보다도 천황에게서 정이대장군 즉, 쇼군將軍의 선지를 받는 것이 급선무였다. 일본에서는 전통적으로 무가의 동량만이 정이대장군의 지위에 오를 수 있었고, 정이대장군에게는 여러 다이묘를 전쟁에 동원하고 지휘할 수 있는 권한이 주어졌다.

일본에서 정이대장군이 되기 위해서는 미나모토씨가 아니면 안 된다는 전통이 확립되어 있었다. 이에야스는 1569년부터 정식으로 미나모토씨를 본성으로 하는 도쿠가와씨를 칭했다. 이에야스는 이미 정이대장군이 되기 위한 조건을 구비하고 있었던 것이다. 그런데 이에야스는 세키가하라 전쟁에서 승리한 후에도 천황에게 정이대장군에 서임해달라고 청원하지 않았다.

무사들은 물론 세상 사람들도 이에야스가 정이대장군 취임을 왜 서두르지 않는지 의아했던 것 같다. 다이도지 유잔大道寺友山(1639~1730)이 집필한 이에야스 전기 『落穗集』에 다음과 같은 기록이 있다. 이에야스가 세키가하라 전쟁에서 승리한 후 일본에서 이의를 제기하는 사람이 하나도 없음에도 쇼군의 칙서를 내려달라고 청원하지도 않고, 관위도 이전과 같이 내대신으로 3~4년이나 지낸 것은 그 당시 사람들도 이상하게 여기고 있었다. 왜 그랬을까? 다이도지 유잔은 이에야스가 "일이 이루어지기를 서두르는 것은 모두 소인의 짓이니 바람직하지 않다."라고 생각하고 있었기 때문이라고 믿었다.

물론 『落穗集』은 18세기 초에 집필된 책이다. 여기에 써진 내용이 모두 진실이라고 할 수 없다. 그러나 이에야스가 "내가 쇼군이 되는 것은 아직 이르다. 천하 만민의 생활을 안정시키는 법을 정하는 것이 중요한 일이다. 더구나 여러 다이묘도 요즈음 영지로 이동하느라 정신이 없다. 내가 쇼군이 되는 것은 미루기로 하자."라고 했다는 말은 사실에서 크게 벗어나지 않았을 것이다.

세기가하라 전쟁 당시 이에야스는 도요토미 정권의 수상이었다. 전쟁의 명분은 어디까지나 도요토미 히데요시의 아들 히데요리를 지키기 위한 것이었다. 실제로 이에야스가 이끄는 동군의 주력은 이에야스에 직속한 부대가 아니었다. 이시다 미쓰나리石田三成(1560~1600)가 이끄는 서군을 무찌른 것은 후쿠시마 마사노리福島正則(1561~1624), 구로다 나가마사黑田長政(1568~1623) 등 도요토미 가문에 충성하는 다이묘들이었다. 이에야스는 전쟁이 끝난 후, 서군의 선봉에 섰던 이시다 미쓰나리, 고니시 유키나가小西行長(?~1600) 등을 붙잡아 죽이고, 모리 데루모토毛利輝元(1553~1625)의 영지 4분의 3을 몰수하고, 그 밖에 서군에

속했던 다이묘들의 영지를 몰수하거나 감봉하고, 몰수한 영지를 도쿠가와씨에 충성하는 다이묘들에게 배분하는 일에 골몰했다. 전후처리가 어느 정도 마무리된 것은 1602년 7월경이었다.

1602년 가을경부터 이에야스에 충성하는 다이묘들이 정이대장군 취임 건을 논의하기 시작했다. 이에야스의 정이대장군 취임은 도요토미 정권과 결별하고 독자적인 정권을 선언하는 것이었다. 도요토미 히데요시의 아들 히데요리의 앞날을 걱정하는 다이묘와 무사들이 불만을 품을 수 있었다. 그러나 세상은 이미 바뀌어 있었다. 도요토미씨 추종 세력이 공공연하게 이에야스의 쇼군 취임에 이의를 제기할 수 있는 분위기가 아니었다.

천황과 귀족은 언제나 최고 실력자의 지위를 쟁취한 무사사회 지도자와 손을 잡고 조정의 안녕을 꾀하는 방법을 취했다. 오다 노부나가가 다케다씨를 멸망시키자 천황이 사신을 보내 관백·태정대신·정이대장군 중에서 원하는 관직을 고르면 수여하겠다고 제안했고, 도요토미 히데요시에게 관백의 지위를 수여했다. 도쿠가와 이에야스가 일본 최고의 실력자로 부상하자, 천황과 귀족이 이에야스에게 접근했다.

1603년 2월 12일 고요제이 천황은 사신을 후시미성伏見城으로 보냈다. 천황의 사신은 200여 명의 시종을 거느리고 오후 2시경에 후시미성에 도착했다. 이에야스는 관복을 차려입고 의례식장의 북쪽 중앙에 앉았다. 천황의 사신은 정이대장군 서임을 알리고 자리에 앉았다. 남쪽 정원에서 부사가 이에야스에게 2배를 올리며 큰 소리로 "승진"을 두 번 외쳤다. 정이대장군 선지가 이에야스에게 전해졌다. 이에야스는 천황의 사신과 의례식에 참석한 귀족들에게 상당량의 금화를 내렸다. 이어서 조촐한 연회가 열렸다. 저녁에 이에야스가 연회장에 나와 인사하고 귀족과 함께 식사했다.

3월 25일 이에야스는 고요제이 천황을 알현하기 위해 궁전으로 향했다. 정이대장군 서임에 대한 답례 형식이었다. 귀족들은 궁전의 정문까지 나와 이에야스를 맞이했다. 이에야스는 고요제이 천황에게 은화 1,000매, 천황 비 2명에게 각각 은화 200매, 왕자에게 은화 100매, 상궁에게 은화 80매 등을 헌상했다. 하급 궁녀들에게도 신분에 따라 빠짐없이 은화를 나누어주었다.

정이대장군 서임에 대한 답례가 끝난 후, 이에야스는 니조성二条城에 머물렀다. 3월 27일 고요제이 천황이 니조성에 사신을 보내 이에야스에게 황금 3매와 대도 1벌을 하사했다. 귀족들도 니조성으로 가서 이에야스에게 축하 인사를 했다. 다음 날에는 명망 있는 사원의 원로가 이에야스를 예방하여 축하 인사를 했다. 이에야스는 당분간 니조성에 머물면서 축하 인사를 받았다.

1603년 7월 이에야스는 자신의 손녀를 히데요시의 아들 히데요리에게 시집보냈다. 이것은 이에야스가 생전의 히데요시에게 한 약속을 지키기 위한 것이었고, 또 막부를 개설한 도쿠가와씨에게 저항감을 지닌 도요토미씨 추종 세력을 무마하기 위해서였다. 하지만 혼인이 히데요리의 안전을 보장하는 것은 아니었다. 이에야스가 쇼군에 취임했어도 도요토미 히데요리가 살아있는 한 결코 안심할 수 없었다.

히데요리는 그의 모친 요도도노淀殿(1567~1615)와 함께 난공불락의 오사카성에 기거하면서 히데요시가 남긴 금·은을 비롯한 많은 재산을 보유하고 있었다. 히데요시의 은혜를 입은 다이묘들은 여전히 건재했다. 그들은 오사카성에 먼저 들러 히데요리에게 하례를 올린 뒤 이에야스가 있는 후시미성으로 향했다. 실업한 무사인 로닌牢人도 일단 유사시에 군사력으로 결집할 수 있는 세력이었다. 히데요리는 결코 만만한 상대가 아니었다.

당시 시정에서는 히데요리가 곧 쇼군 보다 높은 관백의 지위에 오른다는 풍문이 돌고 있었다. 실제로 귀족들이 오사카성으로 히데요리를 예방하여 신년 하례를 올렸다. 조정은 도쿠가와 쇼군 가문과 나란히 도요토미 가문을 우대했다. 1603년 조정은 히데요리가 10살이 되었을 때 내대신, 1605년 12살이 되었을 때 우대신으로 승진시켜 쇼군 이에야스와 같은 종1위의 지위에 오르게 했다. 이야야스는 매우 초조했다.

1605년 4월 이에야스는 돌연 아들 히데타다에게 쇼군의 지위를 물려주었다. 쇼군의 지위는 도쿠가와씨가 세습하는 것이라는 것을 천하에 선언한 정치적인 행위였다. 이에야스는 슨푸성에 기거하면서 오고쇼大御所라고 칭했다. 이에야스가 소위 2두정치의 형태를 취한 것은 정국이 불안했기 때문이다. 에도의 쇼군 히데타다를 중심으로 하는 집단은 막부의 행정기구를 정비하고, 슨푸의 이에야스를 중심으로 하는 집단은 유력한 다이묘들을 억압하는 역할 분담을 했다. 하지만 모든 권력은 이에야스가 행사했다.

이에야스는 막부의 권력을 강화하기 위하여 천황의 전통적 권위를 효과적으로 이용했다. 막부의 권력은 정이대장군이라는 관직에서 나오는 것이었다. 그러나 이에야스는 천황과 귀족을 막부의 통제하에 두려고 했다. 천황은 이미 가마쿠라 시대부터 지배권을 상실했지만, 그래도 엄연한 일본의 군주였다. 언제든지 정치 세력화할 수 있는 존재였다. 이에야스는 교도에 교도쇼시나이京都所司代를 두고 천황과 귀족의 일상을 감시했다.

1611년 3월 고요제이 천황이 그의 아들 고토히토政仁에게 양위하고 상황이 되었다. 고요제이는 오다 노부나가 시대 오기마치 천황의 태자 사네히토誠仁의 아들로 태어났는데, 사네히토 태자가 요절했기 때문에 1586년 11월에 조부 오기마치의 뒤를 이어 천황이 되었다. 고요제이 천황은 1586년부터 1611년까지 26년간 재위했는데, 그 전반기는 도요토미 히데요시의 경제적 후원으로 비교적 안정된 생활을 했다. 고요제이는 항상 히데요시에게 감사하는 마음을 지니고 있었다.

1611년 5월 고토히토가 즉위하여 고미즈노오 천황(재위 1611~29)이 되었다. 고미즈노오 천황은 고요제이 상황의 셋째 아들로, 모친은 관백 고노에 사키히사의 딸 사키코前子였다. 고요제이와 고미즈노오는 부자지간이지만, 두 사람의 관계는 원만하지 않았다. 고요제이는 고미즈노오가 즉위한 후에도 한동안 천황의 정통성을 상징하는 3종의 신기를 건네주지 않았다. 도쿠가와 이에야스는 교토쇼시다이 이타쿠라 가쓰시게板倉勝重(1545~1624)에게 사태를 해결하라고 지시했다. 이타쿠라가 동분서주하여 3종의 신기를 상황 처소에서 천황 처소로 옮긴 것은 1617년 6월이었다. 상황과 천황의 불화는 그해 9월 고요제이가 사망할 때까지 이어졌다. 상황과 천황의 불화 배경에는 도쿠가와 쇼군 가문과 도요토미 히데요리의 대립이 있었다.

1613년 6월 막부는 고대 이래 조정의 고위 관직을 세습하며 천황을 섬기던 귀족을 대상으로 「公家衆法度」 5개조를 공포했다. 그 내용은 귀족 가문의 학문 장려, 규범과 법도를 위반한 귀족의 처벌, 근무 충실, 기강 확립, 유락 자제 및 가신 통제 등이었다. 막부는 귀족에게 정치에 관심을 두지 말고 학문에 전념하라고 요구하면서 그들의 일상생활까지 엄격하게 통제하려고 했다.

1614년 10월 이에야스가 오사카성을 공격했다. 도요토미씨 측에 가담한 다이묘나 실업 무사의 숫자는 생각한 것보다 적었다. 하지만 히데요시에게 은혜를 입은 무사들이 오사카성을 사수했다. 도쿠가와군은 오사카성을 집요하게 공격했지만 함락하지 못했다. 도쿠가와 이에야스는 같은 해 12월에 일단 강화를 맺었다. 일단 물러난 이에야스는 다음 해 4월에 다시 쳐들어가 오사카성을 점령했다. 도요토미 히데요리와 그의 모친 요도도노가 자결하며 도요토미씨가 멸망했다.

1615년 7월 「武家諸法度」를 공포하고 10일이 지난 날, 막부는 교토의 니조성에 귀족을 불러놓고 「禁中並公家諸法度」를 공포했다. 이 법도는 천황을 포함한 조정과 귀족을 대상으로 했다. 그런데 막부는 이미 1613년 6월에 「금중병공가제법도」의 전단계로 「公家衆法度」와 「勅許紫衣法度」를 공포한 적이 있었다. 참고로 '禁中'은 천황과 그 일족, '公家'는 귀족을 뜻하는 용어이다.

5개조로 구성된 「공가중법도」의 주요한 내용은 다음 3개조이다. 제1조 귀족들은 각 가문의 학문 즉, 가업에 힘쓸 것. 제2조 예의범절과 법에 저촉된 자는 유배형에 처함. 제3조 귀족은 모두 주야로 천황 거소의 근무를 태만하지 말 것. 만약에 이 규정을 어기면 유배형을 비롯한 처벌을 내릴 것.

「칙허자의법도」의 핵심 내용은 다음과 같다. 다이토쿠지大德寺 · 묘신지妙心寺 · 지온지智恩寺 · 지온인智恩院 · 조케지浄華寺 · 센뉴지泉涌

寺·아오코묘지粟生光明寺 등 7개 사원의 주지직은 천황의 칙허가 있기 전에 막부에 통보해야 한다. 천황은 예부터 위 사원의 주지를 임명할 수 있는 권한이 있었고, 그 표식으로 자의를 하사하는 것이 전통이었다. 그런데 막부는 천황의 전통적인 권한에 제동을 걸 수 있는 장치를 마련했던 것이다.

「금중병공가제법도」는 모두 17조로 구성되었다. 이 법도는 천황, 천황의 일족, 귀족 등의 수양·규율·의례, 그리고 연호의 제정과 관위 수여 등에 이르기까지 상세하게 규정하는 것이었다. 막부는 당시 문란해진 조정 내부의 기풍을 쇄신하고, 국가의 명예와 위용을 회복하기 위해서 법도를 제정했다고 주장하지만 이 법도는 무사정권이 성립한 이래 처음으로 천황과 조정을 엄격하게 통제하는 것이었다.

「금중병공가제법도」의 1조는 천황의 정치적인 행위를 원천적으로 봉쇄하는 내용이었다. 천황은 오로지 전통적인 관례에 따라서 의례를 집행하는 것이 주어진 본분이라는 점을 강조했다. 의례의 장에서 용인되었던 천황 가문의 지위와 특권도 제한했다. 사원이나 신사를 대상으로 전통적으로 행사하던 천황의 각종 칙허도 제한했고, 조정 대신을 임명하고 면직시키는 것과 서열을 정하는 것에 대한 원칙이 제시되었다. 심지어 연호의 제정까지도 막부가 간섭하는 내용도 포함되었다.

「금중병공가제법도」는 천황의 일족 및 귀족의 서열·복제·임면·

처벌 등에 대하여 세밀하게 규정했다. 무사가 조정의 관직에 임명될 때도 막부의 주청에 의하도록 했다. 막부는 교토쇼시다이에게 천황과 귀족의 동태를 감시하도록 했다. 다이묘가 참근교대를 위하여 행군을 할 때도 교토 시내에 진입하는 것을 금지했다. 혹시라도 다이묘가 천황에게 접근할 수 있는 가능성을 없애기 위해서였다.

1616년 4월 도쿠가와 이에야스가 사망했다. 1517년 2월 고미즈노오 천황은 이에야스에게 동조대권현東照大權現이라는 호를 내렸다. 같은 해 4월 구노산久能山(지금의 시즈오카시 소재)에 임시로 매장한 이에야스의 유해가 닛코산日光山(지금의 도치기현 소재)으로 옮겨 개장했다. 1635년 3대 쇼군 이에미쓰家光가 닛코산 이에야스의 묘소 아래에 동조궁東照宮이라는 화려한 사당을 조영했다.

2. 도쿠가와 히데타다와 천황

도쿠가와 이에야스가 사망하고, 에도 막부의 실권이 2대 쇼군 도쿠가와 히데타다에 집중되었다. 그러자 교토의 귀족들이 앞을 다투어 에도로 가서 쇼군 히데타다를 예방했다. 쇼군 히데타다는 매우 겸손한 마음으로 귀족들을 환대하고 조정을 받드는 자세를 취했다. 쇼군과 천황의 관계를 알 수 있는 상징적인 행동은 1617년 쇼군 히데타다의 상경이었다.

1617년 4월 이에야스의 유해가 닛코산으로 옮겨졌고, 이때 쇼군 히데타다는 닛코산으로 가서 개장식을 주관했다. 이때 천황은 법회를 담당하고 실무를 관장하는 승려와 귀족을 닛코산으로 보냈다. 6월 4일 막부는 관리를 교토로 보내 이에야스의 개장식에 성의를 표한 고미즈노오 천황에게 감사 인사를 올리고 금화 100매를 헌상했다. 히데타다의 상경은 상주로서 천황에게 감사 인사를 올리기 위한 절차였다.

6월 14일 쇼군 히데타다는 에도를 출발하여 같은 달 29일에 교토의 후시미성에 도착했다. 귀족들과 여러 다이묘가 쇼군의 행렬을 맞이했다. 다음 날 고미즈노오 천황과 고요제이 상황이 사신을 후시미성으로 보내 쇼군 히데타다를 위무했다. 다음 날부터 천황의 일족, 귀족, 대사원의 주지들이 줄을 이어 쇼군 히데타다를 예방했다. 7월 21일 쇼군 히데타다가 천황과 상황을 잇달아 알현했다.

1617년 쇼군 히데타다의 상경은 도쿠가와 이에야스가 사망한 후 처음이었다. 더구나 도쿠가와 이에야스 개장 때 보여준 고미즈노오 천황의 후의에 대한 답례를 겸한 상경이었다. 그런데 쇼군 히데타다는 그 후에도 3번 즉, 1619년, 1623년, 1626년에 상경했다. 3대 쇼군 도쿠가와 이에미쓰德川家光(1604~51)가 1634년에 한 번 상경하는 데 그친 것에 비하면 매우 이례적이었다.

도쿠가와 이에야스와 그 아들 히데타다 시대 천황과 쇼군의 관계는 서로 복잡하게 얽혀져 있는 구조였다. 쇼군은 일본 열도를 실제로 다스리는 지배자였다. 그러나 쇼군의 지위는 전통적인 권위인 천황이 정이대장군이라는 관직을 수여함으로써 정당성이 확보되었다. 전통적인 왕권과 막부라는 새로운 왕권이 병립하는 구조였던 것이다.

일본 열도는 쇼군이 직접 지배하지 않았다. 에도 시대 전기에는 200여 명, 후기에는 260여 명의 다이묘가 일본 열도를 나누어 다스렸다. 쇼군도 원칙적으로 다이묘 중의 한 명이었지만, 군사력과 경제력이 다른 다이묘들을 압도했다. 다이묘들은 쇼군과 주종관계를 맺음으로써 그 지위를 안정적으로 확보했다. 그러나 에도 시대 초기에는 이전에 쇼군 가문과 수평적 관계였던 다이묘가 적지 않았다. 쇼군이 그들을 상하관계로 재편하려면 정이대장군이라는 관직이 필요했다.

도쿠가와 이에야스는 생전에 쇼군 가문과 천황 가문의 혼인을 희망했다. 2대 쇼군 히데타다의 다섯째 딸 가즈코和子를 고미즈노오 천황의 비로 들여보내려고 했다. 이 계획은 1614년 4월 가즈코가 8살이 되었을 때 결정되었다. 그러나 그해 10월부터 다음 해 4월까지 오사카의 전쟁이 있었다. 이어서 이에야스는 천황과 귀족을 통제하는 법령을 공포하는 등 조정과 긴장관계가 조성되었다. 1616년 4월에 이에야스가 사망했고, 다음 해 9월에는 고요제이 상황이 사망했다. 가즈코의 혼사가 추진될 수 있는 상황이 아니었다.

1618년이 되어서야 가즈코의 혼사 준비가 시작되었는데, 고미즈노오 천황이 귀족의 딸을 총애하여 아들을 낳는 '사건'이 일어났다. 가즈코를 고미즈노오의 정비로 들여보내려고 했던 도쿠가와 쇼군 가문의 충격은 컸다. 혼사는 다시 연기되었고, 막부는 사신을 교토로 보내 고미즈노오 천황에게 어린 아들 문제를 원만히 처리하라고 압박했다. 고미즈노오 천황은 어린 아들을 가족 범위에 포함하지 못했다. 1622년 5살이 된 천황의 아들이 급사하면서 막부의 고민이 해결되었다.

1619년 고미즈노오 천황과 궁녀 사이에 딸이 태어났다. 천황은 딸에게 우메노미야梅宮라는 궁호를 내리고 가족 범위에 포함했다. 막부와 조정의 관계는 다시 긴장감이 돌았고, 막부는 다시 사신을 교토로 보내 귀족들과 우메노미야 건을 상의하도록 했다. 고미즈노오 천황은 막부가 자신의 가정사에까지 간섭하는 것에 분개하면서 양위의 뜻을 내비쳤다. "내게는 동생이 많다. 그중 한 사람을 즉위시키고 나는 조용히 칩거하면 끝나는 일이다. 가즈코와의 혼사를 연기하려면 그렇게 하라고 전해주기 바란다."

보름 후 조정은 쇼군 히데타다의 요구에 따라 천황의 측근 여러 명을 변방으로 유배하거나 관직을 박탈했다. 풍기를 어지럽혔다는 이유였다. 쇼군 히데타다는 이유도 알 수 없는 죄목으로 천황의 측근들에게 철퇴를 내렸는데, 이것은 양위 의사를 밝힌 고미즈노오 천황을 위협하기 위해서였다. 막부는 천황의 측근들을 엄벌하면서 오랫동안 교토쇼시다이로 근무한 이타쿠라 가쓰시게를 파면하고, 그 자리에 가쓰시게의 아들 이타쿠라 시게무네板倉重宗(1586~1657)를 임명했다. 당시 시게무네는 34세의 장년이었다. 막부는 젊은 교토쇼시다이가 천황과 귀족을 빈틈없이 감시할 것이라고 믿었다.

고미즈노오 천황은 막부의 조치에 반발하여 다시 양위하겠다는 뜻을 밝혔다. 막부는 토도 다카토라藤堂高虎(1556~1630)를 교토로 파견했다. 다카토라는 교토쇼시다이와 함께 관백을 만나 쇼군 히데타다의 뜻을 자세히 전하고, 여러 귀족을 모아놓고 쇼군의 뜻을 저버리지 말라고 경고했다. 귀족들은 두려움을 느꼈다. 다카토라가 귀족들을 협박했다는 소식을 들은 고미즈노오 천황은 이윽고 양위의 뜻을 접고, 즉시 가즈코와의 혼인을 진행하라고 명했다.

1620년 6월 18일 우여곡절 끝에 고미즈노오 천황과 도쿠가와 가즈코의 혼인의례가 거행되었다. 가즈코가 탄 화려한 가마 행렬이 니조성에서 천황 궁전까지 이어졌다. 쇼군의 딸이 천황의 정비로 들어가는 일은 역사상 처음 있는 일이었다. 막부는 가즈코의 신변을 호위하는 부대를 편성했다. 두 명의 경호 책임자가 기마무사 20명과 일반 무사 100명을 거느리고 가즈코 처소를 경호했다. 역사상 처음으로 막부의 군대가 천황 궁전에 주둔하게 되었다. 교토쇼시다이 이타쿠라 시게무네는 더욱 철저하게 천황과 귀족들의 일상을 감시했다.

다행히 고미즈노오 천황과 가즈코의 금슬이 좋았다. 1623년에 첫째 딸이 태어났고, 1624년에는 둘째 딸이 태어났다. 잇달아 세 번째 아이를 잉태했다. 가즈코의 시어머니 주카몬인中和門院은 가즈코가 마음 편하게 생활할 수 있도록 배려했다.

한편, 1623년 7월 쇼군 히데타다는 쇼군의 지위를 아들 이에미쓰에게 물려주었다. 히데타다는 이에야스의 전례에 따라 오고쇼라 칭하며 막부 권력의 확립을 위한 전략을 빈틈없이 추진했다. 도쿠가와 히데타다는 고미즈노오 천황의 장인이며 쇼군의 부친이었다. 쇼군 가문과 천황 가문의 수호자였다.

전통적인 왕권 즉, 조정은 지위를 세습하는 귀족 가문이 천황을 군주로 받드는 기구였다. 12세기 말에 가마쿠라 막부가 성립되면서 막부의 쇼군은 천황과 귀족의 통치권을 빼앗았다. 하지만 쇼군은 천황에게 여전히 군주라는 지위를 유지하도록 했다. 전통적인 권위가 극도로 무너졌던 전국시대에도 오다 노부나가와 도요토미 히데요시가 조정을 받들고 경제적으로 지원하여 전통적인 왕권을 보호했다. 도쿠가와 이에야스와 그 아들 히데타다도 도요토미 정권의 방침을 계승하여 조정을 받들었다.

3. 막부의 조정 통제

1623년 6월 2대 쇼군 도쿠가와 히데타다는 세자로 지명된 차남 도쿠가와 이에미쓰와 함께 상경했고, 7월 27일 이에미쓰가 교토의 후시미성에서 3대 쇼군에 취임했다. 3대 쇼군이 된 이에미쓰는 고미즈노오 천황을 알현하고, 천황의 정비가 된 여동생 가즈코와 대면했다. 에도성으로 돌아온 도쿠가와 히데타다는 새로 쇼군이 된 이에미쓰에게 정권을 물려주었다. 그해 12월 쇼군 이에미쓰는 섭관가의 딸 다카쓰카사 다카코鷹司孝子를 부인으로 맞아들였다.

1626년 7월 오고쇼 히데타다와 3대 쇼군 이에미쓰가 상경했다. 고미즈노오 천황은 오고쇼 히데타다에게 태정대신, 3대 쇼군 이에미쓰에게 좌대신 관직을 수여했다. 히데타다는 천황에게 관직을 내려주어 감사하다는 인사를 올렸다. 그러나 3대 쇼군 이에미쓰가 친황을 대하는 태도는 달랐다. 3대 쇼군 이에미쓰는 도쿠가와 정권의 정당성은 정이대장군이라는 관직이 아니라, 자신의 조부 도쿠가와 이에야스의 실력에서 기인한 것이라고 믿었다. 3대 쇼군 이에미쓰 시대부터 막부의 조정 정책 기조가 변화했다. 1632년 정월 오고쇼 히데타다가 사망하고, 3대 쇼군 이에미쓰의 친정체제가 확립되면서 막부는 조정 통제를 더욱 강화했다.

막부는 조정의 내부 사정을 상세히 파악하고 구체적으로 간섭했다.

고미즈노오 천황과 귀족들이 막부의 행동에 분개했다. 그러던 중에 조정과 막부가 충돌하는 사건이 일어났다. 1627년 7월 막부의 수상 도이 도시카쓰土井利勝(1573~1644)의 저택에 교토쇼시다이 이타쿠라 시게무네를 비롯한 조정의 정책을 담당하는 고급 관리들이 모여서 회의를 하고 다음과 같은 방침을 정했다. "근년에 다이토쿠지·묘신지 등 대사원의 승려가 천황에게서 자의를 하사받아 주지로 취임하는 일이 종종 발생하고 있다. 초대 쇼군께서 발포한 법도가 유야무야되고 있다. 1615년 이후에 천황이 여러 대사원에 수여한 자의와 정토종 승려에게 내린 상인上人 칭호를 모두 무효로 한다."

원래 대사원의 주지가 되려는 승려는 자의, 정토종의 주지가 되려는 승려는 상인 칭호를 내려달라고 조정에 청원하면, 천황이 자의 또는 문서를 내려 그 자격을 부여하는 것이 중세 이래 천황의 특권이었다. 이때 승려들이 헌납하는 금전이 천황 가문의 생계에 많은 보탬이 되었다. 고미즈노오 천황은 전통에 따라 대사원의 승려들에게 자의와 문서를 수여했는데, 막부는 천황의 행위가 도쿠가와 이에야스가 정한 법도를 위반했다는 이유로 무효화했던 것이다. 천황의 권위는 실추되었고, 대사원의 주지들은 졸지에 일개 승려의 신분으로 전락하고 말았다. 막부는 천황은 물론 귀족·승려의 의례와 생활도 통제하려고 했던 것이다.

도쿠가와 이에야스는 조정과 사원을 막부의 통제하에 두려고 했다. 「금중병공가제법도」에 이어서 「칙허자의법도」, 「五山十刹諸法度」, 「淨

土宗諸法度」 등의 법도를 발포했다. 이상의 법도에 따르면, 자의를 입을 수 있는 자격이 주어지는 대사원의 주지에 취임하려는 승려는 천황에게 청원하기 전에 막부의 승인을 얻어야 했다. 3대 쇼군 도쿠가와 이에미쓰는 조부 이에야스가 정한 법도에 도전하는 것을 용납하지 않았다. 막부의 법도에 따르지 않은 천황과 승려는 큰 타격을 입었다. 권위가 실추된 고미즈노오 천황은 다시 양위를 생각했다.

1626년 11월 고미즈노오 천황의 정비 가즈코가 아들을 낳았다. 그러나 다카히토高仁라고 명명된 그 아들은 1628년 6월에 급사했다. 그해 9월 가즈코가 둘째 아들을 낳았으나 며칠 후에 죽고 말았다. 이런 와중에 막부의 3대 쇼군 이에미쓰의 유모 사이토씨斎藤氏가 고미즈노오 천황을 알현하고 가스가노쓰보네春日局라는 칭호를 하사받았다. 귀족들은 아무런 지위도 없는 여인이 천황을 알현한 것 자체가 조정의 권위를 훼손한 것이라고 격분했다. 고미즈노오 천황이 진퇴양난의 상황에 몰렸다.

1629년 10월 고미즈노오 천황은 첫째 딸 고시興子를 태자로 정했다. 11월 8일 천황은 돌연히 귀족들에게 입궐을 명한 후 7살이 된 고시에게 양위하는 의식을 거행했다. 고시가 즉위하여 메이쇼 천황(재위 1629~43)이 되었다. 일본 역사상 여성 천황은 8대 6명이었다. 7세기에 즉위한 스이코, 고교쿠(사이메이), 지토, 8세기에 즉위한 겐묘, 겐쇼, 고켄(쇼토쿠)이었다. 고켄이 사망한 지 실로 900년 만에 여성 천황이 탄생했다. 훗날에는 1762년에서 1770년까지 재위한 고사쿠라마치 천황뿐이었다. 그런데 메이쇼 이외에는 모두 성년의 여성이었다. 어린 나이에 즉위한 여성 천황은 전무후무했다.

고미즈노오 천황은 어린 딸에게 양위한 후 원정院政을 실시할 심산이었다. 고미즈노오는 관백의 지위에 있던 자기의 동생을 어린 천황의 섭정으로 삼았다. 이 소식을 들은 3대 쇼군 이에미쓰는 12월 말에야 고미즈노에게 서찰을 보내 "무엇이든지 마음대로 하시라."고 회답했다. 막부가 조정을 통제할 수 있다는 자신감이 있었기 때문이다. 3대 쇼군 이에미쓰는 측근을 교토로 보내 귀족들에게 막부의 법도를 지킬 것을 재차 요구했다. 막부의 조정통제가 본격화되었다.

1634년 3대 쇼군 이에미쓰가 30만 대군을 거느리고 교토로 갔다. 쇼군 이에미쓰는 고미즈노오 상황의 영지를 7,000석에서 1만 석으로 늘리고, 교토의 상공인에게 은 5천관을 하사했다. 그리고 오사카 · 나라奈良 · 사카이堺에 거주하는 조닌의 토지세를 면제했다. 이후 천황과 귀족은 막부의 뜻에 복종했고, 연호의 제정, 관위의 수여 등 정치적인 것과 직접 관련이 없는 역할만 수행했다.

1645년 고코묘 천황(재위 1643~54)은 닛코日光의 도쇼샤東照社에 도쇼궁東照宮이라는 궁호를 내렸다. 도쇼샤는 천황의 조상신을 모신 이세 신궁에 준하여 예우하는 장소가 되었다. 3대 쇼군 이에미쓰는 도쇼궁에 매년 사신을 파견해달라고 요청했다. 조정은 다음 해부터 매년 도쇼궁에 사신을 파견하여 제사했다. 이때부터 도쇼궁 제사는 조정의 행사가 되었다. 막부의 권력은 전통적인 권위에 의해 보완되면서 더욱 강화되었다.

막부가 조정을 통제하는 기구는 이중으로 설치되었다. 막부는 먼저 조정에서 가장 높은 관직을 세습하는 섭관 가문과 부케덴소武家伝奏를 통해 천황과 귀족을 통제했다. 부케덴소는 막부의 청원을 조정에 전달하는 관직에 임명된 귀족을 말한다. 다음에는 막부가 직접 파견한 무사가 조정을 통제하는 제도를 두었다. 교토쇼시다이京都所司代가 막부의 눈과 귀가 되어 천황과 귀족의 생활을 감시했다.

막부는 섭관 가문에 귀족을 통제할 수 있는 권한을 부여했다. 「공가제법도」외 「금중병공가제법도」에 섭관 가문의 지시에 따르지 않는 귀족은 유배형에 처한다고 명시되어 있다. 조정 통제의 실무는 2명의 부케덴소가 담당했다. 부케덴소는 수시로 교토쇼시다이와 연락을 취했고, 교토쇼시다이는 에도 막부의 수상에게 조정의 일을 보고했다.

교토쇼시다이는 막부가 천황과 귀족을 감시하기 위해 파견한 쇼군의 측근이었다. 에도 시대 초기에는 교토쇼시다이가 교토의 사법과 행정도 담당했으나, 1668년부터 교토 시중의 지배는 교토마치부교京都町奉行가 담당하고, 교토쇼시다이는 조정을 감시하고 통제하는 일에 집중했다. 교토쇼시다이는 매일 부케덴소를 관청으로 불러 막부와 조정의 일을 상의했다.

천황의 영지를 긴리고료禁裏御料라고 했다. 그것은 무로마치 시대 말기에는 겨우 3,000석 정도밖에 되지 않았다. 도요토미 히데요시 시대에 7,000석으로 증가했고, 거기에 도쿠가와 이에야스가 3,000석을 늘려서 1만 석이 되었다. 그 후 막부의 2대 쇼군 히데타다가 1만 석, 5대 쇼군 쓰나요시가 1만 석을 추가하여, 18세기 초에는 3만 석으로 증가했다. 상황의 영지는 1만 석이었다. 천황의 일족과 귀족의 영지는 약 7만 석 정도였다. 조정의 임시경비는 막부가 부담했다. 그러나 긴리고료는 막부가 파견한 관리가 지배했다. 막부가 천황과 조정의 경제권을 장악했던 것이다.

4. 막부와 조정의 협력 시대

1683년 7월 5대 쇼군 도쿠가와 쓰나요시德川綱吉(1646~1709)가 「무가제법도」를 개정했다. 그때까지 「무가제법도」의 제1조였던 '문무궁마의 길을 오로지 힘써 나갈 것'이라는 문구를 '문무충효에 힘쓰고 예의를 바르게 할 것'이라고 고쳤다. 「諸士法度」를 폐지하고 「무가제법도」로 일원화했다. 「무가제법도」의 개정으로 하타모토는 다이묘에 준하는 의무를 지게 되었다. 적어도 이념적으로는 다이묘도 하타모토와 마찬가지로 쇼군 가문의 가신으로 취급되었다. '궁마의 길'의 소멸과 '충효'와 '예의'를 강조한 것은 무단통치에서 문치정치로 전환한다는 것을 의미하는 것이었다.

무단통치에서 문치정치로 전환하기 위하여 유학이 동원되었다. 쇼군 쓰나요시는 유학을 좋아했을 뿐만 아니라 유학의 장려에도 힘을 쏟았다. 1690년에는 유시마湯島에 성당聖堂을 세우고 공자를 제사하도록 했다. 각종 의례도 정비했다. 쇼군 쓰나요시의 학문과 문화에 대한 태도는 여러 다이묘에게 영향을 미쳤다. 학문을 좋아하고 장려하는 다이묘들이 이 시대에 많이 배출되었다. 막부가 군사력으로 위압하던 시대가 끝나고 평화 시대가 도래했다.

막부와 조정의 관계도 변화하기 시작했다. 17세기 중엽 고미즈노오 천황이 막부와 대립하는 태도를 취했지만, 50세가 넘은 만년에는 막부와 조정 관계를 안정시키기 위해 노력했다. 1680년 8월 고미즈노오 법황이 사망했다. 당시 레이겐 천황(재위 1663~87)이 재위했는데, 그는 조정의 의례, 특히 다이죠에大嘗会를 재흥하려고 했다. 다이죠에는 다이죠사이大嘗祭 또는 오나메마쓰리라고도 하는데, 천황이 조상신에게 제사하는 의식이다. 이 의식은 1466년 고쓰치미카도 천황이 즉위식 때 거행한 후 220년 이상 단절되었다.

제11장 에도 시대 277

1687년 5월 레이겐 천황이 아사히토朝仁 태자에게 양위했다. 아사히토가 즉위하여 히가시야마 천황(1687~1709)이 되었다. 조정은 히가시야마 천황이 즉위할 때 다이죠에 의식을 거행하려고 했다. 막부는 처음에 다이죠에 의식 재흥을 거절했지만, 귀족들이 막부 수뇌부를 설득하여 이윽고 다이죠에를 재흥하기로 합의했다. 막부는 의식에 소요되는 모든 비용을 부담했다. 막부는 종래와 같이 천황의 권위를 억압하지 않고, 조정의 전통적인 의례를 재흥한다는 방침을 정했다.

1690년 좌대신 고노에 모토히로近衛基熙(1648~1722)가 관백에 취임했다. 그는 조정을 위해서는 물론 쇼군을 위해서도 일해야 한다는 신념을 지닌 귀족이었다. 조정과 막부의 공존을 표방했던 것이다. 1709년 1월 5대 쇼군 쓰나요시가 사망하고, 도쿠가와 이에노부德川家宣(1663~1712)가 6대 쇼군에 취임한 후, 고노에 모토히로의 영향력은 더욱 강해졌다. 그의 딸이 6대 쇼군 이에노부의 정실이었기 때문이다. 1709년 모토히로가 태정대신이 되었다. 1710년 4월에는 6대 쇼군 이에노부가 모토히로를 에도로 초청했고, 모토히로는 2년 가까이 에도성에 머물면서 쇼군과 화기애애한 시간을 보냈다. 막부와 조정의 관계가 협력시대로 접어들었다.

17세기 중엽 조정에서는 천황의 대를 이을 태자 이외의 왕자들이 출가하는 것이 관례였다. 그런데 1654년 고코묘 천황이 자식을 두지 않고 22세의 젊은 나이로 사망했는데, 당시 천황의 일족 대부분이 출가해서 다음 천황으로 즉위할 인물이 마땅치 않았다. 고미즈노오 법황의 19번 째 아들 사토히토識仁를 즉위시키자는 의견이 대두되었으나 그는 태어난 지 며칠 되지도 않은 갓난애였다. 궁여지책으로 천황 일족인 아리스가와노미야有栖川宮 가문 출신의 나가히토良仁가 즉위하게 되었다. 그가 고사이 천황(재위 1654~63)이었다. 고사이는 사토히토가 성장하기를 기다렸다가 1663년 3월에 양위했다. 당시 9살이었던 사토히토가 즉위하여 레이겐 천황이 되었다. 아리스가와노미야 가문 출신이 임시로 천황에 취임해서 단절될 뻔한 천황의 혈통을 겨우 이을 수 있었던 것이다.

6대 쇼군 도쿠가와 이에노부는 유학자 아라이 하쿠세키新井白石(1657~1725)를 중용했다. 1709년 4월 아라이 하쿠세키는 간인노미야閑院宮 가문 창설을 주도했다. 천황의 혈통이 단절될 수도 있다는 위기감이 있었기 때문이다. 하구세키는 히가시야마 천황의 6남이 산인노미야 가문을 창설하도록 도왔다. 참고로 조정은 천황이 자식을 두지 못하고 급사할 경우에 대비하여 천황의 방계 혈족을 남겨두는 조치를 취했다. 무로마치 시대에 후시미노미야伏見宮 가문, 17세기 전기에 교고쿠노미야京極宮 가문과 아리스가와노미야有栖川宮 가문을 창설했는데, 아라이 하쿠세키가 추가로 간인노미야 가문의 설립 건을 6대 쇼군 도쿠가와 이에노부에게 건의하여 성사시켰던 것이다.

1712년 9월 6대 쇼군 도쿠가와 이에노부가 사망했다. 1713년 4월

6대 쇼군 이에노부의 아들 도쿠가와 이에쓰구德川家継(1709~16)가 4살의 나이로 7대 쇼군에 취임했다. 정치의 실권은 아라이 하쿠세키를 비롯한 쇼군의 측근이 장악하는 체제가 성립되었다. 나이 어린 7대 쇼군은 개인적인 권위도 능력도 없었다. 유약한 쇼군의 권위를 보강하는 것이 아라이 하쿠세키를 비롯한 측근들의 과제였다.

아라이 하쿠세키는 이전보다 의례를 중시하고, 신분과 가격家格의 서열을 중시하는 방향으로 정책을 추진했다. 예를 들면, 의식을 거행할 때 가격에 따라 의복의 색깔을 다르게 하고, 가장 높은 자리에 쇼군이 위치하도록 했다. 1715년에는 7대 쇼군 이에쓰구와 레이겐 법황의 딸로 당시 2살이던 요시코吉子의 혼인을 추진했다. 천황 가문과 혼인을 맺음으로써 막부의 권위를 높이기 위해서였다. 이제까지 막부의 쇼군은 주로 귀족 가문과 혼인을 했다. 예를 들면, 3대 쇼군 도쿠가와 이에미쓰는 다카쓰카사 가문의 딸, 4대 쇼군 이에쓰나는 후시미미야 가문의 딸, 6대 쇼군 이에노부는 고노에 가문의 딸을 각각 부인으로 맞이했다. 7대 쇼군 이에쓰구는 그보다 신분이 높은 천황의 딸을 부인으로 맞이하려고 했던 것이다. 그해 9월에 혼약식을 거행했고, 결혼식은 요시코가 7살이 되는 5년 후에 거행하기로 정했다. 그러나 결혼식은 끝내 무산되었다. 7대 쇼군 이에쓰구가 1716년 4월 7살의 나이에 사망했기 때문이다.

7대 쇼군 도쿠가와 이에쓰구가 어린 나이에 사망하면서 도쿠가와 쇼군 가문의 혈통이 단절되었다. 막부는 고산케御三家에서 쇼군을 영입할 수밖에 없는 상황에 처했다. 고산케는 도쿠가와 이에야스가 생전에 창설한 오와리尾張, 기이紀伊, 미토水戶의 3가문을 말한다. 오와리 가문은 이에야스의 아홉째 아들, 기이 가문은 이에야스의 열째 아들, 미토 가문은 이에야스의 열한 번째 아들을 시조로 한다. 고산케는 쇼군 가문의 혈통을 보존하고, 쇼군을 보좌하는 역할을 담당했다. 우여곡절 끝에 기이번紀伊藩의 다이묘 도쿠가와 요시무네德川吉宗(1684~1751)가 에도 막부의 새로운 쇼군으로 결정되었고, 1716년 8월 33세의 도쿠가와 요시무네가 막부 중흥의 기대를 한 몸에 모으며 8대 쇼군에 취임했다.

8대 쇼군 요시무네는 취임하자마자 측근정치의 온상인 소바요닌側用人을 폐지하고 쇼군 독재체제를 강화하는 한편, 후다이다이묘譜代大名 중에서 로주老中 즉, 수상을 선발하고, 로주에게 막정에 관여할 수 있는 권한을 부여했다. 로수는 중요한 정치적 사안을 측근을 통하지 않고 쇼군에게 직접 보고하고 진언할 수 있었다. 쇼군 요시무네가 후다이다이묘를 우대하는 태도를 보인 것은 신분제를 중시했기 때문이다.

쇼군 요시무네의 당면과제는 막부의 재정을 충실히 하는 일이었다. 요시무네는 여러 명의 로주가 매월 교대하여 근무하고 중요한 현안은 합의하여 처리하는 제도를 보완했다. 요시무네가 쇼군에 취임했을 때 막부의 재정은 이미 바닥이 나 있었다. 요시무네는 막부의 재정을 재건하는 것을 시작으로 대대적인 개혁을 추진했다. 요시무네의 개혁은 에도 막부를 개설한 도쿠가와 이에야스의 정치를 이상으로 했다. 이 개혁을 교호享保 개혁이라고 한다.

만년의 요시무네는 천황과 조정의 권위를 높이는 정책을 추진했다. 1735년 4월 나카미카도 천황(재위 1709~35)의 아들 데루히토昭仁가 즉위하여 사쿠라마치 천황(재위 1735~47)이 되었다. 1738년 11월 사쿠라마치의 즉위식과 다이죠에 의식이 거행되었다. 그때 쇼군 요시무네는 조정의 의례를 후원하고 모든 경비를 지원했다. 앞에서 언급했듯이, 히가시야마 천황의 즉위식 때 다이죠에 의식이 221년만에 재흥되었지만, 그의 아들 나카미카도 천황 때에는 다이죠에 의식이 거행되지 않았다. 처음에는 사쿠라마치 천황의 다이죠에 의식도 계획되지 않았는데, 쇼군 요시무네가 적극적으로 후원하여 다이죠에 의식이 거행되었다.

1740년 11월에는 신죠에新嘗祭 의식이 거행되었다. 신죠에는 니이나메사이라고도 하는데, 천황이 햇곡식을 하늘과 땅의 신에게 바치고 친히 이를 먹기도 하는 궁중 제사였다. 신죠에는 원래 음력 11월 묘일卯日에 거행되었는데, 1873년에 메이지 정부가 음력을 양력으로 전환하면서 11월 23일로 지정했다. 신죠에는 사쿠라마치 천황 당시까지 무려 280년간이나 중단되었는데, 8대 쇼군 요시무네가 적극적으로 추진하여 재흥되었다.

갑자년은 12간지 최초의 해로, 60년에 한 번 돌아온다. 달력이 새로 시작하는 것이다. 중국에서는 예부터 갑자년에 왕조의 교대나 정변이 일어난다는 설이 있었다. 그래서 불안을 사전에 제거하기 위해 갑자년에 개원 즉, 연호를 바꾸는 것이 상례였다. 일본에도 갑자 혁명 사상이 전해졌다. 조정은 갑자년에 개원했고, 규슈에 있는 사원 우사궁宇佐宮과 가시이궁香椎宮에 사신을 보내 국가 평안을 기원하는 전통이 있었다.

1744년은 갑자년이었다. 조정은 약 400년 만에 우사궁과 가시이궁에 사신을 보냈다. 사쿠라마치 천황은 막부의 8대 쇼군 도쿠가와 요시무네에게 단절된 전통을 되살리고 싶다는 뜻을 전했고, 쇼군 요시무네는 천황의 뜻을 받아들여 경비를 지출했다. 교토에서 규슈에 이르는 간선도로와 가도 연변에 사신들이 오가며 묵을 숙소를 새로 지었다.

사쿠라마치 천황 재위 기간에 소정은 오랫동안 단절되있던 의례를 잇달아 재흥했다. 사쿠라마치 천황의 업적이 이전의 레이겐, 히가시야마, 나카미카도 3대의 치적을 앞질렀다. 사쿠라마치가 조정 의례를 재흥할 수 있었던 것은 8대 쇼군 요시무네의 협력이 있었기 때문이다. 사쿠라마치는 그 점을 매우 고맙게 여겼다. 1745년 11월 8대 쇼군 요시무네는 첫째 아들 도쿠가와 이에시게德川家重(1711~61)에게 쇼군의 지위를 물려주었다. 1746년 3월 사쿠라마치 천황은 쇼군의 지위에서 물러나 오고쇼大御所의 신분으로 국정을 돌보고 있던 요시무네에게 측근을 보내 양위의 뜻을 전했다. 너무 많은 업적을 쌓으면 신의 노여움이 염려된다는 이유였다.

　1747년 6월 사쿠라마치 천황은 6살 난 아들 도오히토遒仁에게 양위했다. 도오히토가 즉위하여 모모조노 천황(재위 1747~62)이 되었다. 오고쇼 요시무네는 모모조노 천황의 다이죠에 의식을 성대하게 거행할 수 있도록 경제적 지원을 아끼지 않았다. 사쿠라마치 상황은 1750년 5월에 사망했는데, 이때 모모조노 천황은 겨우 9살이었다. 1751년 7월 막부의 오고쇼 요시무네가 사망했다. 9대 쇼군 이에시게는 아버지 요시무네와 달리 신체가 병약한데도 주색을 탐하고, 화려한 것을 좋아하고, 공부에 흥미를 느끼지 않았다. 조정과 막부는 매우 무거운 마음으로 18세기 말기를 맞이하게 되었다.

5. 존왕론의 전개

　18세기 중엽에 천황을 숭앙하는 기운이 각지에서 일어났다. 존왕론尊王論은 고대적 권위에 근거하여 천황을 군신관계의 최고 정점으로 존숭하는 사상이다. 에도 시대에 유학적 명분론과 결합하여 봉건적 신분제를 유지하기 위한 이데올로기 역할을 했다. 신분질서와 정치질서의 유지가 절실했던 막부는 존왕론을 선별적으로 수용하지 않을 수 없었다. 유학자 아라이 하쿠세키와 오규 소라이荻生徂來(1666~1728)도 도쿠가와 정권의 안정을 위해서 천황을 받들어야 한다는 입장을 취했다. 8대 쇼군 도쿠가와 요시무네는 천황을 받들면 여러 다이묘가 쇼군을 받들 것이라고 믿었다.

천황이야말로 일본의 진정한 통치자라고 주장하는 존왕론도 있었다. 일찍이 미토번水戶藩의 다이묘 도쿠가와 미쓰쿠니德川光國(1628~1700)의 명령으로 시작된 『大日本史』편찬사업 과정에서 존왕사상이 제기되었고, 주자학자 야마자키 안사이山崎闇齋(1618~82)는 천황을 받들고 막부를 배척해야 한다고 주장했다. 야마자키 학파에 속하는 아사미 게이사이浅見絅齋(1652~1711)는 『靖獻遺言』을 저술했다. 이 책은 중국 초나라의 굴원에서 명나라의 방효유에 이르기까지 8명의 충신의 글과 약전, 그리고 일본의 충신·의사의 행장을 정리한 것이다. 여기에서 아사미는 천황에게 충성히는 것만이 대의라는 존왕척패 사상을 구체적으로 제시했다. 그런데 18세기 후반에 이르러 존왕론이 정치적 사건으로 비화했다.

18세기 후반에 접어들면서 귀족 사회의 신분 질서가 이완되었다. 하극상 사건이 빈발했고, 무엇보다도 귀족의 근무 태도가 문란했다. 귀족이 근무 중에 관청에서 악기를 연주하거나 씨름을 하거나 심지어 음주하는 사례가 자주 적발되었다. 조정은 성실한 자를 포상하고, 근무 태도가 불량한 자는 승진을 보류하는 신상필벌 정책을 취했으나 눈에 띠는 효과가 없었다.

　귀족의 근무 태도보다도 심각한 것은 그들의 재정궁핍 문제였다. 귀족 중에서도 가장 지위가 높은 가문이라고 할 수 있는 고노에近衛 가문의 경제력은 2,800석 정도였다. 170여 귀족 가문 중 70여 가문의 경제력이 300석에서 200석 사이였다. 그들이 생활하기 위해서는 겨우 명맥을 유지해 온 전통적 가격과 품위에 의지하는 수밖에 없었다. 귀족은 다이묘 가문과 혼인을 맺거나 각종 예능의 종가로서 면허를 발급하는 대가로 돈을 받아 생활했다. 하급 귀족들은 화투나 상자와 같은 수공업 제품을 만들어 팔아서 생계를 유지했다.

　18세기 중엽, 무기력한 조정에 바람을 불어넣은 사건이 일어났다. 교토에서 일어난 호레키宝曆 사건이었다. 이 사건의 중심인물은 다케우치 시키부竹内式部(1712~68)였다. 그는 18세경에 교토로 와서 야마자키 안사이의 스이카 신도垂加神道와 유학을 배운 후 사숙을 열었다. 그의 사숙에서 모모조노 천황의 측근을 비롯한 귀족의 자제들이 공부했다.

　다케우치 시키부는 학생들에게 유학 서적 외에『일본서기』의 신대권神代卷, 아사미 게이사이의 저서 등을 교재로 사용하며 명분론과 존왕론을 고취했다. 시키부는 세상 사람들이 "쇼군이 있는 것은 알고, 천황이 있는 것을 알지 못한다."고 개탄했다. 시키부의 천황을 존숭하는 강의는 오랫동안 무가 정권에 불만을 품고 있었던 귀족 자제들의 마음을 사로잡았다. 귀족 자제 중에는 막부를 타도하기 위해 병법을 배우는 자도 있었고, 근무 중에도 짬을 내어 검술을 연마하는 자도 있었다. 1756년 6월 조정은 이러한 사실이 막부에 알려지는 것을 염려하여 귀족이 무술을 연마하는 것을 금지했다.

다케우치 시키부의 강의를 들은 모모조노 천황의 측근들이 교대로 『일본서기』의 신대권을 진강하기 시작했다. 그중에는 막부를 타도하자고 주장하는 자도 있었다. 1757년 8월 그 소식을 들은 관백은 다케우치 시키부 학설의 진강을 중지시켰다. 그러나 모모조노 천황의 수강 의지가 강력했다. 그러자 관백은 조정 안의 다케우치 시키부 일파를 파면하고, 막부에 다케우치 시키부 처분을 의뢰했다. 1758년 7월 막부는 다케우치 시키부를 추방형에 처했다.

1767년 8월 야마가타 다이니山県大貳(1725~67)의 메이와明和 사건이 일어났다. 야마가타 다이니는 신도, 유학, 군사학, 일본 고전 등을 폭넓게 배우고, 1756년경에 에도에서 사숙을 열고 주로 유학과 군사학을 가르쳤다. 그의 이름이 널리 알려지면서 그에게 배운 무사와 승려가 1000여 명에 달했다. 그런데 야마가타 다이니가 강의 중에 막부의 정치를 비판했다고 밀고하는 자가 있었다. 1767년 12월 막부는 다이니와 그의 제자 후지이 우몬藤井右門(1720~67)을 체포했다. 막부는 다이니에게 사형, 우몬에게 옥문獄門 즉, 사형시킨 후에 효수하는 형에 처했다. 이 무렵에 다케우치 시키부도 다시 체포되어 섬으로 유배되는 중에 사망했다.

　야마가타 다이니는 『柳子新論』을 저술하여 존왕론을 펼쳤다. 그는 다음과 같이 주장했다. '하늘에 태양이 하나 있듯이 백성에게 군주도 하나이어야 마땅한데, 일본에는 조정과 막부가 나란히 존재한다. 명분을 좇는 자는 조정을 따르고, 이익을 좇는 자는 막부를 따른다. 명분과 실리, 위세와 권세가 일치하지 않는다.' '정권이 막부로 이동한 지 500여 년, 사람들은 오로지 무를 숭상하는 것을 알고, 문을 숭상하는 것을 모른다.' '이런 때에 영웅호걸이 출현하고, 충신지용의 무사가 천하를 선동한다면, 주린 자가 밥을 찾듯이, 목마른 자가 물을 찾듯이 모여들 것이니, 그 세력을 막을 수 없을 것이다. 그러면 정권을 타도하는 것이 어렵지 않을 것이다.' 다이니의 존왕론은 막부 타도론을 내포하고 있었다.

　18세기 말 조슈長州의 닛타군新田郡에서 태어난 다카야마 히코쿠로高山彦九郎(1747~93)는 일찍부터 천황을 존숭했다. 그는 교토에 머물 때는 매일 천황 궁전이 있는 쪽을 향해서 절을 했다고 한다. 다카야마는 일본 각지를 여행하면서 존왕사상을 전파했다. 그가 평생 여행을 하면서 생활할 수 있었던 것은 당시 지식인들이 그에게 강의를 청하고 숙식을 제공했기 때문에 가능한 일이었다. 그는 1789년에 일어난 존호사건尊号事件의 처리 과정을 지켜보고, 천황이 막부의 권세에 굴복할 수밖에 없는 현실을 비관하여 자살했다.

가모 군페이蒲生君平(1768~1813)는 역대 천황릉이 황폐한 채 방치된 현실을 탄식하면서 『山陵志』를 저술했다. 그는 고대 일본의 독특한 왕릉 형태를 전방후원분前方後圓墳이라고 명명하기도 했다. 그는 생애의 대부분을 역대 천황릉을 답사하면서 보냈고, 천황릉을 잘 돌보아 천황의 권위를 회복해야 한다고 주장했다. 가모 군페이 사상의 근본을 형성했던 국체사상은 훗날 미토학水戶學에 의해 체계화되었다.

후기 미토학은 존왕론이 막말에 양이론攘夷論과 결부되어서 정치운동으로 발전하는 데 결정적인 역할을 했다. 후기 미토학은 후지타 유코쿠藤田幽谷(1774~1826)와 그의 제자 아이자와 야스시會澤安(1782~1863)에 의하여 완성되었다. 후지타 유코쿠는 당시 막부의 수상을 지낸 마쓰다이라 사다노부松平定信(1758~1829)를 위해 쓴 『正名論』에서 '쇼군이 천황을 받들면 여러 다이묘는 쇼군을 받들고, 차례로 각 번의 가신은 다이묘를 받들 것이나. 상하질서가 안정되면 국내의 평화가 유지된다.'고 주장했다. 유코쿠는 천황의 효용성에 주목했던 것이다. 아이자와 야스시는 저서 『新論』에서 천황은 일본인 통합의 핵이라는 설을 전개했다. 그 내용 중에 과격한 존왕양이尊王攘夷 사상이 포함되어 있었기 때문에 출판이 금지되었다.

신도神道 중에서도 특히 천황이 일본 신화에 등장하는 아마테라스오미카미의 자손이라는 신화를 신봉하는 국학자 히라타 아쓰타네平田篤胤(1776~1843)와 그 문하생들이 존왕사상을 전파했다. 역사학자 라이 산요賴山陽(1780~1832)도 『日本外史』를 비롯한 저서에서 존왕사상을 강조했다. 여러 분야에서 학문적인 발전에 힘입어 존왕사상이 일본 전역으로 널리 퍼졌다.

그러나 존왕론자들이 봉건제를 부정했던 것은 아니었다. 적극적인 존왕론자인 다케우치 시키부와 야마가타 다이니도 천황을 높이 받들 것을 주장했으나 봉건제를 부정했던 것은 아니었다. 이러한 경향은 미토학에서도 마찬가지였다. 극우 성향의 국학자조차도 이 한계를 타파하지 못했다. 훗날 극도로 불안한 사회 현실 속에서 존왕론이 막부 타도 운동과 관련을 맺게 된 것은 사실이다. 하지만 그것은 어디까지나 현실적인 문제에서 기인한 것이었다.

6. 막부 말기의 정세와 천황

18세기 말, 천황 가문이 융성하지 못했다. 당연히 천황의 왕통이 순조롭게 이어지지 못했다. 사쿠라마치 천황의 뒤를 이어 모모조노 천황(재위 1741~62)이 즉위했는데, 그는 7살 때 즉위하여 22살 때 사망했다. 그런데 당시 모모조노의 아들 히데히토英仁는 겨우 5살이었다. 너무 어려서 모모조노 천황의 누이가 대신 즉위했다. 메이쇼 천황 이래 여성으로 천황이 된 고사쿠라마치 천황(재위 1762~70)이었다. 고사쿠라마치 천황은 8년 만에 천황 자리에서 물러났다. 이어서 13살 된 히데히토가 즉위하여 고모모조노 천황(재위 1770~79)이 되었다. 그런데 1779년 고모모조노 천황이 22세가 되었을 때, 막 태어난 딸 하나만 남겨두고 병사했다.

천황 종가의 혈통이 사실상 단절되자, 귀족과 막부의 고위 관료들이 상의하여 천황가의 분가인 간인노미야 가문 출신 사치노미야祐宮를 천황 가문의 양자로 들이는 형식을 취했다. 1780년 정월 당시 9살이 된 사치노미야가 즉위하여 고카쿠 천황(재위 1780~1817)이 되었다. 고카쿠 천황은 어린 나이에 천황이 되었을 뿐만 아니라, 분가에서 영입한 양자의 신분으로 즉위했기 때문에 궁녀들과 귀족들에게 업신여김을 당했다. 그러나 천성이 적극적이고 재능이 뛰어난 고카쿠 천황은 단시간에 정무를 파악하고 조정의 분위기를 안정시켰다. 이때부터 오늘날까지 고카쿠 천황의 자손이 천황 지위를 계승하고 있다.

1789년에 존호사건尊號事件이 일어났다. 조정은 고카쿠 천황의 친부 스케히토典仁에게 태상천황의 존호를 올리겠다고 막부에 통고했다. 태상천황은 곧 상황을 이르는 말이고, 존호는 천황이 양위한 후에 부여하는 칭호이다. 그런데 고카쿠 천황의 실부는 천황의 지위에 오른 적이 없는 인물이었다. 막부는 바로 그 점을 문제 삼아 스케히토에게 태상천황의 존호를 부여하는 것에 반대했다. 고카쿠 천황은 분개했다. 하지만 막부에 대항하지 못하고 친부에게 존호를 올리는 것을 단념했다. 이 사건은 조정과 막부의 관계가 소원해지는 원인이 되었다.

1817년 3월 39년 동안 재위한 고카쿠 천황이 아들인 아야히토惠仁에게 양위했다. 아야히토가 즉위하여 닌코 천황(재위 1817~46)이 되었다. 고카쿠 상황은 천황 궁전에서 나와 선동어소仙洞御所로 거처를 옮기고, 그곳에서 원정을 시행했다. 1687년에 레이겐 천황이 상황이 되어 1732년까지 원정을 시행한 이래 80여 년 만의 원정이었다. 고카쿠 상황은 조정의 권위 강화에 힘을 기울였다.

고카쿠 천황은 매우 장수한 천황이었다. 그는 닌코 천황에게 양위한 후에도 상황이 되어 24년간 정무를 관장하다가 1840년 11월에 70세의 나이로 사망했다. 다음 해 정월 조정은 사망한 상황에게 '光格'이라는 시호를 올렸다. '天皇'이라는 칭호의 부활 역시 조정이 독단으로 결정한 것은 아니었다. 조정이 막부에게 청원하고, 최종적으로 막부가 승인하는 절차를 거쳤다.

❖ 천황과 시호

◎ 오늘날 천황은 생전에 금상今上으로 불리다가 사망한 후에는 연호에 천황을 붙여 불린다. 메이지 천황, 다이쇼 천황, 쇼와 천황 등이 그 예이다. 전근대의 천황도 생전에 신하가 금상, 우에사마上様 등으로 불렀고, 민중은 긴리사마禁裏様라 칭했다. 천황이 사망한 후에는 시호를 추증하고, 그 시호에 천황을 붙여 불렀다. 시호에 천황을 붙여 호칭한 사례는 58대 고코光孝 천황(재위 884~887)이 마지막이었다. 59대 우다 천황(재위 887~897)부터 118대 고모모조노 천황까지 954년간은 원호院號 즉, 시호 뒤에 '院'을 붙여 호칭했다. 예를 들면, 역사가는 고미즈노오 천황(재위 1611~29)으로 호칭하지만, 에도 시대 일본인은 고미즈노오인後水尾院이라고 칭했다. 메이지 시대에는 원호 뒤에 천황을 붙여 불렀다. 이것이 어색했던지 1925년부터 '院' 자를 생략하고 ○○ 천황으로 호칭하게 되있다. 예를 들면, 고미즈노오인 천황이라는 호칭을 고미즈노오 천황이라고 부르게 된 것은 100년도 안 된 일이다.

18세기 말과 19세기 전반은 서양의 여러 나라가 극동으로 진출하던 시기였다. 18세기 중엽에 러시아의 동진 정책이 열매를 맺었다. 시베리아를 횡단해 태평양에 도달한 러시아는 블라디보스토크를 건설했다. 러시아인들은 일본 근해에서 어업 활동을 하기 시작했다. 러시아는 일본과 접촉을 시도했다. 1778년에 러시아 선박이 홋카이도 근해에 출현했고, 1804년 9월에는 러시아 군함이 나가사키에 입항해 6개월 이상을 머무르면서 통상을 요구했다. 그러나 에도 막부는 러시아의 요청을 거절했다.

　영국 함선도 일본 근해에 출현했다. 1790년대에 영국 군함이 일본 근해를 탐험하기 위해 홋카이도에 나타난 적이 있었다. 그때 영국 함선은 순전히 탐험이 목적이었기 때문에 큰 문제가 일어나지 않았다. 그런데 1808년 8월에 영국 상선이 나가사키에 입항해 난동을 부린 페이튼호 사건이 일어났다. 페이튼호 사건이 일어난 후에도 영국 선박이 가끔 일본 연안에 나타났다. 어떤 함선은 에도 근처 해변에 상륙하여 교역을 요구하기도 했다. 에도에서 멀지 않은 바다, 특히 센다이仙台 앞바다에 고래 어장이 형성되었다. 영국과 미국의 포경선이 그곳에서 조업하면서 일본인과 접촉했다.

　에도 막부는 17세기 중엽부터 쇄국정책을 유지하고 있었다. 1825년 2월 막부는 외국선에 대한 대응방침을 더욱 강화했다. 막부는 해안에 접근하는 외국선은 이유여하를 막론하고 격퇴하라고 명령했다.

1837년 7월 미국 선박 모리슨호가 일본인 표류민을 태우고 에도만에 나타났다. 일본의 수비대는 모리슨호에 포격을 가했다. 모리슨호는 할 수 없이 물러갔다.

1840년 영국이 아편전쟁을 일으켜 중국을 굴복시켰다. 1842년에는 홍콩을 빼앗았다. 이 소식에 접한 막부는 국방 대책을 세밀히 점검하기 시작했다. 1841년 5월 막부는 서양식 병학자에게 서양식 포술을 시범하게 했다. 에도 근해의 순시를 강화하는 한편, 외국 선박 격퇴 방침을 완화했다. 1842년 7월 막부는 외국선이 접근하면 일단 연료·식수를 제공하고, 쇄국이 막부의 방침이라는 것을 친절히 설명한 다음 물러가게 하라고 명령했다.

1846년 2월 닌코 천황이 사망하고, 다음 달에 16살이 된 오사히토(統仁) 태자가 즉위하여 고메이 천황(재위 1846~66)이 되었다. 고메이 천황은 성격이 급하고 매사에 적극적인 인물이었다. 천황은 서양의 동아시아 침략이 우려스러운 상황이라고 인식했다. 1846년 10월부터 두 차례에 걸쳐서 해안을 엄중하게 방위하라는 칙서를 막부에 내렸다. 이 무렵부터 대외 문제는 싫든 좋든 공공연한 논의의 대상이 되었다. 일본의 지식인들은 아편전쟁에서 청나라가 영국에게 패배한 것, 인도가 영국의 식민지가 된 것을 심각하게 받아들이고 있었다.

이 무렵 미국은 중국 무역과 포경업 기지를 확보하기 위해 일본을 개국시키려고 했다. 그 임무는 미국의 동인도함대 사령관 페리M. C. Perry에게 맡겨졌다. 1853년 6월 페리가 이끄는 4척의 군함이 에도만에 모습을 드러냈다. 페리는 미국 대통령의 국서를 제시하며 개국을 요구했다. 막부는 전례에 따라 페리에게 나가사키로 회항하도록 요구했다. 그러나 페리는 막부의 요구에 응하지 않았다. 페리의 기세에 눌린 막부는 전례를 깨고 미국의 국서를 수리했다. 페리는 일단 물러갔다.

페리가 내항한 지 1개월 후에 러시아 사절이 군함을 이끌고 나가사키에 내항하여 북방의 국경 확정과 통상을 요구했다. 이 소식을 들은 페리는 러시아에게 일본 개국의 주도권을 빼앗길 것을 염려했다. 1854년 정월 페리는 다시 군함 7척을 이끌고 에도만에 나타나 개국을 요구했다. 막부는 페리에게 굴복했다. 다이묘와 무사의 대부분이 개국에 반대했지만, 막부는 같은 해 3월에 미국과 화친조약을 체결했다. 일본에 부임한 미국의 총영사 해리스T.Harris가 통상조약의 체결을 요구했다.

일본에서는 양이 즉, 서양 오랑캐를 물리쳐야 한다는 여론이 강했다. 유력한 다이묘도 통상조약 체결에 반대했다. 곤경에 처한 막부는 천황의 칙허를 얻어서 조약 체결에 반대하는 의견을 봉쇄하려고 했다. 막부는 열강과 전쟁을 회피하기 위하여 조약을 체결해야 한다고 고메이 천황을 설득했다. 그러나 막부는 고메이 천황의 칙허를 얻지 못했다. 막부는 천황의 권위를 이용하려고 했지만, 오히려 천황의 정치적 입지만 강화하는 결과를 초래하고 말았다. 1858년 6월 미국의 압박을 견디지 못한 막부는 독단으로 일미수호통상조약을 체결했다. 막부는 미국을 비롯한 서양 여러 나라에게 문호를 개방했다.

개항 후 계속되는 경제적 혼란은 존왕양이론을 부채질했다. 존왕양이론의 배경에는 대정위임론이 있었다. 막부 쇼군의 통치권은 천황이 위임한 것이라는 대정위임론은 일찍이 유학자나 국학자에 의해 제기되었다. 대정위임론의 전제는 에도 막부의 쇼군이 실권을 행사하고 있지만, 일본을 통치하는 권한은 군주인 천황에게 있다는 논리였다. 일찍이 국학자 모토오리 노리나가本居宣長(1730~1801)는 1787년에 집필한 『다마쿠시게玉くしげ』에서 다음과 같이 설명했다. "천하의 정치는 조정의 위임에 따라 도쿠가와 이에야스와 그 자손인 역대 쇼군이 시행하고, 쇼군은 그 정치를 다시 다이묘에게 위임한 것이다. 천황이 국토와 국민을 쇼군에게 맡겼으므로, 국토와 국민은 쇼군과 다이묘가 마음대로 할 수 있는 대상이 아니다." 대정위임론은 만약에 쇼군과 다이묘가 정치를 잘못한다면, 군주인 천황이 언제든지 통치권을 회수할 수 있다는 논리로 발전할 수 있었다.

일본인은 천황이 막부에 국방·치안을 당부했는데, 막부의 쇼군이 그 직분을 수행하지 못했다고 생각했다. 그렇다면 천황이 막부에 위임한 통치권을 회수하고, 민중이 천황을 받들고 서양 세력을 물리쳐야 한다고 목소리를 높였다. 원래 군사력을 배경으로 성립된 정권은 무력이 약화하면 위기에 처하게 될 수밖에 없었다. 때마침 웅번이 형성되면서 막부의 무위武威는 상대적으로 약화했다. 특히 미국의 강압에 굴복하여 문호를 개방하는 과정을 지켜본 일본인은 막부에 대한 기대감을 버렸다. 막부가 무위를 상실했을 뿐만 아니라, 외세로부터 일본 열도를 지켜야 하는 책무를 다하지 못했다고 생각했다.

하급무사 계층을 중심으로 한 급진적인 존왕양이운동이 전개되었다. 각지에서 지사들이 출현했고, 그들은 번의 통제를 벗어나서 존왕양이운동에 참여했다. 존왕양이파 지사는 노골적으로 막부의 정책을 비판했다. 조슈번長州藩은 막부가 미국과 맺은 조약을 파기할 것을 주장했다. 이윽고 조슈번과 존왕양이파 지사가 천황과 귀족들을 움직여서 막부에 양이의 실행을 요구하는 단계로 발전했다.

고메이 천황은 존왕양이파 지사의 심정에 동조했다. 천황은 일본이 서양 세력을 물리칠 수 있도록 기도한다고 소문을 내고, 1863년 3월 교토 교외의 신사 두 곳으로 잇달아 행행하여 기도했다. 천황이 궁전에서 벗어난 것은 1626년 고미즈노오 천황이 막부의 3대 쇼군 도쿠가와 이에미쓰를 만나기 위해 교토의 천황 궁전에서 얼마 떨어지지 않은 니조성으로 행행한 지 227년만이었다.

고메이 천황이 궁전을 벗어난 '사건'은 민중에게 신선한 충격을 안겨주었다. 특히 존왕양이파 지사들을 흥분시켰다. 에도 시대의 천황은 막부가 완벽하게 통제하고 있었다는 것이 일반적인 통념이었다. 그러나 고메이 천황의 행행은 그러한 통념을 깬 것이었다. 서양 세력으로부터 일본을 지키기 위해 신사로 기도하러 간다는 분명한 목적을 가진 정치적 행위였다. 천황은 막부의 쇼군과 각 번의 다이묘를 거느리는 일본의 군주라는 것을 과시했던 것이다.

조슈번은 존왕양이파의 소굴이었다. 조슈번의 지사들이 막부의 타도를 외쳤다. 1865년 4월 막부는 조슈번 정벌 준비에 착수했다. 그러나 막부의 재정은 이미 바닥이 나 있었다. 정벌에 반대하는 의견이 대두되었고, 본래 군역 규정에 따라 쇼군의 동원령에 응해야 하는 각 번의 병력도 쉽사리 쇼군의 통제에 들어오지 않았다. 게다가 정벌군이 오사카에 장기 주둔하면서 쌀값이 급등했고, 같은 해 5월에는 오사카 인근과 에도에서 폭동이 일어났다.

한편, 사쓰마번薩摩藩에서는 사이고 다카모리西鄕隆盛(1827~77)·오쿠보 도시미치大久保利通(1830~78) 등 하급 무사가 번정의 실권을 장악하면서 막부에 대항하는 분위기가 형성되었다. 막부가 조슈정벌을 준비하고 있는 급박한 상황 속에서, 1866년 정월 21일 사쓰마번과 조슈번이 동맹을 맺고 막부를 타도하는 데 협력하기로 했다. 동맹을 주선한 것은 도사번土佐藩 출신 낭사였던 사카모토 료마坂本竜馬(1835~67)였다.

1866년 6월부터 막부군과 조슈번 군대의 전투가 시작되었다. 조슈번의 군대가 각지에서 막부군을 물리쳤다. 새로 구입한 신무기로 무장한 조슈번의 군대는 대부분 구식 무기로 무장한 막부군을 압도했다. 같은 해 7월 14대 쇼군 도쿠가와 이에모치徳川家茂(1846~66)가 오사카에서 급사했다. 막부군은 전투를 중지하고 철수하고 말았다. 무위를 상징하는 막부가 지방의 다이묘가 다스리는 조슈번의 무력 앞에 굴복하는 상황을 맞이했다. 에도 막부의 권위와 시스템은 이 단계에서 붕괴되었다고 보아야 할 것이다.

제12장

근대 · 현대

1. 메이지 천황

1) 메이지 정부 수립

1866년 12월 고메이 천황이 급사했다. 1867년 정월 귀족들이 서둘러 14살 된 무쓰히토睦仁 태자를 즉위시켰다. 메이지明治 천황(재위 1852~1912) 시대가 열린 것이다. 소년 천황을 등에 업은 이와쿠라 도모미岩倉具視(1825~1883)를 비롯한 토막파 귀족이 정권을 장악하게 되었다. 그들은 이전에 조정에서 추방되었던 급진파 귀족들을 속속 조정으로 불러들여서 세력을 강화했다.

토막파는 무력으로 막부를 타도하기로 의견을 모았다. 1867년 12월 9일 사쓰마·도사·아키安藝·오와리尾張·에치젠越前의 5개 번 병사들이 궁문을 삼엄하게 경비하는 가운데 왕정복고를 선언하는 대호령을 발포했다. 천황을 중심으로 하는 신정부가 수립되었다.

신정부는 에도 막부를 폐지했다. 정권은 막부에서 조정으로 옮겨졌다. 교토의 천황 궁전에서 토막파 관료가 참석하는 어전회의가 열렸다. 이 회의에서 이와쿠라 도모미·오쿠보 도시미치를 비롯한 강경파가 야마노우치 도요시게山內豊信(1827~1872)를 비롯한 온건파를 누르고 에도 막부의 15대 쇼군 도쿠가와 요시노부德川慶喜(1837~1913)에게 관위를 사퇴하고 영지를 반납하라고 요구하기로 결정했다.

쇼군 도쿠가와 요시노부는 1868년 정월 막부에 직속한 군대와 아이즈번會津藩·구와나번桑名藩의 군대를 교토로 파견했다. 막부군은 사쓰마번과 조슈번을 중심으로 하는 신정부군과 도바鳥羽·후시미伏見에서 교전했다. 보신전쟁戊辰戰爭이 시작된 것이다.

정월 4일 조정은 천황의 일족을 정토대장군으로 삼아 구막부를 토벌할 것을 명했다. 쇼군 요시노부는 정월 7일 군함을 타고 에도로 물러갔다. 신정부는 1개월 안에 기나이畿內와 서부 일본의 구막부 세력을 일소하는 데 성공했다. 남겨진 과제는 에도의 구막부 세력을 군사적으로 해체하는 것이었다.

조정은 쇼군 요시노부를 조적으로 선포했다. 2월 9일 조정은 토벌군을 에도로 보냈다. 토벌군의 지휘관은 사이고 다카모리였다. 신정부군은 각지에서 구막부 세력을 무찌르고 에도로 진격했다. 쇼군 요시노부는 항전하지 않았다. 같은 해 4월 신정부군은 아무런 저항 없이 에도성으로 입성했다.

신정부군이 에도성을 접수하자, 구막부의 해군 부총재였던 에노모토 다케아키榎本武揚(1836~1908)가 군함 8척을 이끌고 탈주했다. 에노모토는 도중에 1,600여 명의 보병을 군함에 태우고 홋카이도로 향했다. 에노모토는 하코다테箱館에 본부를 두었다. 그는 여러 번의 몰락한 사족들을 규합해서 공화국을 수립할 계획을 세웠다.

아이즈번을 비롯한 동북 지방의 여러 번이 신정부군에 저항했다. 신정부군은 나가오카長岡·요네자와米沢·센다이仙台를 차례로 제압했다. 같은 해 9월 신정부군은 격전 끝에 아이즈번을 항복시키고 동북 지방을 평정했다. 1869년 4월부터 신정부군이 홋카이도에서 전투를 벌였다. 5월 18일 에노모토가 항복하면서 보신전쟁이 끝났다. 국내가 통일되었다.

1868년 3월 14일 메이지 천황은 신정부의 방침 5개조를 천지신명에게 서약했다. 이것을 「5개조서문」이라고 한다. 그 내용은 공의와 여론의 존중, 개국화친, 인심의 일신 등을 골자로 하면서 천황이 국가의 원수라는 것을 국내외에 선포한 것이었다. 같은 날 태정관이 민중을 대상으로 제시한 「5방의게시」는 오륜의 준수, 법질서의 준수, 도당·고소의 금지, 크리스트교의 금지, 외국인에 대한 폭행금지 등을 내용으로 했다. 이어서 「5개조서문」의 취지를 구체화한 정체서가 발표되었다. 신정부는 모든 권력을 태정관으로 집중시키고, 그 권력을 입법·사법·행정의 3권으로 분리했다. 형식적이지만 3권분립 체제가 수립되었다.

같은 해 7월에 에도의 지명을 도쿄로 변경했다. 9월에는 연호를 메이지明治라고 하고, 일세일원제一世一元制를 채택했다. 10월에는 에도성을 천황의 거소로 정했다. 12월에는 서구 열강이 신정부를 일본의 유일한 정부로 승인했다. 1869년 3월 천황이 도쿄로 행행하고, 정부도 옮기는 사실상의 천도를 단행했다.

신정부는 명실상부한 왕정복고를 실현하기 위해 제정일치를 선언했다. 신기관을 설치하고, 국학자와 신도 관련 인물을 등용했다. 1870년에는 조칙을 내려서 신도의 보급에 힘썼다. 천황의 신격화도 진행되었다. 천황의 생일을 천장절天長節로 정했다. 일본인이 초대 천황으로 받드는 진무神武가 즉위한 날을 기원절紀元節로 정했다. 천장절과 기원절은 일본의 가장 중요한 국경일이 되었다.

❖ 연호와 천황

◎ 연호는 중국의 주나라 때부터 사용하기 시작했는데, 왕이 즉위한 해를 원년으로 하여 햇수를 헤아렸다. 그러나 한나라 문제 때 재위 중에 연호를 개정했고, 그 후에는 사건이 일어나거나 정치적인 국면 전환이 필요할 때 연호를 개정하게 되었다. 고구려·신라·백제도 연호를 사용했다. 하지만 중국의 압력이 심해지면서 점차 독자적인 연호를 사용하지 않고, 특별한 경우가 아니면 중국의 연호를 가져다 사용하게 되었다.

◎ 일본은 645년에 大化라는 연호를 정했다고 전해지지만, 제도로 확립된 것은 701년에 大宝라는 연호가 제정되면서부터이다. 일본은 한반도 국가와 달리 중국에 맞서는 자세를 취하면서 지금까지 1300여 년 동안 독자적인 연호를 사용하고 있다.

◎ 일본의 조정은 여러 가지 이유로 개원 즉, 연호를 바꾸었다. 주로 상서로운 일이 있었을 때, 큰 재난이나 불미스러운 사건이 일어났을 때, 정치적으로 국면을 전환할 필요가 있었을 때 개원했지만,

중국에서 전해진 참위설에 따라 신유년 또는 갑자년에 개원하기도 했다. 그러다 보니 어떤 천황 치세에는 여러 번 개원하기도 했다.

◎ 18세기 말부터 여러 유학자가 일세일원제 즉, 천황 재위 기간에 연호를 한 번 사용해야 좋다고 주장했다. 근대국가가 성립된 후, 메이지 정부는 일세일원제를 채택했다. 이와쿠라 도모미가 일세일원제 채용을 주청했고, 예부터 연호 제정에 관여했던 귀족 가문이 상서로운 연호 2~3개를 선정하자, 메이지 천황이 겐쇼賢所(천황의 조상을 모신 신전)에서 기도를 올리고 제비를 뽑았다. 천황은 明治라고 적힌 종이를 뽑았고, 곧 개원의 조서를 발표했다. 이때부터 일세일원제가 처음으로 공식문서에 명기되었다.「황실전범」에 다음과 같이 명문화되었다. '(천황이) 즉위한 후 원호元号를 정하고, 한 세대 동안 다시 고치지 않는다. 明治 원년의 정제에 따른다.'

◎ 그런데 1945년 일본이 제2차 세계대전에서 패배한 후, 맥아더 사령부가「황실전범」의 원호 관련 조항을 폐기하면서 원호법이 효력을 상실했다. 그 후 쇼와昭和라는 연호가 관습적으로 사용되었는데, 1979년 6월「원호법」이 성립되면서 일세일원제의 원칙이 유지되었다.

2) 모습을 드러낸 천황

천황이라는 중국식 시호는 7세기 말부터 10세기 중반까지 약 250여 년간 사용되었다. 그 후로는 원호院號가 사용되었다. 예를 들면, 고미즈노오 천황에게 고미즈노오인後水尾院이라는 시호가 부여되는 식이었다. 그러다가 1788년 고카쿠 천황이 자신의 부친에게 태상천황 존호를 올리려고 시도했다. 고카쿠의 시도는 당시 막부의 반대로 좌절되었지만, 19세기 중엽에 천황이 일본 군주의 시호로 부활했다.

에도 시대 민중은 천황이 교토의 궁전에서 살고 있다는 것은 알고 있었다. 그러나 천황을 의식한 적도 없었고 본적도 없었다. 무엇보다도 천황이라는 용어가 생소했다. 일본에서 950여 년 동안 천황이라는 용어가 사용된 적이 없기 때문이다. 민중은 다만 교토의 궁전에 있는 일본의 군주가 긴리사마禁裏樣, 우에사마上樣 등으로 불린다고 알고 있었을 뿐이다.

민중에게 천황은 신비한 존재였다. 민중이 천황을 직접 볼 수 있는 기회는 거의 없었다. 1868년 3월 고메이 천황이 실로 237년만에 천황 궁전에서 교토 인근의 신사로 행행했지만, 천황은 우마차가 끄는 가마에 타고 있었다. 민중이 쳐다볼 수 없었다. 그러나 메이지 정부가 왕정복고를 선언한 후, 천황은 민중 앞에 모습을 드러냈다. 12월 27일 메이지 천황이 교외로 외출하여 병사들의 훈련 장면을 관람했다. 메이지 천황 최초의 공무였는데, 민중이 처음으로 천황의 모습을 직접 볼 수 있었던 역사적 '사건'이었다.

천황은 예부터 궁녀들에게 둘러싸여서 하루를 보냈다. 즉위 당시 15살이었던 메이지 천황도 예외가 아니었다. 1868년경 천황 궁전에는 50여 명의 궁녀가 천황의 시중을 들고 있었다. 그곳은 남성이 출입할 수 없는 공간이었다. 15살이 된 메이지 천황은 최측근을 제외하면 온종일 여성과 함께 생활하고 있었다. 천황은 공부도 하지 않고 운동도 하지 않았다. 정치에도 관심을 두지 않았다. 궁전에서 세상과 담을 쌓고 지내고 있었다.

궁녀들에 둘러싸여 생활하는 어린 메이지 천황은 여성과 다름없는 모습을 하고 있었다. 서양인으로 메이지 천황을 처음 알현한 영국의 외교관 어네스트 새토우 E. Satow는 다음과 같이 증언하고 있다. 천황을 알현하는 공간은 매우 어둡고, 천황이 어떤 옷을 입고 있었는지조차 분별하기 어려웠다. 그러나 하얗게 분칠한 천황의 얼굴은 어스름한 분위기 속에서도 분명하게 보였다. 당시 천황은 얼굴에 하얀 분으로 화장을 하고, 머리를 묶고, 전통 복장을 하고, 안이 희미하게 들여다 보이는 장막 뒤에서 사신 일행을 맞이했다.

1868년 정월 신정부의 실력자 오쿠보 도시미치가 궁정 개혁안을 제출했다. 오쿠보는 다음과 같이 제언했다. (1) 천황이 관료 회의에 참석할 것 (2) 천황이 정무를 볼 때는 궁녀의 출입을 금할 것 (3) 매일 정부 수뇌부와 접촉할 것 (4) 지식인을 측근으로 두어 국내외 정세를 공부할 것 (5) 말을 타는 훈련을 할 것. 오쿠보는 천황의 일상생활을 근본적으로 개혁하려고 했던 것이다.

오쿠보는 메이지 천황을 근대국가 군주에 걸맞은 인물로 교육해야 한다고 생각했다. 오쿠보는 여러 지역에서 선발한 학자를 천황의 시강으로 임명했다. 그들은 천황에게 『시경』, 『대학』, 『논어』 등 유학을 가르쳤고, 『일본서기』, 『고사기』, 『자치통감』, 『정관정요』 등 역사를 강의했다. 1870년에는 가토 히로유키加藤弘之(1836~1916)를 시강으로 임명했다. 가토는 천황에게 서구의 역사, 정치제도, 독일어 등을 강의했다.

메이지 천황은 정기적으로 말을 타는 훈련을 받았다. 승마훈련은 천황의 허약한 체질을 개선하고 씩씩한 기상을 기르기 위해 시작했다. 하지만 승마훈련은 곧 군사훈련이었다. 천황은 일본군을 통솔하는 대원수였다. 군대를 통솔하는 능력을 기르기 위해서도 승마훈련은 필수적이었다. 다행히 천황은 말을 타는 것을 좋아했다. 천황은 날씨만 좋으면 승마장으로 발걸음을 옮겼다. 천황이 승마에 너무 열중해서 측근들이 걱정할 정도였다.

오쿠보는 천황이 유럽의 왕처럼 소수의 수행원을 거느리고 국내를 돌아다니고, 적극적으로 국민과 접촉하고, 국민의 목소리를 직접 듣고,

국민의 생활 현장을 직접 시찰하는 능동적인 지도자가 되기를 바랐다. 그런 천황이 되기 위해서는 천황의 일상생활을 개혁하는 것에서 시작할 수밖에 없었고, 궁정을 철저하게 개혁하려면 천도하는 것이 좋다고 생각했다. 그러나 오쿠보가 제안한 오사카 천도 계획은 귀족과 궁녀들의 반대에 부딪혔다.

오쿠보는 천도를 잠시 유보하고, 천황에게 바깥세상을 보여주는 행사를 기획했다. 1868년 3월 천황은 교토의 궁전을 출발하여 신사와 사원에서 이틀 숙박하면서 오사카에 도착했다. 3월 26일 천황은 오사카 앞바다에서 거행된 관함식에 참석했다. 천황은 처음으로 군함에 승선했다. 4월 9일 천황은 오쿠보 도시미치, 17일에는 기도 다카요시木戶孝允(1833~77)와 고토 쇼지로後藤象二郎(1837~97)를 면회하고 국내외 사정에 대해 질문했다. 천황은 오사카에서 50여 일간 머문 후 교토로 돌아왔다.

1868년 4월 사이고 다카모리가 이끄는 정부군이 에도江戶에 입성했고, 다음 달에는 막부 직속 무사들의 저항도 숨을 죽였다. 7월 17일 정부는 에도의 명칭을 도쿄東京로 변경했다. 8월 4일 천황의 도쿄 행행이 포고되었다. 기도 다카요시는 다음과 같이 설명했다. "도쿄 행행은 관동 지방의 인심을 진정시키고, 동쪽 인민의 걱정거리, 괴로움 등을 어루만지기 위함이다. 천황의 친정을 시행하고, 국가의 기초를 확립하기 위함이다."

메이지 천황은 9월 20일 교토의 궁전을 출발하여 도쿄로 향했다. 약 3300여 명이 수레를 탄 천황을 시종하며 호위했다. 행렬이 지나는 도로 연변에는 천황이 탄 수레를 보기 위해 남녀노소가 운집했다. 민중은 멀리 떨어진 곳에 줄을 맞춰 서서 천황의 수레를 향하여 예배했다. 술과 떡을 차려놓고 연거푸 절을 하는 사람도 있었다.

천황의 행렬은 10월 13일 도쿄의 변두리 시나가와品川에 도착했다. 시나가와부터 에도성까지 전통적인 격식을 갖추어 행진했다. 아악을 연주하는 무리가 행렬의 선두에서 길을 열고, 천황이 탄 가마 뒤로는 의관을 갖춘 천황의 일족, 귀족, 고급 관료들이 말을 타고 줄을 맞추어 행진했다. 도로 주변에는 구경하는 도쿄 상공인들이 인산인해를 이루었다.

정부는 에도성을 도쿄성으로 개명하고 천황의 궁선으로 삼았나. 12월 8일 천황은 도쿄를 출발하여 12월 20일 교토에 도착했다. 교토 환행은 교토·오사카 인근 민중을 안심시키기 위한 목적이었다. 1869년 3월 천황은 다시 교토를 떠나 도쿄로 향했다. 도중에 이세 신궁을 참배하고 3월 28일에 도쿄에 도착했다. 이날 정부는 도쿄성을 황성皇城으로 개명했다. 천황은 다시 교토로 돌아가지 않았다. 정부는 도쿄 천도를 선언한 적은 없으나, 천황이 도쿄의 황성에 거주하면서 자연스럽게 도쿄가 일본의 수도가 되었다.

메이지 정부는 민중에게 천황이 어떤 존재인지 선전했다. 1869년 2월 정부는 다음과 같이 고유했다. "천자는 아마테라스오미카미의 자손으로 이 세상이 열릴 때부터 일본의 주인이셨다. 신령과 관직 등이 나라에 있는 것도 모두 천자가 허락했기 때문이다. 한 자의 땅 한 명의 사람도 천자의 것이다." 메이지 정부는 천황이 신성하고 자비로운 존재라는 점을 적극적으로 선전했다.

도쿄를 일본의 수도로 삼은 정부는 메이지 천황의 교육에 힘썼다. 근대국가에 걸맞은 군주로 거듭나게 하기 위해서였다. 1869년 7월 정부는 궁내성宮內省을 신설하고, 천황의 사적인 생활까지도 정부가 파악할 수 있게 했다. 정부는 서둘러 천황의 거주 공간과 궁정의 개혁, 특히 후궁과 궁녀 제도를 개혁했다. 정부는 천황을 후궁과 궁녀로부터 격리시키고, 천황의 일상생활을 근본적으로 개혁하려고 했다.

한편, 민중은 새로운 세상의 도래를 기대하고 에도 막부 타도에 앞장섰다. 그러나 메이지 정부가 성립된 후에도 민중의 삶은 여전히 고달팠다. 오히려 에도 시대보다 과중한 세금을 납부해야 했다. 전국 각지에서 농민 반란이 일어났다. 메이지 정부는 급진파 귀족과 일부 무사의 쿠데타에 의해 성립된 정권이었다. 민중은 어린 천황을 이용하여 권력을 독점한 특권 관료를 성토했다. 메이지 유신의 원훈들은 위기감을 느꼈다. 민중의 불만을 다른 곳으로 돌릴 필요가 있었다. 그래서 추진된 것이 천황의 순행 즉, 천황이 지방을 직접 시찰하게 하는 행사였다. 메이지 천황은 1872년부터 1885년까지 전국 각지를 순행했다.

천황이 순행하는 지역에는 사전에 고위관리가 파견되어 철저한 조사와 점검을 실시했다. 천황은 아침 일찍부터 마차를 타고 순행에 나섰다. 마차가 통과할 수 없는 산길은 가마를 타고 지났다. 천황은 각 현의 청사를 시찰한 다음, 학교, 병원, 재판소, 병영, 박물관, 공장 등을 차례로 시찰했다. 관리들은 농민들을 동원하여 천황이 순행하는 도로 주변에서 모내기를 하거나 김을 매게 하고, 천황이 직접 그 광경을 바라다 보게 했다.

천황은 순행하는 곳에서 민중을 직접 대면하기도 했다. 보신전쟁 때 메이지 정부에 협력한 자, 경제발전에 이바지한 자, 다른 사람에게 모범이 되는 행동을 한 자, 80세 이상의 고령자, 재난을 입은 자 등을 위로하고 하사금을 내렸다. 충성심이 깊고 성실한 관리도 포상했다. 각 지방의 특산품을 구매하기도 했다. 천황은 순행하는 지역의 신사나 사원에 측근을 보내 참배하게 했다. 천황의 동정은 연일 신문에 보도되었다.

3) 황민화 교육과 천황

1880년 12월에 공포한 「개정교육령」은 교육 국수화의 출발점이었다. 메이지 천황은 민권사상에 대하여 우려를 표명하고, 천황의 시강 모토다 에이후元田永孚(1818~91)에게 「幼學綱要」를 편찬하게 했다. 幼學綱要는 1882년에 초등교육 교원에게 반포되었다. 메이지 정부는 충효와 인의를 교육의 지표로 삼았다.

1886년에는 문부대신 모리 아리노리森有礼(1847~89)가 국가주의 교육을 목표로 하여 「소학교령」·「제국대학령」·「사범학교령」·「諸學校令」 등을 공포했다. 학교령이 발포되면서 소학교·중학교·대학의 제도가 정비되었다. 국가주의 교육체제가 확립되었다. 특히, 제국대학은 관료를 양성하는 기관이 되었다.

1890년 10월 충군애국과 국민도덕을 기본으로 하는 「교육칙어」가 공포되었다. 교육칙어는 나카무라 마사나오中村正直(1832~91)가 초안을 작성하고, 이노우에 고와시井上毅(1843~95)가 첨삭하고, 모토다 에이후가 다시 수정하는 과정을 거쳐서 완성했다. 교육칙어는 유학의 정신을 기조로 하고, 충효와 인의를 기본 사상으로 했다. 이것은 1882년 정월에 발포된 「군인칙유」와 같은 성격의 것으로, 천황이 직접 모든 국민에게 도덕의 근본을 가르치는 것이었다. 교육칙어 원문의 내용은 다음과 같다.

짐이 생각하노니, 아마테라스오미카미天照大神 이래 천황의 조상들이 일본을 건국하여 덕정을 베풀었다. 짐의 신민들은 충효를 다하고, 모두 마음을 하나로 모아 대대로 미덕을 발휘했다. 이것이 국체의 매우 뛰어난 점이니, 교육의 근원이 실로 여기에 있다. 너희 신민들은 부모에게 효도하고, 형제간에 우의 있으며, 부부간에 돈독하고, 붕우간에 신의 있으며, 공검하고, 박애를 실천하며, 학업에 전념하고, 지능을 계발하여 덕기德器를 성취할지라. 나아가 공익을 증진하고, 사회를 위하여 일하고, 언제나 국헌을 존중하고, 국법을 지켜, 일단 유사시에 의용을 천황에 바쳐서 천양무궁한 천황 가문의 운을 받들어 도울지라. 이것은 단지 짐의 충량한 신민일 뿐만 아니라, 너희 조상의 유풍을 현창하는 것이기도 하느니라. 이 길은 실로 우리 역대 천황의 유훈이라. 자손도 신민도 함께 준수해야 마땅할지라. 이것은 고금을 통하여 옳고, 내외에 펴서 틀리지 않느니라. 짐은 너희 신민들과 함께 잘 지켜서 그 덕을 함양할 것을 원하노라.

메이시 23년 10월 30일

교육칙어는 충군애국과 진충보국을 골자로 했다. 교육칙어는 먼저 일본 교육의 근원을 설명하고, 이어서 효도, 우의, 인애, 신의, 공검, 박애 등의 덕목을 말했다. 결론은 '일단 유사시에 의용을 천황에 바쳐서 천양무궁한 천황 가문의 운을 받들어 도울지라.' 즉, '너희 신민은 전쟁이 일어나면 충의의 정신으로 용감하게 천황을 위해 싸워라. 그것으로 천지와 함께 영원 무궁한 천황 가문의 영예를 빛나게 하라'로 귀결된다. 교육칙어를 제정하고, 이것을 국민교육의 기본으로 삼은 목적은 천황과 천황제를 수호하는 신민을 양성하는 것이었다.

교육칙어가 발포되자, 일본 각지에서 칙어봉재식勅語奉載式이 거행되었다. 그해 11월 6일 문부성은 각 부현 지사에게 칙어봉재식을 독려했다. 문부성은 도쿄대학 교수 이노우에 데쓰지로井上哲次郞(1856~1944)가 주석한 『칙어연의』를 발행하여 교육칙어의 취지가 모든 일본인에게 철저하게 주입되도록 했다. 교육칙어는 교육의 기본이 되었고 국민도덕의 규범이 되었다.

정부는 교육칙어의 정신을 학생들에게 주입하는 황민화 교육에 힘썼다. 전국 모든 학교에 교육칙어 등본이 하사되었다. 학교에서는 경축일에 교육칙어를 '낭낭한 목소리'로 봉독해야 했다. 교사와 학생은 매일 교육칙어에 예배했다. 수업 중에는 교육칙어를 정신교육의 근간으로 삼았다. 1891년 문부성은 의식의 형식을 전국적으로 통일했다. 교장이 직접 교육칙어를 봉독하는 것이 의무화되었다.

교육칙어를 비판하는 것은 용납되지 않았다. 교육칙어가 발포되자, 한때 크리스트교 단체가 신앙의 정신에 어긋난다고 하여 반대했다. 1891년 정월에는 제일고등중학교 교사였던 우치무라 간조内村鑑三(1861~1930)가 시업식에서 교육칙어에 대한 예배를 거부했다. 크리스천의 양심에 따른 행동이었지만, 우치무라를 비난하는 여론이 빗발쳤다. 교육 당국은 우치무라를 파면하지 않을 수 없었다. 우치무라가 퇴직한 후에도, 국가주의자는 물론 제일고등중학교 학생들도 우치무라를 나라의 도적, 불경한 놈이라고 비난했다.

우치무라 간조의 교육칙어에 대한 예배 거부 사건을 지켜본 이노우에 데쓰지로는 1893년에 「교육과 종교의 충돌」이라는 논문을 발표했다. 이노우에는 종교보다 국가가 우월하다는 입장에서 크리스트교가 일본의 국체國體에 부합하지 않는 종교라고 비판했다. 정부가 앞장서 크리스트교를 탄압하기 시작했다. 국가주의자들이 크리스트교 공격에 앞장섰다. 크리스트교를 비난하는 여론이 비등했다. 그러자 크리스트교 각 종파의 지도자들이 나서서 교육칙어에 대한 예배를 수용했다.

메이지 정부는 교육칙어와 함께 어진영御眞影 즉, 천황과 황후의 사진을 충군애국 사상을 주입하는 수단으로 이용했다. 1882년부터 메이지 천황의 사진이 국립학교와 관립학교에 하사되었고, 1887년부터 공립학교에도 어진영이 하사되었다. 1889년 12월부터 고등소학교에도 어진영이 하사되었다.

교육칙어의 등본은 전국적으로 일시에 하사되었다. 그러나 어진영은 교육칙어 등본과 다른 방식으로 하사되었다. 어진영은 각 학교가 자발적으로 신청하면 정부가 '타의 모범이 되는 우등한 학교를 선별'하여 순차적으로 하사하는 형식을 취했다. 경쟁을 유발하기 위해서였다.

어진영을 하사받은 학교는 이를 대단히 영예롭게 여겼다. 학교에서는 어진영 봉안식이 매우 성대하게 거행되었다.

학교장에게 어진영을 안전하게 관리할 책임이 지워졌다. 문부성은 교육칙어 등본과 어진영을 교내의 일정한 장소에 최대한 존경심을 갖고 봉안하라고 명령했다. 학교는 교문에서 가까운 곳에 철근콘크리트 건물을 짓고 그곳에 교육칙어 등본과 어진영을 봉안했다. 교육칙어 등본과 어진영의 봉안과 수호는 학생과 아동의 보호보다 중요하게 여겨졌다. 특히 어진영은 교사가 목숨을 걸고 수호해야 하는 성스러운 보물로 인식되었다. 실제로 1945년 8월 일본이 제2차 세계대전에서 패전할 때까지 화재·지진·공습 중에 어진영을 몸으로 감싸고 순직한 교원이 20여 명이나 되었다.

문부성은 학교에서 의식을 거행하는 식순을 전국적으로 통일했다. 식장의 좌석 배치도 획일화되었다. 의식이 시작되면 먼저 어진영에 대하여 최고의 경례를 하고, 이어서 "천황·황후 양폐하 만세"를 외쳤다. 그때 식장 정면의 단상에 다카미쿠라高御座 즉, 천황과 황후의 자리가 마련되고, 거기에 어진영이 안치되었다. 의식의 마지막에는 천황을 찬양하는 기미가요君が代가 제창되었다. 기미가요는 일본의 국가가 되었다.

황민화 교육이 강화되면서 교사들은 황국사관皇國史觀에서 벗어난 내용을 입에 올릴 수 없었다. 역사교사는 아마테라스오미카미의 자손인 진무神武가 일본의 초대 천황이 되었다는 신화를 사실로 가르치지 않으면 안 되었다. 과학 교사들조차 아마테라스오미카미의 손자가 하늘에서 땅으로 강림했다는 이야기를 부정해서는 안 되었다.

학생들에게 황민화 교육을 시키려면 교사가 모범을 보여야 했다. 교육칙어를 비롯하여 천황과 관련된 내용을 학생들에게 가르치려면 그만큼 교사의 인격도 고결하지 않으면 안 되었다. 소학교의 교사가 훈도訓導라고 일컬어졌던 것이 상징하듯이, 가르치는 일은 성스러운 직업이라는 점 또한 강조되었다. 교사는 천황제 국가를 지탱하는 국민을 양성하기 위한 국가기구의 일원이라는 점에서 자부심이 대단했다.

❖ 국체론

◎ 국체国体는 국가의 독특한 특성, 국가의 근본적인 체제 또는 국가 주권의 소재에 따라 구별되는 국가의 형태를 이르는 말이다. 国体라는 말은 고대 중국은 물론 일본에서도 사용되었다. 하지만 일본에서 국체론을 본격적으로 전개한 것은 18세기 말 유학자들이었다.

◎ 1895년 청일전쟁에서 일본이 승리한 후, 국체론에 '놀랄만한 변화'가 있었다. 1896년 호즈미 야쓰카穗積八束(1860~1912)는 그의 저서 『國民敎育愛國心』에서 다음과 같이 말했다. '천황의 선조는 국민의 시조이고, 천황은 국민의 종가이다.' 국수주의자 다카야마 조규高山樗牛(1871~1902)는 다음과 같이 말했다. '천황 가문은 종가이고, 국민은 말족末族이다.' 청일전쟁 후 천황 가문은 일본 국민의 종가이고, 종가의 가장인 천황이 국민을 통솔하는 것이 당연하다는 국체론이 널리 퍼졌다. 러일전쟁 후에는 보수주의 사상가로 전향한 가토 히로유키가 그의 저서 『國體論史』에서 '건국한 이래 천황 가문이 끊임없이 오늘날까지 이어졌고, 우리 일본민족의 종가가 되었다.'고 주장했다. 1911년 이노우에 데쓰지로는 「우리 국체와 가족제도」라는 논문에서 '일본은 천황 가문을 총본가로 하는 거대한 동족집단'이라고 규정했다. 이노우에가 국체론을 체계화하면서 일본은 만세일계萬世一系의 천황이 통치하는 특별한 나라이

며, 일본민족은 다른 민족보다 우수하며, 천황의 통치는 정당하다는 논의로 발전했다.

◎ 국체론은 대일본제국헌법과 교육칙어에 의해 정형화되었다. 일본의 헌법학자는 법학적으로 국체라는 개념을 사용했다. 사사키 소이치佐々木惣一(1878~1965)는 그의 저서 『천황의 국가적 상징성』에서 다음과 같이 말했다. '우리나라는 특정한 혈통을 이어받은 특정한 한 사람이 통치권을 총람하는 국체였다. 그 한 사람은 천황이라고 하는 사람이었다. 널리 알려진 바와 같이, 만세일계의 군주국이라고 일컬어지는 국체였다.' 대일본제국헌법 체제 하의 국체는 군주국체였던 것이다.

◎ 1938년 3월 제국학사원이 발간한 『帝室制度史』의 제1권 국체 총설에 따르면, 국체라는 말의 의의는 다음과 같다. '일본에 만세일계의 천황이 군림하고, 면면히 이어지는 천황의 혈통과 천양무궁한 군주의 덕이 온 세상을 덮고, 신민도 천황의 사업을 협력하여 도와야 하며, 의로는 군신관계이지만 정으로는 친아들과 같이, 충성과 효도를 하나로 모아 국가의 진운을 보존하고 이어나가는 일본 특유의 사실을 의미한다.'

❖ 천황의 사진

 메이지 천황의 어진영 중에서 가장 많이 알려진 것은 1888년 메이지 천황이 37세 되던 해에 제작된 것이다. 그런데 이 어진영은 메이지 천황을 직접 촬영한 사진이 아니었다. 이탈리아 화가 에도알도 코쏘네Edoardo Chissone(1833~98)가 그린 초상화를 사진으로 찍어 인쇄한 것이었다. 일본인의 모습이라기보다는 서양인과 동양인의 얼굴을 적당히 조합한 '상상 속'의 인물이었다.

전통 복장의 메이지 천황

알도 코쏘네가 그린 메이지 천황

4) 헌법과 천황

1886년 가을부터 독일의 법학자인 뢰슬러K.F.H. Roesler의 지도하에 이노우에 고와시井上毅가 극비리에 헌법 초안을 기초하기 시작했다. 1887년 5월경 이노우에의 헌법초안이 완성되었다. 거의 같은 시기에 외국인 고문 헤르만 뢰슬러Hermann Roesler도 헌법초안을 기초하여 이토 히로부미伊藤博文(1841~1909)에게 제출했다. 이토는 이노우에와 뢰슬러가 기초한 헌법초안을 참조하여 헌법초안을 기초했다. 헌법초안은 사전에 내용이 누설되지 않도록 철저하게 보안을 유지했다. 제3단계 초안은 다시 수정작업을 거쳐 1888년 4월에 최종 초안이 성립했다.

1888년 6월 헌법초안이 추밀원의 심의에 붙여졌다. 헌법초안은 국민의 청원수리권을 박탈한 것이었다. 국회의 예산심의권은 인정했지만, 만약 국회에서 예산안이 통과하지 않으면 천황의 결재로 내각이 집행할 수 있게 되어있었다. 국회의 예산심의권을 사실상 무력화시킨 것이다. 추밀원은 1888년 7월 30일까지 10회에 걸쳐 헌법초안을 심의했다. 그러나 헌법에 대한 지식이 없었던 고문관들의 검토는 약간의 자구를 수정하는 데 그쳤다. 1889년 2월 2월 이토 히로부미 추밀원 의장이 헌법안을 천황에게 봉정했다.

1889년 2월 11일 「대일본제국헌법」이 공포되었다. 헌법은 천황이 내각 총리대신 구로다 기요타카黑田淸隆(1840~1900)에게 수여하는 형식으로 공포되었다. 메이지헌법이라고도 하는 대일본제국헌법은 천황이 단독의 의지로 공포하는 형식을 취한 흠정헌법이었다. 제국헌법과 아울러 황실전범皇室典範·중의원 의원선거법·귀족원령이 공포되었다. 일본인들은 헌법의 내용을 전혀 알지 못했다.

제국헌법은 7장 76조로 구성되었다. 헌법의 기본원칙은 천황주권이었다. 신성불가침한 천황에게 절대적인 권한이 집중되었다. 천황이 어떠한 존재인지를 알 수 있는 헌법의 조목을 들어보면 다음과 같다.

제1조 대일본제국은 만세일계万世一系의 천황이 이를 통치한다.
제2조 천황의 지위는 황실전범이 정한 바에 따라 천황 자손이 이를 계승한다.
제3조 천황은 신성神聖하여 범할 수 없다.
제4조 천황은 국가의 원수로서 통치권을 총람하고 이의 헌법 조규에 따라 이를 시행한다.
제5조 천황은 제국의회의 협찬으로 입법권을 행사한다.
제7조 천황은 제국의회를 소집하고 이의 개회·폐회·정회 및 중의원의 해산을 명한다.
제8조 천황은 국가의 위난 또는 국민의 재액을 피하기 위해 필요하면 제국의회 폐회의 경우 법률에 대신하는 칙령을 발한다. 이 칙령은 다음 회기에 제국의회에 제출해야 한다. 위 의회에서 이를 승인하지 않으면 장래 법률의 효력을 상실한다.
제9조 천황은 법률을 시행하기 위해 또는 국가의 안녕을 유지하고 신민

의 행복을 증진하기 위해 필요한 명령을 할 수 있다. 단, 명령으로 법률을 변경할 수 없다.

제10조 천황은 관제를 정하고 문무관을 임면한다.
제11조 천황은 문무관의 봉급 및 은급 연금을 정한다.
제12조 천황은 육해군을 통수한다. 육해군의 편성은 칙명으로서 이를 정한다.
제13조 천황은 전쟁을 선포하고 평화를 강구하며 아울러 제반의 조약을 체결한다.
제15조 천황은 작위를 주고 훈장 및 기타 영장을 수여한다.
제16조 천황은 사면 감형 및 복권을 명한다.
제17조 섭정을 두는 것은 황실전법이 정한 바에 따른다.
　　　　섭정은 천황의 이름으로 대권을 시행한다.
제31조 본장에 게시된 조규는 전시 또는 사변의 경우에 천황대권의 시행을 막지 못한다.
제56조 국무대신은 천황을 보필하여 그 책무에 임한다.
제58조 사법권은 천황의 이름으로 법률에 따라 재판소가 이를 행한다.

천황은 신과 같은 권위를 지닌 존재였다. 메이지 정부는 천황이 일본국을 창조한 신의 자손이며, 신성한 정통성을 지닌 유일한 지배자라고 천명했다. 일본인은 천황을 무한히 존경하고, 그에게 절대복종해야 한다고 훈시했다. 천황 신앙을 일본인의 마음에 주입하기 위해 온갖 수단을 동원했다.

천황의 신적인 권위는 헌법 제1조와 제3조에도 규정되었다. 제1조의 '만세일계'는 일본을 창조한 아마테라스오미카미天照大神의 자손인 천황의 혈통이 한 번도 단절된 적이 없이 오늘날에 이르렀다는 뜻이다. 대일본제국헌법 제정에 관여했던 이토 히로부미는 그의 저서 『헌법의 해』에서 다음과 같이 말했다. '헌법 제1조 천황의 통치권은 이 헌법에 따라 비로소 부여된 것이 아니다. 아마테라스오미카미 이래 신의 자손인 천황이 원래 보유하고 있었다는 사실을 헌법에 표현한 것이다.'

제국헌법 제1조는 주권은 천황에게 있는 것이지 국민에게 있는 것이 아니라는 것을 분명히 한 것이다. 국민은 신민臣民으로 위치되었다. 국민에게는 법률의 범위 내에서 소유권의 불가침, 종교의 자유, 언론·집회·결사의 자유가 인정되었다. 의회를 통하여 국정에 참여하는 길도 열어놓았다. 하지만 국민의 기본권은 어디까지나 '신민'으로서 의무를 다했을 때 '베풀어지는' 것이었다.

제3조는 '천황은 신성하여 이를 범할 수 없다'는 규정은 단지 입헌군주제에서 '군주는 책임을 지지 않는다.'는 정신을 천황에 적용한 것이 아니었다. 글자 그대로, 천황은 신성한 존재이니 일본인은 천황에 대해 한 마디도 비판해서는 안 될 뿐 아니라, 오로지 공손하게 우러러 받들어야 한다는 뜻이다.

천황 대권의 행사는 전시 또는 국가에 위급한 일이 발생했을 때 국민의 기본권에 우선했다. 천황 대권은 주로 제10조의 행정대권과 제12조의 육해군 통제 및 상비병액에 관한 것이었다. 의회의 소집, 중의원의 해산권을 천황의 대권으로 했다. 육해군의 통수·선전·강화·조약체결을 천황의 대권에 종속시키고 통수권을 입법·행정에서 독립시켰다. 즉, 의회는 천황의 권한에 관여할 수 없었다.

천황은 긴급칙령에 따라 법률의 제정과 의회의 개폐가 가능했다. 헌법은 천황을 통치권의 총괄자로 하고, 천황은 행정 각부의 관제를 정하고 관리를 임명했다. 관리는 국민의 관리가 아니라 천황의 관리였던 셈이다. 국무대신도 천황에 대하여 책임을 지는 것으로 되어있다. 의회의 찬성 없이 공포할 수 있는 명령의 범위가 매우 광범위했다. 행정부의 권한을 의회의 상위에 두는 구조였다.

제국의회는 귀족원과 중의원의 양원제로 구성되었다. 귀족원은 황족·화족 그리고 천황이 임명한 의원으로 구성되었다. 중의원은 선거에서 선출된 의원으로 구성되었다. 귀족원은 상원, 중의원은 하원으로 했지만 양자의 권한은 거의 대등했다. 하지만 중의원이 제출한 법안은 귀족원에서 부결할 수 있었다. 그래서 천황 대권에 해당하는 제6조의 천황 법률재가권 발동을 필요로 하는 사태는 발생할 가능성이 없었다. 설령 중의원에서 감세법안을 성립시켜도 귀족원에서 부결하면 그만이었다. 의회는 법률안과 예산안의 심의 이외에 다른 권한이 없었다. 다만 37조 '모든 법률은 제국의회의 협찬을 거쳐야 한다.'는 규정과 제

62조 "새로운 조세의 부과 및 세율의 변경은 법률로 정한다."는 규정이 번벌정부藩閥政府의 증세정책을 속박했다.

일본의 숙원인 조약개정과 자본주의를 발전시키기 위해서는 헌법과 함께 근대법전을 완비하여 법치국가 체제를 정비하지 않으면 안 되었다. 정부는 1890년경부터 서양식 법전의 편찬을 서둘렀다. 특히 민법의 친족과 상속 규정에 관한 비판의 소리가 높았다. 서양의 법률을 모방한 민법은 일본의 전통적인 도덕규범을 파괴할 위험성이 있다는 것이다. 민법의 시행을 둘러싸고 실시론과 개정론이 대립했다. 이것은 자유주의와 국가주의의 대립을 의미하는 것이기도 했다. 결국 개정론이 승리하여 호주권이 강화되었다. 가산의 상속 외에 가독의 상속권이 명기되었다.

5) 군대와 천황

1869년 6월 메이지 정부는 도쿄의 구단九段(도쿄도 치요다구 서부)에 도쿄초혼사를 세우고 신정부를 위해 싸운 전사자 3588명의 위패를 봉안했다. 그 후 메이지 유신 때 순국한 영령, 반란군을 진압하다 전사한 영령, 타이완 출병 때 전사한 영령, 세이난西南 전쟁 때 전사한 영령 등이 차례로 도쿄초혼사에 합사되었다. 1879년 6월 도쿄초혼사가 야스쿠니靖国 신사로 개칭되었다. 야스쿠니 신사는 정부가 폐백을 바치고, 내무성, 육군성, 해군성이 공동으로 관리하는 특별한 신사였다.

1871년 8월 정부는 천황의 복제服制를 변경한다고 발표했다. 그 대강의 내용은 다음과 같다. '지금 천황의 의복 제도는 옛날 당나라 제도를 모방한 것이기에 유약한 기풍에서 벗어나지 못한 것이 안타깝다. 천황의 복제를 원수元帥에 어울리게 개혁하고, 무로써 나라를 다스리는 상무의 국체에 걸맞게 개혁한다.' 당시 메이지 천황은 전통적인 복장에 속대束帶를 하고 있었는데, 이것을 개혁하여 군복을 정장으로 하는 방안을 마련했다. 병부성은 유럽 여러 나라 황제의 정장인 군복을 조사하기 시작했다.

1873년 6월 천황의 군복이 마련되었다. 군복은 가슴과 소매에 금색 장식이 수놓아져 있었다. 프랑스식 군복을 모방해 제작된 것이다. 사진에 등장하는 메이지 천황은 이 군복을 입고 있는 모습이다. 훗날 정부가 육군 장교의 복제를 개정했는데, 천황의 정복은 육군대장의 정복과 같은 것이었다. 이것은 독일, 오스트리아, 이탈리아, 러시아 황제가 항상 육군대장의 정복을 입고 있었던 것에 따른 것이다. 이후 메이지 천황은 공식적인 행사에 항상 군복을 입고 등장했다.

메이지 천황은 형식적으로만 군인이 아니었다. 청년 천황은 고된 군사훈련을 받았다. 승마훈련도 군사훈련의 일종이었다. 1871년 12월 정부는 천황의 군사훈련 계획을 마련했고, 다음 해부터 본격적인 군사훈련이 시행되었다. 처음에는 천황이 시종들을 지휘하는 훈련을 했고, 이어서 소대를 지휘하고, 나아가 대대를 지휘하는 훈련을 했다. 훈련 시에는 천황이 말을 타고 병사를 지휘했고, 큰 소리를 내어 명령하는 훈련도 했다.

1873년 4월 천황은 사이고 다카모리를 비롯한 근위병 2800명을 이끌고 나라시노習志野(지금의 치바현 북서부에 있던 지명)로 가서 근위병의 연습을 관람하면서 이틀간 야영했다. 1874년 9월에는 육군중장 야마타 아리토모山県有朋(1838~1922)가 이끄는 대포 18문, 병사 3300여 명을 거느리고 훈련을 지휘했다. 천황은 일본군의 최고 통솔자로서의 역할을 수행했다.

1876년 10월 정부는 헌법시안을 마련했다. 그 내용에 '황제는 육해군의 대원수'라는 표현이 있다. 헌법시안은 주로 유럽 여러 나라의 헌법을 참조한 것이다. 1878년 11월에는 「군인훈계」가 정해졌다. 거기에 다음과 같은 내용이 있다. '군인의 정신은 무엇으로 유지하느냐 하면, 충실·용감·복종의 세 덕목에 지나지 않는다. 군인 정신을 유지하는 3대 근본 행실이다. 그것을 충실히 지키지 않는다면 무엇으로 대원수이신 황상을 받들고 국가에 봉사할 수 있으랴.' 천황을 대원수로 호칭하고 있다.

육군경 야마가타 아리토모는 일찍이 군인의 통제를 강화할 필요가 있다고 생각하고 있었다. 1878년 8월 도쿄의 다케바시竹橋에 주둔하던 포병이 소요를 일으키는 사건이 발생했다. 야마가타는 다케바시 소요 사태를 계기로 군인의 사상교육 차원에서 「군인훈계」를 육군에 배포했다. 야마가타는 군인에게 대원수 천황에 절대적으로 복종하고, 군기를 엄정하게 지킬 것을 명령했다. 1879년에는 「육군직제」를 제정했다. 육군직제의 제1조에 '제국일본의 육군은 모두 천황폐하에 직속한다.'라고 규정했다.

1882년 정월에 「군인칙유」가 발포되었다. 이것은 군인훈계의 내용을 더욱 명확히 한 것이었다. 하지만 군인훈계와 군인칙유는 성격과 위상이 근본적으로 달랐다. 군인훈계는 육군경 야마가타 아리토모가 육군에 배포한 것이었지만, 군인칙유는 천황의 이름으로 육군과 해군에 하사된 것이었다. 군인칙유는 「군인수첩」 맨 앞장에 인쇄되어 있었다. 일본군이라면 누구나 군인칙유 전문을 암송하지 않으면 안 되었다.

군인칙유는 '짐은 너희 군인의 대원수이다.'로 시작되었다. '병마의 대권' 즉 군대를 지휘·통솔하는 대권은 천황이 장악하고 있으며, 군대는 '대대로 천황이 통솔하는' 집단이라는 점을 분명히 밝혔다. 군대는 곧 천황의 군대라는 것을 명확히 선언한 것이다. 그리고 군인이 정치에 관여하는 것을 금지하는 것은 물론, 충절·무용·신의·예의·질소質素를 군인이 지켜야 할 덕목으로 제시했다. 충절의 항에 국가의 보호와 국권의 유지라는 군인의 임무가 명기되었지만, 그것은 어디까지나 천황에 대한 충성을 통해서 실현되는 것이었다.

1894년 7월 일본이 조선에서 청일전쟁을 일으켰다. 일본은 히로시마에 대본영을 설치했다. 대본영은 천황이 직접 머물면서 전쟁을 지휘하는 일본군 최고통수기관이었다. 같은 해 9월 메이지 천황이 히로시마 대본영으로 갔다. 천황은 그곳에서 전쟁이 끝날 때까지 7개월 동안 머물렀다. 천황의 거처는 아담한 2층 건물이었다. 건물의 2층에 천황의 거실, 침실, 화장실이 마련되었다. 1층에는 회의실과 시종장의 사무실이 있었다.

천황은 대본영에서 매우 검소한 생활을 했다. 아침 7시에 일어나 손수 이불을 개고, 거실에 마련된 작은 테이블에서 식사했다. 오전 9시 천황은 육군대장 군복으로 갈아입고 회의실로 내려가서 공무를 시작했다. 시간이 나면 시종으로부터 히로시마의 명소, 유적, 풍속 등에 대해 설명을 들었다. 천황은 특히 히로시마의 풍속에 깊은 관심을 보였다. 천황은 미술품을 감상하며 외로움을 달래기도 했다. 당시 천황이 히로시마 일대에서 대여한 그림이 600여 점, 도검이 50여 자루였다고 한다.

천황은 수시로 일선 장병에게 칙어를 내려 격려했다. 1894년 7월 29일 일본군이 성환·아산을 점령하고, 일본군 5사단이 계속 북상해

9월 15일 평양에서 청국군을 무찔렀다. 메이지 천황은 칙어를 내려 병사들의 용기를 치하했다. 전보를 받은 5사단장 오시마 요시마사大島義昌(1850~1926)는 천황에게 다음과 같이 보고했다. "장교와 하사관은 물론 병사들도 모두 감읍하고 있습니다. 더욱 분전하여 죽음으로 성은에 보답할 것을 선서했습니다."

대원수 칭호가 천황의 존칭으로 제도화된 것은 1898년 메이지 천황의 군사상 최고 고문기관인 원수부가 설치되면서부터였다. 원수부는 원수들이 모두 참석하여 천황의 자문에 응하기 위한 기관이었다. 원수의 칭호는 육해군 대장 중에서 특히 군공이 뛰어난 인물에게 부여되었다. 원수·원수부가 제도화되면서 천황을 대원수라고 칭하게 되었다.

육해군의 최고위 군인인 대원수가 군대를 지휘·통솔하는 권한을 통수권이라고 했다. 통수권에 내각이 개입할 수 없었다. 천황에 직속된 육군의 참모본부, 해군의 군령부 등 군령기관만이 천황을 보좌할 수 있었다. 이것을 통수권의 독립이라고 한다. 특히 작전이 시작되면 내각은 그것에 개입할 수 없었다. 청일·러일전쟁을 거치면서 군인의 정치적 영향력이 강화되었던 배경에는 통수권의 독립이 있었다.

천황의 통수권 행사 중에서 가장 중요한 것은 봉칙명령奉勅命令의 발령이었다. 전시에는 육해군 최고사령부로서 대본영이 설치되었고, 이곳에서 하달되는 명령을 봉칙명령 또는 대본영 명령이라고 했다. 대본영 명령은 참모총장이 천황에게 명령안을 제출하면, 천황이 '하문'하고 총장이 '봉답'하는 절차를 거치고, 최종적으로 천황이 명령안에 날인하여 발령되었다. 다음으로 천황은 '하문' 등을 통하여 전략·작전을 '지도'했다. 천황의 발언으로 전략·작전이 변경되기도 했다. 장병의 사기를 고무하는 일도 통수권의 일환이었다.

평시에 천황은 관병식, 관함식 등의 행사를 주관했다. 육군사관학교를 비롯한 군사학교 행사 참석, 군부대 시찰, 군기의 수여, 장군의 진급식, 육해군 특별훈련 점검 등 다양한 행사에 천황이 모습을 드러냈다. 천황이 지켜보는 열병식은 군인들이 '천황의 군대'로서의 단결심과 일체감을 실감하는 행사였다. 그리고 천황은 육해군 수뇌부를 질타하여 군기를 다잡기도 했다.

시종무관장과 시종무관은 천황을 그림자처럼 수행하면서 군무를 관장했다. 시종무관장에는 육군 중장 이상의 장군이 취임하는 것이 관례였다. 시종무관장의 역할은 매우 중요했다. 시종무관장은 대원수 천황에게 육해군의 동향을 보고하고, 천황의 명령을 육해군 수뇌부에 전달하는 임무를 맡았다. 항시 천황 옆에 대기하면서 군사고문의 역할을 하기도 했다. 시종무관장이 천황의 군사적 판단에 직접적인 영향을 미치지 않을 수 없었다.

시종무관장 밑에 소좌 이상 소장 이하 계급의 장교가 시종무관으로 근무했다. 시종무관은 육군에서 4명, 해군에서 3명이 파견되어 교대로 근무했다. 시종무관장과 시종무관은 천황의 '하문'에 답하거나 육해군의 중요 인물 및 각 기관의 책임자와 연락하는 일을 담당했다. 천황의 명령으로 각지를 시찰하고, 천황의 '성지'를 전달하는 일을 수행했다. 천황이 직접 갈 수 없는 전쟁터나 식민지로 출장하여 장병의 사기를 북돋우는 일도 시종무관의 중요한 임무였다.

❖ 다이쇼 천황

◎ 1912년 7월 메이지 천황이 사망했다. 태자 요시히토嘉仁가 즉위하여 다이쇼 천황이 되었다. 그는 갓난애 때 뇌수막염을 앓아서 정상적인 사고가 불가능한 인물이었다. 공무는 물론 정상적인 일상생활도 불가능할 정도였다. 요시히토 태자는 급기야 학습원을 중퇴하고 개인교습을 받았다. 하지만 자주 감기에 걸리고 두드러기 증세가 심해서 개인교습도 자주 중단되었다.

◎ 메이지 천황은 요시히토 태자를 위해 하야마葉山(가나가와현 미우라군 소재), 누마즈沼津(시즈오카현 누마즈시 소재) 등에 별장을 마련하고 요양하도록 했으나 효과를 거두지 못했다.

◎ 정치는 주로 총리대신이 책임을 지고 운영했다. 다이쇼 천황은 총리대신이 올린 의견에 무조건 동의하는 것밖에 할 수 있는 일이 없었다. 1920년경에는 천황이 불치병을 앓고 있다는 사실이 세상에 알려지게 되었고, 1921년부터 다이쇼 천황의 장남 히로히토裕仁가 섭정이 되어 정치를 관장했다.

◎ 다행히 다이쇼 천황은 여러 명의 자식을 두어 역사적 소명을 다했다. 1926년 12월 47세의 나이로 사망했다. 이 책에서는 다이쇼 천황을 조명하지 않았다.

2. 쇼와 천황

1) 우익세력과 천황

1926년 12월 다이쇼大正 천황이 사망하고 히로히토裕仁 태자가 즉위하여 쇼와昭和 천황이 되었다. 쇼와 시대에 들어서면서 국가사회주의자들이 우익운동의 주류로 급부상했다. 1927년 기타 잇키北一輝

(1883~1937)의 사상을 계승한 육군사관학교 출신 니시다 미쓰구西田稅 (1901~37)가 단체를 결성하고 우익세력과 접촉하면서 청년장교와 기타 잇키의 만남을 주선했다. 니시다는 육군사관학교 재학 중에 기타 잇키의 『일본개조법안대강』을 읽고 감명하여 청년장교들에게 국가주의 사상을 전파했다.

당시 일본사회에서 가장 큰 힘을 가진 집단이 군부였다. 1920년대 말 군부 내에서 미국이 주도한 군비축소에 동의한 정치인에 대한 반감이 고조되어 있었고, 오랜 시일에 걸친 군부 내 파벌경쟁이 첨예화되고 있었다. 농촌의 궁핍과 경제공황이 불러온 사회불안이 군인의 혁신 의욕을 부채질했다. 우익세력은 군인을 국가혁신의 원동력으로 삼으려고 생각했다. 군부의 힘을 이용해서 일거에 국가를 개조하려는 뜻을 품고 있었다.

1929년 3월 신주국민당信州國民黨이 설립되었다. 이 단체는 안으로는 '비일본적, 비국민적'인 무산정당을 탄압하고, 밖으로는 전 인류를 일본의 지배하에 두기 위해 싸우겠다고 선언했다. '유색인종의 최선봉에 서서' '침략적인 백색인종 세력'을 무찌르고, '인류의 해방전쟁'에 앞장서 '이 세계를 횡행활보하는 강적을 도륙하고 전 인류를 완전히 황민화하는 날까지 우리들의 결사적인 전투는 계속되지 않으면 안 된다.'고 외쳤다. 신주국민당은 1929년 11월에 일본국민당으로 개칭했다. 일본국민당에 행동파 국가주의자들이 합류했다.

1933년 4월 하토야마 이치로鳩山一郎(1883~1959) 문부대신은 교토대학 총장에게 같은 대학 법학부 교수 다키가와 유키토키滝川幸辰(1891~1962)의 파면을 요구했다. 다키가와 교수의 저서와 강연 내용이 마르크스주의 학설에 뿌리를 두고 있고, 일본의 전통적인 도덕규범에 배치된다는 이유였다. 교토대학 법학부 교수회의에서는 문부성의 요구를 거부하기로 의결했다. 하지만 1933년 5월 우익세력의 공격에 견디지 못한 다키가와 교수가 대학을 떠났다. 다키가와 사건으로 교토대학 교수들이 분열했다. 학생운동은 경찰의 탄압을 받았다.

코민테른은 천황제 타도를 목표로 했다. 그러나 공산당이 천황제 타도를 외치면 외칠수록 군주제에 익숙한 일본인들은 공산당을 외면했다. 국수주의가 기승을 부리는 1930년대에 들어서면서 공산당에 대한 일본인의 반감이 고조되었다. 정부도「치안유지법」을 앞세워 공산당을 노골적으로 탄압했다. 간부들이 잇달아 검거되면서 일본공산당은 괴멸에 가까운 타격을 입었다. 경찰에 체포되어 장기간 가혹한 조사를 받은 공산당원 중에는 공산주의 이론을 비판하며 전향하는 사람이 줄을 이었다.

1933년 6월 형무소에 수감되어 있던 일본공산당 중앙위원장 사노 마나부佐野学(1892~1953)가 전향한다고 선언했다. 이어서 일본공산당 간부들이 잇달아 전향 의사를 밝혔다. 1933년 7월까지 50일 사이에 548명의 공산당원이 전향했다. 일단 전향한 공산당원들은 우익의 혁신론에 동조하고, 군국주의를 찬양하고, 대륙침략에 앞장섰다.

전향하지 않은 공산주의자 앞에는 정부의 탄압과 우익세력의 폭력이 기다리고 있었다. 1934년에는 『일본자본주의발달사강좌』 간행의 중심인물 노로 에이타로野呂栄太郎(1900~34)가 경찰에 체포되어 살해되었다. 노로는 마르크스주의 경제학을 연구하면서 소위 강좌파 이론을 주도한 학자였다. 일본공산당 당원이기도 했던 그는 지하활동을 하면서 공산당 중앙부의 재건을 위해 노력하던 중이었다.

1935년에는 미노베 다쓰키치美濃部達吉(1878~1948)의 천황기관설이 다시 문제가 되었다. 천황기관설은 대일본제국헌법 체제하에서 확립된 헌법학설로, 통치권은 법인인 국가에 있고, 천황은 그 최고기관으로서 내각을 비롯한 여러 기관의 보필을 받으며 통치권을 행사한다는 학설이다. 이 학설은 1900년대부터 30여 년에 걸쳐서 헌법학의 통설로 확립되었다. 이 학설은 대일본제국헌법 제4조 '천황은 국가의 원수로서, 통치권을 총람하고, 이 헌법의 조규에 의해 이를 행사한다.'에 무게를 두고, 통치권은 법인인 국가 그 자체에 있고, 천황은 일본국 그 자체가 가진 통치권을 총람하는 최고기관이라고 보았다.

그런데 군부와 국가주의 단체가 천황기관설이 국가체제에 위반되는 학설이라고 주장하며 미노베를 공격하기 시작했다. 천황기관설은 일찍부터 국가주의자들의 공격을 받고 있었다. 국가주의자들은 1925년에 『原理日本』이라는 잡지를 간행하며 학계의 사상을 공격하는 데 앞장섰다. 이들은 천황주권설을 주장했다. 이 학설은 대일본제국헌법 제1조 '대일본제국은 만세일계의 천황이 이를 통치한다.'에 무게를 두고, 천황이 일본국 통치의 주체이며, 일본국은 천황 통치권의 객체라고 보았다.

1935년 2월 귀족원 의원들이 국회에서 천황기관설이 국체에 반하는 것이라고 규탄했다. 천황기관설의 이론을 확립한 미노베 다쓰키치는 국회에서 형법 이론을 설명하며 천황주권설의 문제점을 지적했다. 그러자 정우회 국회의원, 민간 우익단체, 재향군인회, 육군성, 육군교육총감부 등이 천황기관설 배격운동을 전국으로 확산시켰다. 천황기관설을 따르는 헌법학자를 불경죄 즉, 천황의 존엄성을 훼손했다는 죄목으로 고발하기도 했다. 시류에 편승한 우익 국회의원들은 미노베의 학설을 단속하라고 외쳤다.

천황기관설 배격에 앞장섰던 무리들의 목적은 학설의 옳고 그름을 가리는 것이 아니었다. 천황은 대일본제국 통치의 주체이며, 무제한의 권력을 보유한 신성한 존재이며, 정부·의회를 비롯한 어떠한 조직이나 세력도 천황의 권력에 도전할 수 없으며, 신민은 천황의 어떠한 언동도 비판할 수 없고, 단지 천황의 명령에 무조건 복종하고 충성해야 한다는 사상을 확립하는 데 있었다.

당시 오카다 게이스케岡田啓介(1868~1952) 총리대신은 천황기관설에 대해 명확한 태도를 표명하지 않았다. 천황기관설에 동조하는 대신들도 있었다. 그런데 육군대신이 정부 차원에서 천황기관설을 배격하고, 천황이 통치권의 주체임을 선언하라고 요구했다. 육군이 조종하는 우익 단체도 정부를 공격했다. 집요한 공격이 계속되자, 정부는 천황기관설을 배격하는 성명을 발표하지 않을 수 없었다. 8월 3일 정부는 "통치권의 주체는 천황에게 있다."는 소위 국체명징國體明徵에 관한 성명을 발표했다.

하지만 육군은 정부의 발표가 불충분하다고 불만을 표시했다. 10월 15일 정부는 제2차 성명을 냈다. "소위 천황기관설은 신성한 우리 국체를 왜곡하고, 국가를 심히 어지럽히는 것이다. 엄중히 이것을 배척하지 않을 수 없다." 천황기관설이 공식적으로 부정된 것이다. 중의원과 귀족원에서도 통치권의 주체는 천황 개인에게 있다는 결의를 만장일치로 채택했다. 정당이 입헌정치의 근본을 부정하는 결의안을 채택한 것이다. 당시 귀족원 의원이던 미노베 다쓰키치는 의원직을 사임했다. 미노베의 저서는 발매금지되었다. 이 사건으로 대학에서만큼은 인정되던 학문의 자유도 탄압을 받았다.

쇼와 천황은 "천황이 사고를 당하면 국가도 동시에 그 생명을 잃는 것이 된다."라고 말했다. 자신과 국가를 같은 존재로 인식하고 있었다. 쇼와 천황은 군주주권설과 천황기관설에 대해 스즈키 간타로鈴木貫太

郎(1868~1948) 시종장에게 다음과 같이 말했다. "짐이 보기에는 군주주권설보다 국가주권설이 타당하다고 생각하는데, 대체 일본과 같이 군주와 국가가 같은 나라에서는 어느 쪽이라도 상관없지 않은가?" '짐은 곧 국가다'라는 해묵은 절대왕권적 사고에서 벗어나지 못한 쇼와 천황은 천황주권설과 천황기관설이 어떻게 다른지 명확하게 이해할 수 없었을 것이다. 결국, 쇼와 천황은 군부와 우익단체의 천황기관설 배격을 용인했고, 일본의 파쇼화, 군국주의화의 최고 지도자 역할을 자처했다.

1937년에는 야나이하라 타다오矢內原忠雄(1893~1961) 사건이 일어났다. 도쿄대학 교수 야나이하라는 일본의 식민정책을 실증적으로 연구하면서 식민정책 강좌를 담당했다. 그는 1937년에 군부의 전쟁정책을 비판한 논문을 『中央公論』에 게재했는데, 도쿄대학 경제학부 내 국가주의 성향 교수들이 야나이하라의 사상이 의심스럽다며 사직할 것을 강요했다. 문부성도 총장에게 야나이하라 교수를 추방하라고 압력을 가했다. 야나이하라는 대학에서 떠나지 않을 수 없었다.

2) 군부와 천황

1932년 3월 일본이 만주국을 세운 후, 군부의 발언권이 강화되었다. 육군 내부에서 황도파와 통제파가 정치적인 주도권을 놓고 치열한 암투를 벌였다. 황도파는 원래 조슈長州 출신의 육군 지배에 대항하기 위해 조슈 출신이 아닌 장교를 중심으로 형성된 파벌로, 훗날 전국의 청년장교를 포함한 인맥으로 발전했다. 통제파는 육군성과 참모본부의 청년장교를 중심으로 결성된 파벌이었다.

황도파는 '천황의 친정'과 '상무정신을 숭앙하는 일본' 등의 관념론을 기초로 하는 정치개혁을 주장했다. 천황기관설 배격의 선봉이 되기도 했다. 황도파의 정신주의는 쿠데타를 통한 국가개조를 꿈꾸던 청년장교들의 지지를 기반으로 했다. 그러나 황도파의 정신주의는 관념에 치우쳐 있었다. 통제파는 황도파의 애매한 정신주의를 비판했다. 통제파는 황도파 청년장교들의 국가개조 계획을 군의 질서를 어지럽히는 행위라고 공격했다.

통제파의 탄압으로 수세에 몰린 황도파 젊은 장교들은 쿠데타로 군부 내각을 수립하려는 뜻을 품게 되었다. 1936년 2월 26일 새벽 황도파 젊은 장교들이 반란을 일으켰다. 반란군은 총리대신 관저, 육군성, 경시청 등을 점거하고, 오쿠라대신 사저, 내대신 사저, 시종장관 관저, 교육총감 사저를 습격했다. 여러 대신이 살해되거나 중상을 입었다.

반란군은 거사의 목적이 간신을 처단하기 위한 것이라고 선언했다. 그리고 '쇼와 유신'을 외치며 육군 상층부에 국가개조의 단행을 요구했다. 반란군 장교들은 그들이 존경하는 황도파 지도자 마사키 진자부로真崎甚三郎(1876~1956) 대장과 아라키 사다오荒木貞夫(1877~1966) 대장의 힘으로 육군 수뇌부를 움직이고, 육군의 압력으로 천황을 움직여서 황도파 내각을 수립하려고 했다.

당시 육군은 마사키 대장과 아라키 대장이 움직이고 있었다. 마사키와 아라키는 반란군을 진압하려고 하지 않았다. 그들은 반란군을 설득하여 원대 복귀시키는 것이 상책이라고 주장했다. 반란 당일 육군성은 사건의 경과를 발표하면서 다음과 같이 말했다. "취의서에 따르면 이들 장교가 궐기한 목적은 국내외적으로 중대한 위기에 직면한 시기에 원로, 중신, 재벌, 군벌, 관료, 정당 등 국체를 파괴하는 원흉을 제거해서 대의를 바로 세우고 국체를 옹호하는 데 있었다." 육군성은 쿠데타를 반란이라고 규정하지 않았다.

반란이 일어났을 때 내각이 사실상 기능하지 못하는 상황이었다. 육군대신이 앞장서 사태를 수습할 책임이 있었다. 그런데 당시 육군대신은 아무런 조치도 취하지 않았다. 당일 오전 9시 반란군의 궐기문을 천황 앞에서 낭독한 것이 전부였다. 참모본부와 해군은 반란군을 용인하지 않고, 이것을 진압해야 한다는 방침을 정했다. 하지만 해군도 아무런 행동을 취하지 않고 다만 사태를 관망하기만 했다.

육해군 수뇌부 누구도 쇼와 천황에게 반란군을 진압해야 한다고 조언하는 인물이 없었다. 그러나 천황은 사건이 일어났다는 소식을 들은 순간 노발대발했다. 즉시 '폭도'를 진압해야겠다고 결심했다. 천황은 육군대신에게 즉시 반란을 진압하라고 명령했다. 그러나 육군대신은 반란군을 진압하라는 천황의 명령을 즉시 시행하지 않고, 육군 수뇌부 회의를 소집했다.

육군 수뇌부가 모여서 다음과 같이 의견을 정리했다. "(1) 궐기의 취지는 폐하에게 보고했다. (2) 병사들의 진정한 뜻은 국체를 빛내고자 하는 지극한 마음에서 나온 것임을 인정한다. (3) 국체의 현상에 대해서는 두려움을 금할 수 없다. (4) 우리는 모두 위의 취지에 따라 매진하자고 뜻을 모았다. (5) 이 이상은 전적으로 폐하의 뜻에 따른다." 분명히 반란을 승인하고 반란군에 동조하는 내용이었다.

2월 26일부터 천황은 수시로 혼조 시게루本庄繁(1876~1945) 시종무관장을 불러서 사태의 진행 상황을 보고받으며 반란군의 진압을 재촉했다. 그러나 그날 시종무관장이 천황의 의사를 빠르고 정확하게 육군 수뇌부에 전달했다는 자료는 없다. 혼조는 일기를 남겼지만, 거기에도 26일 쇼와 천황이 반란군 진압을 독촉했다는 기록을 남기지 않았다. 자신이 진압을 위해 어떠한 행동을 취했다는 기록도 남기지 않았다. 아마도 마사키 대장과 아라키 대장의 눈치만 살피고 있었을 것으로 여겨진다.

반란군의 기습으로 3명의 대신이 사망하고, 여러 명의 대신이 중상을 입었다. 내각의 기능이 사실상 정지되었다. 그날 오전 천황은 내무대신 고토 후미오後藤文夫(1884~1980)를 총리대신 대리로 임명했다. 다음날 아침 고토 후미오는 천황을 알현하고 내각 총사직을 청했다. 그때 천황이 큰 소리로 명령했다. "지금 내각은 총사직하지 마라. 그것보다도 우선 조속히 폭도를 진압하라." 천황이 얼마나 '폭도'들을 증오하고 있었는지 알 수 있다.

군부의 압력을 받은 혼조 시종무관장은 쇼와 천황에게 다음과 같이 상신했다. "행동부대 장교의 행위는 폐하의 군대를 마음대로 움직인 것으로 통수권을 범한 것도 이만저만한 일이 아닙니다. 원래 용서할 수 없는 일입니다. 하지만 그 정신은 폐하의 나라를 생각한 데서 나온 것입니다. 꼭 책망할 일만은 아닙니다." 멋대로 군대를 움직여 반란을 일으킨 것은 잘못된 일이나, 그들의 행위가 애국심에서 나온 것이라면 정상을 참작해야 한다는 의견을 피력한 것이다.

쇼와 천황이 혼조 시종무관장을 불러 말했다. "짐이 총애하는 신하를 살육했다. 그런 흉포한 장교들을 어찌 용서할 수 있겠는가?" 천황은 다시 혼조를 불러 말했다. "짐이 가장 총애하는 신하를 모두 죽인 것은 정말로 짐의 목을 조르는 것과 같은 행위이다." 혼조는 머리를 조아리며 천황에게 다음과 같이 변명했다. "노신을 살상한 것은 최악의 일이지만, 그것은 장교들의 오해에서 비롯된 것입니다. 이러한 행위가 국가를 위한 것이라고 생각했던 것입니다." 천황은 더는 혼조 시종무관장의 말에 귀를 기울이지 않았다.

　2월 28일 육군대신이 혼조 시종무관장에게 반란군 처리방안을 제시했다. "장교들은 육군대신 관저에서 자결하는 조건으로 죄를 용서하고, 하사관 이하는 원래 부대로 복귀하도록 할 것이다. 그러니 칙사를 보내 장교들이 영광스럽게 죽도록 해 달라." 시종무관장은 천황에게 육군대신이 제안한 처리방안을 보고했다. 천황은 칙사 파견 요청을 단호하게 물리치고 조속히 진압하라고 명령했다.

　혼조 시게루 시종무관장 일기에 다음과 같이 기록되어 있다. "폐하는 매우 불만스러워하셨다. 자결한다면 그냥 두면 되는 것이다. 그런 자에게 칙사를 보내자고 한다니 당치도 않다고 말씀하셨다. 또 사단장이 적극적으로 나서지 않는다면 직접 책임을 물을 것이라고 말씀하셨다. 이세까지 본 적이 없는 노기를 띤 얼굴로 엄중히 문책하시며 즉시 진압하라고 전하라는 엄명을 내리셨다."

　쿠데타를 일으킨 지 이틀이 지나도 육군이 반란군의 진압을 주저했다. 그러자 쇼와 천황이 혼조 시종무관장에게 다음과 같이 말했다. "짐이 스스로 근위사단을 이끌고 반란을 진압할 것이다." 29일 아침에도 시종무관장을 불러 진압을 재촉했다. 천황이 반란 진압 의지를 굽히지 않자 상황이 급변했다. 반란군에 동정적인 황도파 세력의 발언권이 약화되고, 통제파 장교들이 진압에 나설 준비를 했다.

2월 29일 도쿄 주변 부대에 동원령이 내려졌다. 계엄사령관은 반란군을 포위하고, 가장 엄중한 봉칙명령 즉, 천황의 뜻을 받들어 발하는 명령을 내렸다. "하사관과 병사에게 알린다. 지금이라도 늦지 않으니 원대 복귀하라. 저항하는 자는 전부 역적이다. 사살한다." 계엄사령부는 원대복귀 명령서를 인쇄하여 공중에서 뿌렸다. 계엄사령부는 라디오를 통해서도 병사들에게 원대복귀를 촉구했다. "너희들은 상관의 명령을 옳다고 믿고 절대로 복종해서 진심으로 행동했을 것이지만, 이미 천황폐하께서는 너희들에게 원대로 복귀하라는 칙명을 내리셨다. 지금이라도 늦지 않았다. 즉시 저항을 멈추고 원대복귀하라. 그러면 지금까지의 죄도 용서할 것이다."

천황의 봉칙명령이 하달되자, 반란군의 사기가 급속하게 위축되었다. 이미 출동한 지 3일이 되었다. 엄동설한의 추위가 살을 에었다. 부대에서 이탈하는 병사들이 속출했다. 장교들도 병사들을 제지할 수 없었다. 30일 오전 계엄사령부는 반란 장교를 반도叛徒로 규정하고 토벌하기 위해 부대를 배치했다. 반란군 장교는 진압부대에 대항하지 않았다. 반란을 주도한 노나카 시로野中四郎(1903~36) 대위는 현장에서 자살하고, 나머지 장교는 투항했다. 하사관 이하 병사는 귀순했다.

쇼와 천황은 군통수의 대원칙을 견지했다. 측근, 정부, 육군성이 반란군의 행위를 미화하며 읍소해도 판단이 흔들리지 않았다. 처음부터 일관되게 반란의 즉시 진압을 명령했다. 천황의 단호함이 육군 수뇌부의 동요를 막고 진압에 나서도록 했다. 쇼와 천황은 자발적이고 적극적으로 행동하는 사고력과 결단력을 지니고 있었다. 천황이 통수권을 발동해야겠다는 결심을 한다면, 그것을 실현할 수 있는 절대적인 힘이 있었다. 통수권은 헌법이 천황에 부여한 권한이기도 했다.

2·26 사건으로 황도파가 일시에 몰락했다. 그러나 사건을 일으킨 주동자의 행동에 동조한 육군 장교들은 처벌되지 않았다. 육군은 여전히 오만했다. 1936년 3월 5일 히로타 고키広田弘毅(1878~1948)가 총리대신에 내정되어 조각에 착수하자, 군국주의에 편승한 세력이 활개를 치기 시작했다. 히로타 총리대신은 육군대신에 데라우치 히사이치寺内寿一(1879~1946) 대장을 내정했다. 육군성은 재빨리 히로타 총리대신의 조각 방침과 입각 내정자 명단을 입수했다. 3월 6일 아침 데라우치 대장은 수뇌회의를 열어 육군이 취해야 할 태도에 대해 협의했다.

3월 6일 데라우치 대장은 입각을 사퇴했다. 데라우치 대장은 입각 예정자 중에서 군부가 자유주의자로 분류한 인물, 천황주권설을 신봉하지 않는다고 판단한 인물을 일일이 실명으로 거론하면서 그들의 입각에 반대했다. 군부는 미증유의 쿠데타 사건을 역으로 이용해서 군국주의 정권을 수립하려는 일을 꾸미고 있었다. 결국 히로타 고키는 육군의 요구를 모두 수용했다.

3월 9일 쇼와 천황은 히로타 고키에게 내각을 조직하라고 명령했다.

이때 천황은 히로타 총리대신을 불러 다음과 같이 지시했다. "첫째, 헌법을 준수하여 정치를 하라. 둘째, 국제친선을 기조로 하라. 셋째 재정 및 내정에 대해서는 급격한 변화가 좋지 않다." 히로타 총리대신은 천황의 지시 사항을 첫 각료회의 때 여러 대신에게 전달했다. 여러 대신은 그것을 필기하고 천황의 방침에 따라 정치를 시행하기로 결의했다. 총리대신은 여러 대신에게 천황의 지시를 극비로 하라고 요구했다. 이때부터 일본은 준전시 체제를 갖추었다.

3) 전쟁과 천황

쇼와 천황은 1921년 11월부터 1926년 12월까지 다이쇼 천황에 대신하여 섭정의 신분으로 대권을 행사했고, 1926년 12월에 정식 즉위했다. 1921년부터 일본이 태평양전쟁에서 패전하는 1945년 8월까지 천황의 역사는 침략전쟁을 끊임없이 확대한 역사였다.

쇼와 천황이 아직 섭정으로 통치권을 행사하던 1925년 6월 일본은 만주 군벌 장쭤린張作霖과 비밀협정을 맺어 일본에 항거하는 한국인 독립군을 압박했다. 같은 해 가을 장쭤린 세력이 분열되어 내전이 일어났을 때, 일본은 장쭤린을 보호하기 위해 3,500명의 군대를 만주에 파견했다. 이때 섭정 히로히토裕仁는 일본군의 만주파병을 허가했다. 장쭤린이 만주에서 세력을 유지하면서 일본의 남만주에 대한 침략이 더욱 강화되었다.

1926년 12월 다이쇼 천황이 사망하고, 히로히토가 즉위하여 쇼와 천황이 되었다. 이 무렵, 쑨원의 뒤를 이은 장제스蔣介石가 제국주의 열강의 앞잡이 노릇을 하는 화중·화북의 군벌을 타도하기 위해 북벌을 개시했다. 일본은 중국 통일을 방해하기 위해 군대를 산동성에 파견했다. 1927년 4월부터 일본군의 중국 침략이 개시되었다. 중국의 공산주의 운동이 만주·몽고에 파급되기 전에 간섭해야 한다는 육군의 의견이 채택되었다. 일본은 중국의 항의를 무시하고 4회에 걸쳐서 1만 5000명의 군대를 파견했다. 쇼와 천황이 출병을 명령했다.

일본이 노골적으로 중국을 침략하자, 이제까지 일본에 협력하던 장쭤린이 반발했다. 그러자 일본은 장쭤린을 제거하고 만주를 직접 지배하려고 했다. 1928년 6월 4일 새벽 일본의 관동군이 장쭤린이 탄 특별열차를 펑톈奉天 인근에서 폭파했다. 치명상을 입은 장쭤린은 곧 사망했다. 관동군의 계획은 장쭤린이 죽고 만주의 치안이 혼란해진 틈을 노려 만주를 중국으로부터 분리시키는 것이었다.

관동군은 사전에 계획한 대로 범인은 중국 국민혁명군의 스파이라는 성명을 발표했다. 그러나 이미 중국인들 사이에 열차 폭발사건은 일본군의 음모라는 소문이 돌았다. 장쭤린의 장남 장쉐량張學良은 장쭤린의 사망 사실을 숨기고 중상이라고 발표했다. 그래서 관동군의 책략에 놀아나지 않고 중일 양군의 충돌을 슬기롭게 피했다. 일본의 음모는 보기 좋게 실패했다.

일본은 장쭤린 폭살 사건의 진상을 국민에게 알리지 않았다. 그러나 국제적인 비난에 직면하자 사건을 더는 숨길 수가 없었다. 1929년 6월 28일 다나카 기이치田中義一(1864~1929) 총리대신은 천황에게 장쭤린 암살 책임자를 처벌할 것이라고 보고하며 말했다. "관동군이 경비를 소홀히 한 것으로 발표하겠습니다." 그러자 쇼와 천황이 크게 화를 내며 말했다. "이것을 허가하면 짐이 신민에게 할 수 없이 거짓말을 해야 하지 않는가?" 천황은 끝내 다나카 총리대신의 허가 요청을 거부했다. 다나카가 사건의 진상을 대외적으로 숨긴 것을 질책한 것이 아니고, 발표의 책임이 천황 자신에게 돌아올 것을 염려했다. 28세의 젊은 천황은 이미 노회한 정치인이 되어있었다.

1931년에는 세계공황의 여파가 일본을 덮쳤다. 일본경제는 불황의 늪에 빠졌다. 특히 농촌경제는 파산 상태였다. 육군 장교들은 전쟁을 일으켜 붕괴 직전의 일본경제를 회복시키려고 했다. 만주에 주둔한 관동군 장교가 그 임무를 수행했다. 관동군 참모들은 도쿄의 참모본부 및 육군성 장교들과 긴밀히 연락하며 만주 침략 계획을 세웠다.

1931년 9월 18일 밤 관동군은 펑톈奉天 근교에서 철도를 폭파하고,

그것을 중국군의 소행이라고 선전하고, 즉시 중국군을 공격하며 만주사변을 일으켰다. 일본군은 삽시간에 펑톈 시내를 점령함과 동시에 만주를 모두 점령할 계획을 세웠다. 일본 정부는 사태 불확대 방침을 정했으나 관동군은 이것을 무시하고 계속 침략을 감행했다.

와카쓰키 레이지로若槻礼次郎(1866~1949) 총리대신은 사태 불확대 방침을 정했다. 하지만 하야시 센주로林銑十郎(1870~1943) 조선군사령관은 이미 출병을 결심하고 있었다. 참모총장은 하야시에게 천황의 칙허가 있기 전에는 만주로 출병하지 말라고 명령했다. 그러나 9월 21일 조선군 보병 제39여단이 압록강을 건너서 관동군사령관의 지휘 아래 들어갔다. 그 후 조선군이 계속 증파되었다. 하야시 조선군사령관의 행동은 천황의 군통수권을 위반한 행위였다. 그러나 쇼와 천황은 하야시 센주로를 처벌하지 않았다. 오히려 출병에 따른 경비의 지출을 승인하면서 부드럽게 말했다. "이번 일은 어쩔 수 없있다. 앞으로는 조심하는 것이 좋겠다."

일본군은 순식간에 만주의 요충지를 점령했다. 미국을 비롯한 서구 여러 나라가 일본 정부에 항의했다. 그러나 일본의 언론들은 이미 이성을 잃고 있었다. 일본군의 전쟁 상황을 신속하게 보도하고, 일본군의 행동을 칭송하고, 애국심을 고취했다. 관동군은 이미 정부와 참모본부의 통제에서 벗어나 있었다.

관동군의 월권을 저지할 수 있는 유일한 방법은 천황의 봉칙명령으로 현지 부대에 지령을 내리는 것이었다. 그러나 천황은 끝내 관동군을 제지하는 명령을 내리지 않았다. 오히려 전쟁의 확대를 추인했다. 그것만이 아니었다. 1932년 정월 천황은 관동군에게 칙어를 내려 노고를 위로했다. "짐은 너희들의 충성심에 매우 기뻐하고 있다." 관동군의 사기가 하늘을 찔렀다. 관동군은 파죽지세로 만주 전역을 점령했다. 쇼와 천황은 장교가 지휘부의 명령을 어기고, 전쟁을 일으키고, 전선을 확대해도 성공만 하면 된다는 속내를 숨김없이 드러냈던 것이다.

1932년 3월 만주를 점령한 관동군이 만주국 건국을 선언하고, 일본이 북경에서 탈출시킨 청의 마지막 황제 부의溥儀를 집정에 앉혔다. 일본은 부의를 꼭두각시로 내세우고 사실상 만주를 지배했다. 군사·외교는 물론이고 내정의 실권도 관동군과 일본인 관리가 장악했다. 일본은 만주국을 정식으로 승인했다. 이때 천황이 말했다. "다행스럽게도 지금까지 만주 문제는 무리없이 처리되었다." 일본의 행동은 국제여론의 비난을 받았다. 그러자 일본은 국제연맹에서 탈퇴했다.

만주국은 일본이 중국 전역을 침략하기 위한 전진기지였다. 1933년 4월 10일 일본의 관동군은 중국의 만리장성을 넘어 화북 지방 침략을 개시했다. 5월 7일에는 참모본부도 관동군의 침략을 승인했다. 5월 21일 일본군은 통주通州를 점령하고 베이징北京을 압박했다. 5월 31일 당고塘沽 정전협정이 성립되었다. 이 협정은 만리장성 이남에 비무장지대를 설정하고 중국군과 일본군이 동시에 철군하기로 하는 것이었다. 일본은 만주국 성립을 기정사실화하고, 중국을 본격적으로 침략할 수 있는 길을 연 것이다.

1935년 6월 일본의 관동군과 국민정부의 장제스가 협정을 맺었다. 협정은 화북 지방의 심장부 베이징과 톈진天津에서 국민당 군대를 철수시킬 것, 반일운동을 중국이 스스로 단속할 것, 차하르성의 일부를 비무장지대로 설정할 것 등을 내용으로 했다. 이미 마오쩌둥이 이끄는 중공군을 공격하기 시작한 장제스는 정권을 유지하기 위해서 일본에게 굴욕적인 자세를 취했던 것이다.

1936년 1월 13일 일본은 「북중국처리요강」을 확정했다. 일본 정부는 톈진 주둔군사령관에게 일본군이 직접 나서서 화북 지방 민중의 자치활동을 지원하라고 명령했다. 말이 자치활동을 지원하라는 것이지 사실은 화북 지방을 중국에서 분리해서 사실상 일본이 직접 지배할 수 있는 기반을 조성하라는 명령이었다.

1936년 5월 중국인이 전국각계구국연합회를 결성했다. 같은 해 12월 장쉐량은 공산당 토벌작전을 독려하기 위해 시안西安을 방문한 장제스를 유폐하는 이른바 시안사건을 일으켰다. 장쉐량은 장제스에게 중국공산당이 주장하는 내전의 중지와 항일민족통일전선의 결성, 그리고 국민정부의 개혁 등 8개 항목을 요구했다. 장제스는 장쉐량의 요구를 들어주기로 약속하고 석방되었다. 10년 만에 다시 국공합작이 성립된 것이다. 그 후 장제스는 공산군과 대결을 피하고 일본군의 타도에 전력을 기울였다. 쇼와 천황은 물론 일본 정부의 대신과 군부의 장교들도 중국 민족이 죽을힘을 다해 떨쳐 일어났다는 사실을 알지 못했다.

1937년 2월 히로타 고키 내각이 붕괴되었다. 육군 대장 우가키 가즈시게宇垣一成(1868~1956)가 총리대신으로 추대되었으나 군부의 반대로 조각에 실패했다. 우가키가 육군의 군비를 축소한 전력을 문제 삼아 육군 간부들이 반대했기 때문이다. 천황은 우가키에 대신해 육군 대장 하야시 센주로를 총리대신에 임명했다.

육군 통제파는 하야시 센주로 내각에 파쇼 체제 강화를 요구했다. 하야시 총리대신은 정치인을 한 사람도 입각시키지 않았다. 하야시는 의회에서 소련과 일본 간의 위기를 강조하면서 임전체제를 갖추어야 한다고 주장했다. 하야시 총리대신은 예산안이 통과되자마자 정당을 숙정해야 한다는 구실로 의회를 해산했다. 정당 정치에 타격을 입히기 위해서였다. 하야시의 폭력적인 조치는 국민의 반감을 샀다. 하야시는 정부와 의회는 물론 군부의 지지도 상실했다. 하야시 내각은 4개월 만에 총사직했다.

1937년 6월 제1차 고노에 후미마로近衛文麿(1891~1945)가 총리대신에 임명되었다. 고노에는 귀족 출신 정치가였다. 천황 가문과도 친밀한 관계를 맺고 있었다. 그는 이전부터 만주사변은 어쩔 수 없는 선택이었다고 평가했다. 그래서 군부는 물론 정당·경제계·언론계도 고노에 내각에 거는 기대가 컸다. 고노에는 천황의 주변 인물, 정계·재계의 인사들과도 폭넓은 교분을 맺었고, 황도파 군인·우익 인사와도 좋은 관계를 유지했다. 고노에가 군인 출신이 아니라는 것도 장점으로 작용했다. 고노에는 육군 내부의 파벌을 해소하고 각계각층의 세력을 통합해 강력한 거국일치 내각을 구성할 수 있는 유일한 인물로 평가되었다.

고노에는 군부·관계·재계·정당으로부터 인재를 모았다. 고노에는 이미 일본의 중국 침략을 염두에 두고 있었다. 고노에 내각의 임무는 전쟁체제를 확립하는 것이었던 만큼 군수산업을 발전시켰다. 국가가 경제를 통제하는 방도도 모색했다. 생산력 확충, 국제수지의 개선, 물자수급 조절 등을 근간으로 하는 이른바 '재정 경제 3원칙'을 제시했다.

1937년 7월 7일 베이징 교외에서 야간연습을 하던 일본군 1개 중대와 중국군 제29군 소속 부대가 충돌했다. 중일전쟁이 일어났다. 7월 25일 조선에서 파견된 일본군 제20사단이 화북에 도착해서 중국군과 교전했다. 7월 26일 일본 본토에 주둔하는 제5·제6·제10사단의 파병이 결정되었다.

7월 28일 전열을 가다듬은 일본군은 선전포고도 없이 총공격을 개시했다. 8월 4일에는 베이징과 톈진을 점령하고 이어서 상하이를 공격했다. 일본군은 순식간에 중국의 심장부를 장악했다. 일본군은 화력·조직력·전투력 모든 면에서 중국군을 압도했다. 중국군은 결사적으로 항전했지만 수세를 면치 못했다.

일본은 중국을 협박하는 전술을 구사했다. 1938년 1월 16일 일본은 이른바 고노에 성명을 발표했다. 일본은 평화적인 해결을 모색하지 않을 것이며 또 국민정부를 상대하지도 않을 것이라고 선언했다. 괴뢰정부를 내세워 중국문제를 해결한다는 방침을 세웠다. 1938년 3월 일본은 난징南京에 중화민국 유신정부라는 괴뢰정권을 세웠다. 일본은 일단 강경책을 쓰면서 중국인의 반응을 지켜보았다.

일본은 중일전쟁이 단기간에 끝날 것이라고 확신했다. 난징만 점령하면 중국이 반드시 항복할 것이라고 낙관했다. 육군대신 스기야마 하지메杉山元(1880~1945)는 천황에게 "중국은 2개월이면 항복할 것"이라고 보고했다. 그러나 중국군의 항전 의지는 의연했다. 1938년 4월 중국군은 산둥성에서 일본군 제10사단을 맹렬하게 공격했다. 일본군은 궁지에 몰렸다. 4월부터 일본군은 소련군과 대치하는 병력을 투입하지 않을 수 없었다. 전쟁은 이미 장기화 조짐을 보이고 있었다.

1938년 6월부터 10월까지 일본군은 국민정부의 임시수도인 우한武漢을 공략하고, 이어서 화남의 중심지 광둥廣東을 공략했다. 일본군은 총공격으로 국민정부를 굴복시킬 계획이었다. 그러나 국민정부는 수도를 우한에서 내륙 깊숙한 곳으로 옮겼다. 일본군은 그곳까지 추격할 여력이 없었다. 일본은 중국에 23개 사단 70만 병력을 투입했지만, 중국의 지구전 전략에 말려든 일본군은 그야말로 진퇴양난이었다.

참모본부는 국민정부 부주석 지위에 있는 왕자오밍汪兆銘을 이용해 중국인의 분열을 조장하는 공작을 추진했다. 왕자오밍이 고노에 성명에 호응하면서 신정권을 수립하도록 하는 것이었다. 1938년 12월 18일 왕자오밍은 일본과 제휴해야 한다고 역설했다. 하지만 왕자오밍을 따르는 중국인은 없었다. 중국인은 국민정부의 장제스를 중심으로 단결했다. 장제스는 끝까지 투쟁할 것을 천명했다. 중국 침략전쟁 문제를 해결하지 못한 고노에 내각이 1938년 12월 말에 총사직했다.

1939년 정월 쇼와 천황은 추밀원 의장 히라누마 기이치로平沼騏一郎(1867~1952)에게 조각을 명령했다. 히라누마 내각은 고노에 내각의 연장에 불과했다. 고노에 내각의 각료 7명이 유임하고 고노에 후미마로도 입각했다. 히라누마 총리대신은 8개월 동안 재임하면서 독일과 군사동맹을 체결하는 데 힘썼다. 1939년 7월 미국은 일미통상항해조약이 만기가 되자 일본에 조약의 파기를 통보했다. 1939년 8월 23일 독일과 소련이 불가침조약을 맺었다. 히라누마 내각은 그동안 추진하던 독일과의 군사동맹 교섭을 중단하고 퇴진했다. 일본은 이미 외교적으로 대응력을 상실하고 있었다.

1939년 8월 천황은 아베 노부유키安部信行(1875~1953)를 총리대신에 임명했다. 천황은 아베에게 다음과 같은 취지의 말을 했다. 첫째, 육군대신은 천황이 직접 지명할 것이다. 둘째, 영국·미국과 협조하라. 셋째, 재정과 내정에 급격한 변화를 주지마라. 히로타 내각과 제1차 고노에 내각이 출범할 때, 천황은 '국제협조' '외교에 무리를 하지 마라.' 등과 같이 추상적인 지시를 했는데, 아베 총리대신에게는 매우 구체적으로 '영국·미국과 협조하라.'고 지시한 것이 주목된다.

1940년 정월 천황은 요나이 미쓰마사米內光政(1880~1948) 해군대장에게 조각을 명했다. 천황은 이전부터 요나이를 신임하고 있었다. 그래서 간단하게 명령했다. "첫째, 헌법의 운용에 잘못이 없게 하라. 둘째, 대신의 인선에 매우 신중하라." 이어서 천황은 이전 내각의 육군대신을 역임했던 하타 슌로쿠畑俊六(1879~1962)를 불러 물었다. "요나이 미쓰마사에게 조각을 명했다. 육군은 요나이에 협력하겠는가?" 하타가 "협력하겠습니다."라고 대답하자, 천황은 "그러면 되었다."라고 말했다. 하타와 육군 수뇌부는 천황이 요나이 내각에 협력하라고 명령한 것이라고 이해했다. 하타는 요나이 내각에서도 육군대신을 역임했다.

1940년 7월 제2차 고노에 후미마로 내각이 성립되었다. 이때 쇼와 천황은 고노에를 불러 다음과 같이 지시했다. "첫째, 헌법을 존중하라. 둘째, 외교적으로 무리를 하지 마라. 셋째, 재계에 급격한 변화를 주지 마라. 넷째, 정치를 시행할 때 주도권을 쥐려고 하지 마라." 고노에는 특히 '정치적 주도권을 쥐려고 하지 마라'는 말을 천황이 군부에 힘을 실어주기 위해 총리대신인 자신을 견제하는 것으로 받아들였다.

고노에 내각은 독일 · 이탈리아와 제휴를 강화하는 한편, '대동아공영권' 건설의 기치를 내걸고 남방 진출을 도모했다. 1940년 9월 일본은 독일 · 이탈리아와 삼국동맹조약을 체결할 준비를 하고 있었다. 천황은 삼국동맹이 결국 영국 · 미국과 전쟁으로 치달을 수 있다는 것을 알고 있었다. 9월 24일 천황이 내대신 기도 고이치木戶幸一(1889~1977)에게 말했다. "만일 정세의 추이에 따라 중대한 위기에 직면할 수 있다. 겐쇼賢所(천황의 조상을 모신 신전)에 참배하고, 신령의 가호를 빌고 싶다고 생각한다. 어떤가?" 기도가 대답했다. "궁내 대신과 상담하여 충분히 폐하께서 만족하실 수 있게 조치하겠습니다."

고노에 총리대신과 마쓰오카 요우스케松岡洋右(1880~1946) 외무내신은 삼국동맹의 목적은 영국 · 미국과 전쟁하기 위한 것이 아니고, 단지 미국이 제2차 세계대전에 참전하는 것을 저지하기 위한 것이라고 말했지만, 천황은 삼국동맹이 영국 · 미국을 적으로 돌릴 수 있다고 생각하고 있었다. 천황의 불안한 예견은 적중했다. 삼국동맹 체결 후, 일미 관계가 급속하게 냉각되었다. 미국은 전략물자인 철강의 대일 수출을 금지했다.

일본은 미국과 국교를 정상화하려고 노력했다. 미국도 일본과 대립하는 것이 부담스러웠다. 미국의 당면과제는 영국과 협력하면서 독일을 타도하는 것이었다. 미국이 일본과 타협할 가능성이 있었다. 1940년 11월 일본은 미국 대통령 루스벨트와 친분이 있는 해군대장 노무라 기치사부로野村吉三郎(1877~1964)를 주미대사에 임명했다. 1941년 4월 일본이 소련과 중립조약을 체결했다. 그리고 인도차이나반도 남부를 침략했다. 그러자 미국이 긴장했다. 미국·영국은 국내의 일본자산 동결을 결정했다.

1941년 7월 2일 어전회의에서 대소 전쟁과 대미·대영 전쟁 준비를 동시에 추진한다는 결정을 내렸다. 사실은 어전회의가 열리기 한 달 전부터 일본은 미국과 교섭을 진행하고 있었다. 9월 어전회의에서 10월 하순까지 일미교섭이 진전이 없으면, 미국·영국과 전쟁을 불사한다는 결정을 내렸다. 군부는 교섭의 진척 여부에 상관없이 전쟁 준비에 들어갔다. 해군은 모든 함정이 전투준비를 마쳤고, 물자를 수송하기 위해서 민간선박도 징발했다. 육군도 관동군을 극비리에 동남아시아 방면으로 이동시키기 시작했다.

미국은 일본이 이미 전쟁 준비에 들어갔다는 첩보를 입수했다. 미국은 필리핀에 극동군사령부를 설치하고, 영국·중국과 함께 일본에 대한 경제제재를 강화했다. 1941년 8월에는 대일 석유 수출을 금지했다. 미국·영국·중국·네덜란드가 소위 ABCD포위망을 구축해 대일 경제봉쇄를 강화했다. 미국의 대일 석유 수출 전면금지와 경제봉쇄는 일본에 큰 충격을 안겨주었다. 미국과의 전쟁이 불가피하다는 여론이 순식간에 고조되었다.

1941년 9월 6일 어전회의가 열리는 날이었다. 통상적으로 어전회의에서 천황은 발언하지 않았다. 출석자들이 질의응답하는 것을 방청했다. 그런데 어전회의가 열리기 직전 쇼와 천황이 기도 고이치 시종장에게 말했다. "오늘은 내가 발언하고 싶다. 어떠한가?" 기도 고이치가 대답했다. "추밀원 의장이 폐하께서 염려하시는 것에 대해 질문하게 되어있습니다. 하지만 회의를 마무리하면서 폐하께서 '이번의 결정은 국운을 건 전쟁이 될 것이다. 중차대하다. 통수부에서도 외교공작에 성과를 낼 수 있도록 협력하라.'고 경고하시는 것이 좋을 것 같습니다."

쇼와 천황이 회의실로 입장하면서 어전회의가 시작되었다. 스즈키 테이이치鈴木貞一(1888~1989) 기획원 총재가 밀문을 열었다. "일본제국은 자존자위를 완수하기 위해 미국과의 전쟁을 불사한다는 결의하에, 대체로 10월 하순을 목표로 전쟁 준비를 끝내야 한다. 이와 함께 미국·영국과 외교적으로 힘써서 제국의 요구가 관철되도록 해야 한다." 그리고 스즈키는 "10월 중순이 되어도 우리의 요구가 받아들여지지 않는다면 즉시 개전의 결의를 해야 한다."고 말하며 참석자들의 동의를 구했다. 이어서 추밀원 의장의 질문이 이어졌다. 마지막으로 쇼와 천황이 외교에 성심을 다하라고 당부했다. 외교 우선의 방침이 확정되었다.

일본은 미국에 다음과 같이 약속하기로 했다. "미국이 중일전쟁에 개입하지 않고 일본이 필요한 물자를 획득하는 데 협조한다면, 일본은 프랑스령 인도차이나 반도와 중국 이외의 지역으로 진격하지 않을 뿐만 아니라 필리핀의 안전을 보장하겠다." 그리고 10월 상순까지 일본의 요구가 관철될 가망이 없으면 미국과의 전쟁에 돌입한다는 것을 내용으로 하는 「제국국책수행요령」이 결정되었다. 「제국국책수행요령」에는 10월 하순까지 대미전쟁 준비를 완료하는 한편, 일미교섭도 계속한다는 방침이 명기되었다.

1941년 10월 고노에 내각이 총사직했다. 이때 도조 히데키 육군대신은 새로운 총리대신에 천황의 일족을 임명하는 것이 군부를 누르고 어전회의 결정을 번복할 수 있는 유일한 방책이라고 생각했다. 그러나 내대신 기도 고이치가 도조의 의견에 반대했다. 장차 전쟁 책임이 천황에게 돌아갈 수 있다는 이유였다. 천황도 기도의 의견에 동조했다. 천황은 도조 히데키를 총리대신으로 지명했다. 도조야말로 군부를 효과적으로 통제할 수 있는 적임자라고 판단했다. 군인이 총리대신으로 임명되면 예편하는 것이 관례였으나, 도조는 현역 신분으로 총리대신·육군대신·내무대신을 겸하는 막강한 권력을 장악했다.

천황은 도조 히데키에게 당부했다. "헌법의 규정을 준수하도록 하라. 시국이 극도로 중대한 사태에 직면해 있다는 생각이 든다. 육군·해군은 더욱 협력해야 한다는 것에 유의하라." 내대신 기도는 천황의 집무실에서 나온 도조를 따로 불러 말했다. "국책의 대본을 결정할 때는 9월 6일의 어전회의에 구애되지 말고 내외의 정세를 다시 넓고 깊게 검토해서 신중하게 고찰하는 것이 필요하다는 말씀이다. 천황의 명령에 따라서 그 뜻을 전한다."

도조 내각은 대미 개전을 재검토했다. 1941년 10월 24일부터 30일까지 매일 정부·통수부연락회의가 열렸다. 연일 회의가 계속되었으나 이렇다 할 결론에 도달하지 못했다. 도조 총리대신은 초조해졌다. 11월 1일 도조는 (1) 전쟁을 회피하고 미국의 요구에 따른다. (2) 즉시 개전을 결심한다. (3) 전쟁준비를 하면서 외교를 병행한다. 이상의 3개 안 중에서 결론을 내라고 통고했다.

오전 9시부터 시작된 정부·통수부연락회의는 저녁때가 되어서야 본론에 들어갔다. 도조 총리대신은 미국이 유럽 전쟁에 침가할 때까지 사태를 관망하는 것이 득책이라고 말했다. 군부는 영국·미국에게 완전히 굴복할 수밖에 없다면 일본이 아직 힘이 남아있을 때 전쟁을 결심해야 하고, 11월 말에는 개전해야 한다고 주장했다. 도고 시게노리 東鄕茂德(1882~1950) 외무대신은 승리의 확신이 없는 전쟁을 일으키는 것에 반대했다. 도조 총리대신도 개전 2년 동안은 일본이 전쟁을 유리하게 이끌어 나갈 수 있으나, 3년 이후는 불분명하다는 점을 강조했다. 격론 끝에 제3안이 채택되었다. 일미교섭의 기한은 12월 1일 0시로 결정되었다.

11월 5일 어전회의가 열렸다. 도조 총리대신은 이제까지 군부에서 논의된 내용과 미국이 일본에 요구할 것으로 여겨지는 정보를 갖고 회의에 임했다. 일본은 중국에 집착했다. 도조 총리대신은 만약 일본군이 중국에서 철수한다면 만주국과 조선통치에 미칠 영향이 심각하다는 점을 강조했다. 어전회의에서 미국이 만약 일본군을 중국에서 철수하라고 요구한다면 절대로 용납할 수 없다는 결론을 내렸다. 일미교섭이 12월 초순까지 타결되지 않을 경우, 즉시 개전한다는 방침도 정해졌다. 미국의 파격적인 양보가 없는 한 대미개전은 피할 수 없는 상황이었다.

11월 25일 루스벨트 미국 대통령은 대일본 방침을 정했다. "미국이 너무 큰 위험에 처하지 않도록 배려하면서 일본이 먼저 공격하지 않을 수 없도록 한다." 다음 날 헐 국무장관은 노무라 주미대사에게 10개 항목에 달하는 미국의 제안을 전달했다. 내용은 일본군이 중국과 프랑스령 인도차이나 반도에서 완전히 철수할 것 즉, 만주사변 이전의 상태로 복귀할 것, 삼국동맹을 파기할 것 등을 요구하는 강경한 것이었다. 미국은 이미 전쟁 준비를 마친 상태였다. 일본은 교섭을 단념했다.

11월 26일 천황은 내대신 기도 고이치에게 말했다. "개전하기 전에 다시 한번 중신들의 의견을 듣고 싶다. 이 심정을 도조 총리대신에게 전하고 싶다. 어떻게 생각하는가?" 기도가 대답했다. "이번에 결정하신다면 되돌릴 수 없는 최후의 결정이 될 것입니다. 미심쩍은 점, 이렇게 해 보고 싶고, 저렇게도 해 보고 싶은 생각이 있으시다면, 기탄없이 말씀하시어 폐하께서 되돌아보아도 후회가 없이 조치해야 한다고 생각합니다. 총리대신에게 하문하셔도 좋다고 생각합니다."

11월 29일 천황은 역대 총리대신을 모두 궁전으로 불러 시국에 대해 각자의 생각을 말하도록 했다. 하야시 센주로, 아베 노부오, 하라누마 기이치로 등은 개전에 찬성했고, 와카쓰키 레이지로, 오카다 게이스케, 고노에 후미마로, 요나이 미쓰마사, 히로타 고키 등은 신중론을 폈다. 신중론자들은 물자의 부족을 염려하고, 미국과의 협상이 결렬되었다고 해서 즉시 전쟁에 돌입하는 것은 아니라고 진언했다. 전쟁에 반대한다는 의견을 제시한 사람은 없었다.

11월 중순 야마모토 이소로쿠山本五十六(1884~1943)가 지휘하는 해군의 연합함내 주력이 지시마千島 열도에 속한 에도로후択捉 섬 히토카푸單冠 항구에 집결했다. 홋카이도에서는 해군이 군사연습을 한다는 소문이 돌았다. 11월 26일 나구모 주이치南雲忠一(1887~1944) 사령관이 이끄는 기동함대가 은밀히 히토카푸 항구를 떠나 하와이로 향했다. 기동함대는 항공모함 6척, 순양함 3척, 구축함 9척, 전함 2척, 수송함 7척, 잠수함 3척 등 30여 척으로 구성되었다. 기동함대는 12월 1일 0시까지 일미교섭이 성립되면 즉시 귀항하기로 되어있었.

11월 30일 오전, 해군 장교 신분이기도 한 천황의 동생 다카마쓰노미야高松宮(1905~87)가 궁전으로 들어가 쇼와 천황에게 말했다. "해군은 역량이 한계가 있습니다. 가능하다면 미국과의 전쟁은 피하고 싶다는 심정입니다." 불안감을 감추지 못한 천황은 기도 내대신에게 물었다. "해군의 본심은 무엇인가?" 기도 내대신이 답했다. "폐하께서 조금이라도 불안하시면 충분히 심사숙고하여 납득하셔야 한다고 생각합니다. 즉시 해군대신과 군령부 총장을 불러서 해군의 속내를 확인하시고, 이 일은 총리대신에게도 격의 없이 말씀하셨으면 합니다."

그날 오후 천황은 도조 총리대신을 불러서 상담하고, 이어서 해군대신과 군령부 총장을 불러 해군의 속내를 물었다. 해군대신과 군령부 총장은 미국과 전쟁하면 승리할 수 있다고 말했다. 오후 6시 30분 천황은 기도 내대신에게 명령했다. "해군대신과 군령부 총장에게 물으니 모두 상당히 자신있게 대답했으니, 전쟁 계획을 예정대로 추진하도록 총리대신에게 전하라."

12월 1일이 되었다. 미국과의 협상이 일본의 뜻대로 타결되지 않았다. 이날 오후 2시 어전회의가 열렸다. 의제는 「대미국・영국・프랑스 개전의 건」이었다. 천황에 대신하여 추밀원 의장이 정부와 통수부에게 외교와 작전 준비 상황에 대해 질문하고, 마지막으로 소견을 말했다. "일본은 미국에 거듭 양보했지만, 미국은 중국의 장제스를 대변하고, 종래의 이상론만을 반복했다. 만약 이것까지 인내한다면 일청・일로 전쟁의 성과를 내던지는 것일 뿐만 아니라, 만주사변의 결과도 포기하지 않으면 안 된다. 개전은 불가피하다. 일본의 승리는 틀림없지만, 장기전의 경우, 정부는 특히 국민 내부의 결속에 노력해야 할 것이다." 천황은 말없이 고개를 끄덕였다.

12월 1일 나구모 사령관에게 "니이다카야마노보레1208"이라는 전보가 하달되었다. 12월 8일에 예정대로 진주만을 공격하라는 암호였다. 기동함대는 이미 날짜변경선을 넘어서고 있었다. 기동함대는 북쪽에서 남하해서 하와이의 진주만을 목표로 항해했다. 12월 8일 새벽 일본의 연합함대는 350기의 항공기로 하와이의 진주만을 기습했다. 일본의 항공기는 3~4차례 항공모함과 진주만을 오가며 진주만의 미국 해군기지를 폭격했다. 미국의 전함 8척 중에서 4척이 침몰하고 4척이 파손되었다. 항공기는 188기가 불타고 291기가 파손되었다. 2,400여 명의 미군이 전사하거나 행방불명되었고 600여 명이 부상했다. 일본군의 피해는 거의 없있다.

12월 8일 아침 신문을 펼친 일본인들은 섬뜩한 충격을 받았다. 신문 양면에 걸쳐서 아무런 글자도 없이 후지산 풍경이 펼쳐져 있었기 때문이다. 진주만 기습이 성공했다는 전보를 확인한 정부는 급히 천황에게 그 사실을 보고했다. 천황은 일본 국민에게 「미국·영국 양국에 대한 선전의 조서」를 발표했다. 천황은 조서에서 '짐의 육해군 장병' '짐의 관리' '짐의 신민'이 모두 떨쳐 일어나 힘을 다하여 전쟁의 목적을 달성하라고 호령했다. 천황의 조서야말로 일본인을 전쟁터로 내모는 원동력이었다.

　일본군은 진주만 공격과 동시에 남방작전을 개시했다. 일본군은 항공부대의 지원을 받으며 말레이시아 반도 동부에 상륙했다. 12월 10일에는 해군의 항공부대가 말레이시아 해전에서 영국의 동양함대 주력을 괴멸시켰다. 중국 각지의 영국 조계租界도 일본군이 장악했다. 12월 25일 일본군이 홍콩을 점령했다. 일본군의 기습으로 연합국의 기지는 쑥대밭이 되었다.

　미국은 1942년 8월부터 대규모 반격작전을 개시했다. 일·미 양군은 솔로몬 제도의 과달카날 섬에서 사투를 벌였다. 일본 해군은 1942년 8월 해전에서 항공모함 1척을 잃었다. 3만여 병력을 투입한 일본 육군의 작전도 실패했다. 일본의 수송선이 미국 공군의 공격으로 잇달아 격침되었다. 굶어 죽는 일본군이 속출했다. 1943년 2월 일본군은 2만여 명의 사망자를 내고 과달카날 섬에서 퇴각했다. 그 후 일본군은 전의를 상실했다. 일선에서는 염전분위기가 팽배했다.

　전쟁이 일본에 불리하게 전개되자, 쇼와 천황 주변에서도 국면의 타개를 꾀하려는 움직임이 표면화되었다. 천황도 직접 중신들의 의견을 물었다. 1945년 2월 7명의 중신들이 차례로 천황과 독대해서 전쟁에 대한 의견을 피력했다. 당시 고노에 후미마로는 전쟁을 종결시켜야 한다는 의견을 명확하게 제시했다. 고노에는 일본의 패전이 확실하다고 예견했다. 그리고 천황제를 유지하는 것을 전제로 생각할 때, 패전보다도 더 두려운 것은 패전 후에 몰아닥칠 공산혁명이라고 말했다. 혁명에 의한 천황제 붕괴라는 최악의 사태를 피하기 위해서도 즉시 전쟁을 끝낼 수 있는 방법을 찾아야 한다고 진언했다.

그러나 천황은 현실을 직시하려고 하지 않았다. 천황은 전투에서 '한 번의 확실한 승리'에 집착했다. 천황은 다가올 결전에서 일본군이 미군에게 큰 피해를 주고, 조금이라도 유리한 조건으로 강화교섭에 나서려는 생각을 버리지 않았다. 천황은 일본군이 어떠한 상황에 직면해 있는지 그 진상을 파악하려고 하지 않았다. 오로지 패전했을 때 일본군의 무장해제와 전쟁책임자 처리 문제에만 관심을 보였다. 제2차 세계대전이 일어났을 때, 연합국 수뇌들이 전쟁책임자를 처벌할 것이라고 공언했기 때문이다. 천황은 그것이 두려웠다. 천황은 끝내 승리에 대한 미련을 버리지 못했다.

1945년 3월부터 오키나와 본도에 대한 연합군의 공습과 함포사격이 본격화되었다. 일본군은 특공대 전술로 연합군과 대결했다. 가미카제 특공대로 알려진 전투기 조종사는 폭탄을 실은 항공기를 몰고 미군 함정으로 돌진해서 장렬하게 전사했다. 1945년 4월 미군이 오키나와 본도 상륙작전을 전개할 때 일본은 특공대 항공기 약 2,000대를 출격시켰다. 일본의 패색이 짙어지면서 특공대 공격이 더욱 강화되었다. 항공기를 이용한 특공대 이외에 모터보트를 이용한 수상특공대, 인간이

어뢰를 직접 몰고 적의 함선으로 돌진하는 수중특공대가 있었다.

　오키나와 결전이 임박했을 때, 특공대가 매일 규슈 남단의 치란知覽 항공기지에서 오키나와로 향했다. 20세 전후의 청년으로 구성된 특공대원들은 항공기에 탑승하기 전에 모든 물건을 내려놓았다. 물자를 하나라도 아끼기 위해서였다. 하지만 일본도 만큼은 가슴에 품었다. 일본도는 단지 도검이 아니었다. 특공대원이 생애 마지막을 함께하는 일본혼이었다. 그들이 탈 항공기에는 돌아오는 데 필요한 연료를 넣지 않았다. 기름 한 방울이라도 아껴야 했기 때문이다. 침묵 속에서 전우들의 무거운 환송을 받은 특공대원은 죽음을 향한 마지막 비행을 했다.

　황민화 교육의 '성과'는 무서웠다. 일본인은 천황을 신의 아들로서 존경하고, 천황의 명령에 무조건 복종하고, 전쟁이 일어나면 천황을 위해 죽는 것을 최고의 영예로 아는 인간이 되었다. 그것을 상징하는 것이 특공대원이었다. 그들은 목표물에 부딪혀 죽을 때도 "천황폐하 만세"를 외쳤다. 천황을 위해 죽는 것이 가장 큰 영예라고 믿었다. 당시 신문에서는 특공전술을 "몸을 던져서 국가를 구하는 숭고한 전법"이라고 극찬했다.

　1945년 4월 1일에는 연합군이 오키나와 본도 일부를 점령했다. 4월 6일 일본이 아끼던 세계 최대의 항공모함 야마토大和 이하 10척의 함선이 편도 연료만 넣고 출진했다. 그러나 다음 날 연합군 항공기의 공격으로 전함 야마토를 비롯한 연합함대는 제대로 싸워보지도 못하고 규슈의 서남방에서 침몰하고 말았다. 6월 23일 절망한 오키나와 주둔 군사령관이 자결했다. 오키나와를 사수하던 약 10만 명의 일본군은 미군의 상상을 초월하는 화력 앞에서 거의 전사했다.

미군은 일본 본토를 향해서 북상했다. '한 번의 확실한 승리'에 대한 천황의 기대는 현실에서 점점 멀어지고 있었다. 일본이 전쟁에서 승리할 가능성이 없어지자, 고이소 구니아키小磯国昭(1880~1950) 내각은 은밀하게 전쟁을 종결시킬 수 있는 길을 찾기 시작했다. 중국의 장제스 정부와 평화교섭을 추진했다. 하지만 천황이 나서서 평화교섭에 반대했고, 군부는 본토 결전 의지를 꺾으려고 하지 않았다. 전국을 타개할 수 있는 길이 점점 멀어지고 있었다.

제2차 세계대전은 독일이 패망하면서 종말로 치달았다. 1945년 5월 독일이 무조건 항복한 후에도 일본은 여전히 결단을 내리지 못하고 있었다. 일본 정부는 겉으로 최후의 1인까지 싸우다 죽자고 국민을 선동했으나 속으로는 여전히 평화교섭의 가능성을 찾고 있었다. 계속되는 패전으로 군부의 정치적 발언권이 약해졌고, 원로와 천황의 측근들이 주도권을 장악해가고 있었다. 천황도 더 이상 '한 번의 확실한 승리'를 고집할 수 없었다.

1945년 6월 8일 어전회의가 열렸다. 천황을 포함한 누구도 전쟁의 종결과 관련한 의견을 제시하려고 하지 않았다.「금후 취해야 할 전쟁지도의 기본요강」이 결정되었다. "충성의 신념을 자원으로, 지리의 이점과 인화로, 끝까지 전쟁을 완수해 국체를 지키고 영토를 보호해서 전쟁의 목적을 달성한다." 일본 본토에서 연합군과 결전한다는 방침이 정해진 것이다. 그것은 일본군과 미군의 전력 차이를 무시한 무모한 본토결전론이었다. 이 결정은 일본인의 멸망을 건 죽음의 행군이었다. 일본 정부와 군부는 '본토결전', '철저항전', '1억옥쇄' 등의 구호를 외치면서 민중을 전쟁의 구렁텅이로 몰아넣었다.

8월 6일 8시 15분 B-29폭격기 1대가 히로시마廣島 상공에 나타나 원자폭탄 1개를 투하했다. 원자폭탄은 1,500미터 상공에서 섬광을 발하고 낙하하여 580미터 상공에서 폭발했다. 시가지는 뜨거운 광선과 폭풍으로 파괴되었다. 12킬로미터 정도 높이까지 버섯구름이 치솟으면서 화재가 일어났다. 오후에는 '검은 비'가 내렸고, '검은 무지개'가 떴다. 8월 9일 나가사키長崎에서도 같은 비극이 되풀이되었다.

8월 8일 소련이 만주로 진격하기 시작했다. 원자폭탄이 투하되고 소련이 참전하자, 일본에서는 포츠담선언을 수락해야 한다는 여론이 형성되었다. 일본 정부도 포츠담선언을 수락하기로 결심했다. 8월 9일 심야에 개최된 최고전쟁지도회의에서 도고 시게노리 외무대신은 국체호지 즉, 천황의 신변보장을 유일한 조건으로 항복할 것을 주장했다. 군부는 천황의 신변보장 이외에 자주적인 무장해제, 전범재판을 일본이 행할 것 등 4개의 조건을 내세웠다. 양자의 주장은 정리되지 않은 채 어전회의에 넘겨졌다. 천황은 도고 외무대신의 안에 따라 자신의 신변만 보장된다면 무조건 항복하겠다는 뜻을 정했다.

8월 10일 아침 일본은 중립국 스위스와 스웨덴을 통해 미국·소련·영국·중국 4개국에 천황의 신변만 보장된다면 포츠담선언을 수락하겠다는 뜻을 전했다. 이에 대해 연합국은 "일본의 통치 형태는 일본인의 자유의사에 따라 결정한다."고 회답했다. 천황의 신변은 보장한다는 언질이었다. 특히, 미국이 천황제를 유지하려는 뜻이 있다는 정보를 입수한 천황은 이윽고 포츠담선언의 수락을 허락했다.

1945년 8월 14일 쇼와 천황은 어전회의에서 자신의 신변보장을 내세운 외무성의 안을 지지하는 '성스러운 결단'을 내렸다. 포츠담선언을 수락하는 형태로 항복한 것이다. 8월 15일 정오 천황은 라디오를 통해 일본의 무조건 항복 사실을 국민에게 알렸다. 소위 '옥음방송'이다. 스즈키 간타로 내각은 무조건 항복을 실현하고 총사직했다.

4) 패전 후의 천황

제2차 세계대전이 끝났다. 일본의 영토는 러일전쟁 이전의 상태로 한정되었다. 타이완은 중국의 지배하에 들어갔다. 지시마 열도와 사할린은 소련이 지배하게 되었다. 일본이 점령했던 남양제도는 미국이 위임통치하게 되었다. 오키나와는 미국을 시정권자로 해서 국제연합이 신탁통치하기로 했다. 한반도는 분할되었다. 38도선 이북은 소련이 점령하고 이남은 미국이 점령했다. 일본은 연합국이 점령하는 모양을 갖췄으나 실제로는 미국이 단독으로 점령했다.

미군을 중심으로 하는 연합국 군대가 일본 본토를 차례로 점령했다. 1945년 8월 30일 연합군총사령관 맥아더D. Macarthur 원수가 일본에 도착했고, 미군의 일본 본토 점령이 개시되었다. 9월 2일 일본이 항복문서에 조인했다. 10월에는 도쿄에 연합국군최고사령관총사령부GHQ가 설치되고, 최고사령관SCAP으로 맥아더가 취임했다.

GHQ는 점령정책의 기본방침에 따라서 일본군을 해체했다. 1945년 9월부터 12월에 걸쳐서 도조 히데키를 비롯한 전범들을 차례로 체포했다. 그중 28명이 A급 전범 용의자로 분류되어 기소되었다. 1946년 5월 3일부터 극동국제군사재판소에서 재판이 시작되었다. 도쿄재판이라고도 하는 극동국제군사재판에서는 침략전쟁을 자행하고, 평화와 인도주의에 대해 범죄를 저지른 자들을 심판했다.

천황 및 천황제를 어떻게 처리할 것인가 하는 문제는 점령정책의 난제였다. 도쿄에서 전범 용의자가 잇달아 체포될 무렵, 외국은 물론 일본에서도 천황의 전쟁책임을 둘러싼 논쟁이 있었다. 당시 국제여론은 천황의 전쟁책임도 물어야 한다는 의견이 압도적이었다. 오스트레일리아, 뉴질랜드, 영국, 중국, 소련 등과 같은 연합국 국민의 대부분이 천황을 체포해서 재판에 회부해야 한다고 생각했다. 실제로 소련·영국·오스트레일리아가 극동국제재판소에 제출한 전쟁범죄자 목록의 맨 앞에는 쇼와 천황이 기재되어 있었다.

미국의 여론조사에서도 천황을 처형하거나 추방해야 한다는 의견이 70퍼센트에 달했다. 국무성의 관리 중에서도 천황을 전범으로 처벌해야 한다고 주장하는 사람들이 많았다. 그러나 태평양전쟁 당시 주일 미국대사였던 그루J.Grew와 같은 친일파는 천황을 전범으로 처벌하는 것에 반대했다. 천황에 대한 공개재판은 오히려 일본인을 자극하여 사회적 혼란을 불러일으킬 것이라고 주장했다.

일본에서도 전쟁을 주도한 쇼와 천황이 퇴위해야 한다는 여론이 힘을 얻고 있었다. 실제로 천황 주변 인물들이 여러 차례 천황을 퇴위시키려고 했다. 오랫동안 쇼와 천황의 시종장을 지낸 기도 고이치조차도 천황에게 전쟁책임이 있으니 퇴위하는 것이 옳다고 생각하고 있었다. 쇼와 천황 자신도 강화조약을 체결할 때 스스로 조상과 국민에게 사죄하고 퇴위하는 것을 고려하고 있었다. 천황의 퇴위를 조건으로 천황제의 존속을 GHQ에 상신하는 구체적인 방안까지 제시되었다.

천황은 대일본제국의 최고 통치권자였다. 대일본제국헌법 제1조는 '대일본제국은 만세일계의 천황이 이를 통치한다.' 제4조는 '천황은 국가의 원수로서, 통치권을 총람하고, 이 헌법의 조규에 따라 이를 행사한다.'라고 규정하고 있다. 제1조에 무게를 두면 천황주권설이 되고, 제4조에 무게를 두면 천황기관설이 되지만, 천황이 일본 최고의 통치권자라는 사실에는 변함이 없다.

천황은 유일한 국군통수권자였다. 대일본제국헌법 제11조에 '천황은 육해군을 통수한다.'라고 규정하고 있다. 천황은 군대를 직접 통수하고, 정부도 제국의회도 천황의 통수권에 조금도 관여할 수 없었다. 신민도 천황의 국군통수권에 개입할 수 없었다. 일본국은 천황의 명령 또는 승인이 없이 대외전쟁을 할 수 없었다.

쇼와 천황이 전쟁을 원하지 않고, 전쟁을 회피하기 위해 노력했음에도 불구하고, 그의 신하인 관료나 장교가 전쟁해야 한다고 적극적으로 주장했다고 가정해도, 결국 천황이 전쟁을 결심하지 않으면 전쟁을 일으킬 수 없었다. 따라서, 천황이 전쟁 책임을 질 수밖에 없었다. 쇼와 천황이 재임했던 1931년부터 1945년까지 일본은 아무 이유 없이 주변 나라를 잇달아 침략했다. 범죄적 전쟁이었다. 이 전쟁에 쇼와 천황이 적극적으로 개입했다. 천황이 범죄적 전쟁에 책임을 지는 것은 당연한 일이었다.

그런데 맥아더 사령관과 GHQ는 천황이 퇴위하는 방식으로 전쟁에 대한 책임을 지는 것에 반대했다. 맥아더가 도쿄대학 교수 다카야나기 겐조高柳賢三(1887~1967)에게 보낸 편지에 다음과 같은 내용이 있다. "천황은 정치·문화를 유지하는데 매우 특별하고 없어서는 안 될 존재이다. 천황에게 위해를 가하고, 이를 통해 천황제를 폐지하려는 불순한 기도는 국민의 일상성 회복을 방해하는 가장 큰 위협 중의 하나이다. 천황제를 존속시키는 것이 나의 변함없는 소신이다."

미국은 점점 세력을 확대하는 소련이 두려웠다. 일본에 공산주의 세력이 미치면 미국의 세계전략에 차질이 빚어질 수 있었다. 맥아더는 천황을 그대로 두고 점령정책을 추진하는 것이 효과적이라고 판단했다. 일본인은 여전히 천황을 존경하고 그의 명령에 복종했다. 더구나 천황을 추종하는 세력은 공산주의를 극도로 미워했다. 공산주의가 일본에 뿌리를 내리지 못하게 하기 위해서도 천황을 살려둘 필요가 있었다. 극동국제군사재판소는 천황을 법정에 세우지 않았다.

GHQ는 초국가주의의 상징인 천황과 황실에 대해서 누구라도 비판할 수 있는 자유를 보장했다. 천황의 일족도 성을 사용하고 호적에 편입되게 했다. 1945년 11월 20일 GHQ는 황실 재산의 동결을 명령했다. 언젠가 황실 재산을 국유화해서 천황의 경제적 기반을 무너뜨리기 위한 전제 조치였다. 또한, 그것은 천황을 신성시하는 일본 국민의 생각을 변화시키는 조치이기도 했다.

1946년 정월 1일 쇼와 천황이 조서를 발표했다. 쇼와 천황은 조서에서 천황과 국민은 "상호 신뢰와 경애"로 맺어지는 것이며, "단지 신화와 전설"에 의한 것이 아님을 강조했다. 그리고 "천황을 살아있는 신으로 받들고, 또 일본인을 다른 민족보다 우월한 민족"이라고 생각하는 것은 "가공의 관념"이라고 말했다. 이것이 소위 천황의 '인간선언'이었다.

천황의 '인간선언'은 시데하라 기주로幣原喜重郎(1872~1951) 총리대신이 먼저 영문으로 써서 맥아더에게 승인을 받고, 다시 일본어로 번역해서 천황에게 보여준 다음 천황의 이름으로 공포한 것이다. 맥아더는 이 조서를 공포함으로써 일본의 초국가주의 사상의 근원인 천황의 신격화 사상을 무력화하는 데 성공했다. 맥아더는 "천황이 일본 국민의 민주화에 지도적 역할을 다하려고 했다."고 성명을 발표했다. 맥아더는 연합국 및 미국의 천황제 폐지론 여론에 선제공격을 가한 것이었다.

'인간선언'으로 신비의 베일을 벗어버린 쇼와 천황은 비로소 국민 앞에 그 모습을 드러냈다. 1946년 2월 19일 쇼와 천황은 가나가와현을 시찰하는 것을 시작으로 오키나와를 제외한 전국 각지를 9년에 걸쳐서 순행했다. 천황은 지방을 순행하면서 직접 탄광의 갱도 안으로 들어가고, 중국이나 조선에서 귀환한 사람의 집을 방문하여 위로하기도 했다. 그 광경을 지켜본 민중은 쏟아지는 눈물을 주체할 수 없었다. 민중의 뇌리에 천황의 존재감이 자리를 잡았다. 그러나 천황의 순행 목적은 다른 데 있었다. 그것은 자신의 '통치영역'을 확인하는 여행임과 동시에 상징천황제의 기능을 확대하기 위한 정치적인 행위였다. 우익 세력에게 용기를 불어넣는 것도 순행의 중요한 목적 중의 하나였다.

일본의 민주화를 추진하기 위해서는 「대일본제국헌법」을 전폭적으로 개정할 필요가 있었다. GHQ는 신헌법 초안을 제시했다. 신헌법의 기초에 즈음하여 맥아더 사령관은 헌법 개정의 3원칙으로 입헌군주제로서의 천황제 승인, 전쟁의 포기 및 무장의 금지, 봉건제도의 폐지를 제시했다. 일본 정부는 GHQ가 작성한 신헌법 초안을 심의·수정해서 법안을 완성했다. 1946년 11월 3일 「일본국헌법」이 공포되고 다음 해 5월 3일부터 발효되었다.

「일본국헌법」 제1조에 '천황은 일본국의 상징이며 일본 국민통합의 상징이나. 그 지위는 주권이 있는 일본 국민의 총의에 근거한다.'리고 되어있다. 천황은 일본국의 상징으로 규정되었다. 현대 일본의 천황제를 상징천황제라고 한다.

일본국헌법에 규정된 천황의 국사행위는 ① 헌법개정·법률·정령·공약 등의 공포 ② 국회 소집 ③ 중의원 해산 ④ 국회의원 총선거 공시 ⑤ 국무위원 및 법률이 정하는 그 밖의 관리 임면, 전권 위임장 및 대사·공사의 신임장 인증 ⑥ 대사·특사·감형·형 집행 면제·복권 등의 인증 ⑦ 영전 수여 ⑧ 비준서 및 법률이 정하는 그 밖의 외교문서

인증 ⑨ 외국 대사·공사의 접수 ⑩ 의식 거행 등이다.

　천황의 국사 행위는 '내각의 조언과 승인'을 필요로 하며 '내각이 책임을 지는' 것으로 되어있다. 이것은 정치적인 국사 행위 일체를 내각이 담당함으로써 천황의 국사 행위를 형식적·의례적으로 하기 위한 규정이다. 천황의 상징성은 천황으로부터 어떠한 정치성도 배제하는 것을 의미한다. 천황에게 총리대신과 최고재판소장의 임명권이 주어졌지만, 이 또한 국회와 내각의 지명을 전제로 한다. 형식적·의례적인 것에서 벗어나지 않는다

　1950년 6월 한반도에서 전쟁이 일어났다. 한국전쟁이 발발한 직후 맥아더 사령관은 요시다 시게루吉田茂(1878~1967) 총리대신에게 서한을 보내 7만5,000명 규모의 경찰예비대 창설과 해상보안청 인원 약 8,000명을 증원할 것을 지시했다. 경찰예비대는 재일 미군이 한반도로 출동했을 때 공백을 메우기 위한 것이었다. 1951년 8월 제1회 경찰예비대 대원 모집이 개시되었다. 1952년 10월 경찰예비대는 해상경비대와 통합되어 보안대로 개칭되었다. GHQ가 공직에서 추방한 일본군 관계자가 경찰예비대 간부로 복귀했다.

　미국은 일본에 극동 방위 임무를 분담시킬 필요가 있다고 판단했다. 그래서 일본의 재무장을 추진했다. 일본을 국제사회에 복귀시키기 위한 대일강화조약의 체결도 서둘렀다. 1952년 4월부터 일미안전보장

조약이 발효되었다. 일본은 48개국의 자유주의 국가들로부터 독립국으로 인정을 받게 되었다. 같은 해 8월 14일 국제통화기금IMF과 세계은행IBRD에 가맹했다. 1955년 9월 GATT에 정식으로 가맹했다. 일본이 국제사회로 복귀했다.

한국전쟁이 정점에 달했을 때, 일본경제는 이미 불황에서 벗어나고 있었다. 실질 GNP, 1인당 국민소득, 민간소비 등 주요 경제지표가 거의 제2차 세계대전 이전의 수준을 회복했다.『경제백서』가 '이미 전후가 아니다.'라고 선언할 만큼 일본의 경기는 최고조에 달해 있었다. 그 후 일본의 고도경제성장은 1970년대 초반까지 이어졌다.

1982년 11월 나카소네 야스히로中曾根康弘(1918~2019) 내각이 성립되었다. 일찍부터 개헌의 필요성을 주장한 나카소네는 국가주의의 복권과 군비확충 노선을 확립하기 위해 '전후정치의 총결산'을 제창했다. 1983년 정월 나카소네는 미국의 레이건 대통령과 회담했다. 나카소네는 일본과 미국은 운명공동체이며 일본 열도는 '침몰하지 않는 항공모함'이라고 선언했다. 방위력을 강화한다는 방침을 분명하게 내세웠다.

일본의 군사비는 매년 급증했다. 일본의 군사대국화는 당연히 전쟁을 포기하는 것으로 되어 있는「일본국헌법」과 그와 관련한 법규와 상충하는 면이 있었다. 그래서 일본 정부는 신국가주의를 국민에게 침투

시키고, 천황과 일본적 가치를 이용하려고 했다. 1985년 9월 문부성은 전국 교육위원회에 국기 게양과 국가 제창을 철저하게 시행하도록 지시했다. 국가주의 사관이 주입된 교과서를 만들려는 움직임도 활성화되었다. 1985년 8월 15일 나카소네는 총리대신으로서는 처음으로 야스쿠니靖国 신사를 공식 참배했다.

1988년 9월 오랫동안 췌장암으로 투병하던 쇼와 천황이 중태에 빠졌다. 매스컴은 연일 천황의 용태를 긴급 뉴스로 전했다. 의료진은 수십 명의 자원자 중에서 선발된 청년들의 혈액 중에서 혈소판을 추출해 수혈했다. 관공서에 천황의 쾌유를 기원하는 기장소가 설치되었고, 각종 축제·연주회·운동회·망년회가 취소되거나 축소되었다.

가까스로 해를 넘긴 천황은 1989년 정월 7일에 사망했다. 3종의 신기가 쇼와 천황의 거소에서 태자 아키히토明仁의 처소로 옮겨지는 장면이 방송으로 중계되었다. 아키히토 태자가 즉위하여 헤이세이平成 천황(재위 1989~2019)이 되었다.

참고문헌

통사 · 일반

구태훈, 『일본고중세사』, 재팬리서치21, 2016

구태훈, 『일본근세사』, 재팬리서치21, 2016

구태훈, 『일본근대사』, 재팬리서치21, 2017

고토 야스시 외, 『천황의 나라 일본 - 일본의 역사와 천황제』, 예문서원, 2006

박진우, 『천황의 전쟁 책임』, 제이앤씨, 2013

石井良助, 『天皇』, 講談社学術文庫, 2011

井上 清, 『天皇制』, 東京大学出版会, 1953

笠原英彦, 『歴代天皇総攬』, 中公新書, 2001

近藤好和, 『天皇の装束』, 中公新書, 2019

鈴木正幸, 『皇室制度』, 岩波新書, 1993

田中惣五郎, 『天皇の研究』, 三一書房, 1974

고대

荒木敏夫,『日本古代の皇太子』, 吉川弘文館, 1985

荒木敏夫,『日本古代王権の研究』, 吉川弘文館, 2006

石原道博,『魏志倭人伝』(編訳), 岩波文庫, 1992

石母田正,『日本の古代国家』, 岩波書店, 1971

石母田正,『日本古代国家論』, 岩波書店, 1973

石母田正,『古代末期政治史序説』, 未來社, 1995

井上秀雄,『倭・倭人・倭国』, 人文書院, 1991

井上光貞,『日本古代国家の研究』, 岩波書店, 1965

井上光貞,『日本古代の国家と仏教』, 岩波書店, 1971

今泉隆雄,『古代宮都の研究』, 吉川弘文館, 1993

江上波夫,『騎馬民族国家』, 中公新書, 1967

大津透,『古代の天皇制』, 岩波書店, 1999

大日方克己,『古代国家と年中行事』, 吉川弘文館, 1993

岡田英弘,『倭国』, 中公新書, 1977

狩野久,『日本古代の国家と都城』, 東京大学出版会, 1990

岸俊男,『日本の古代宮都』, 岩波書店, 1993

木村茂光 編,『平安京くらしと風景』, 東京堂出版, 1994

北村優季,『平安京 ~ 歴史と構造』, 吉川弘文館, 1995

倉本一宏,『摂関政治と王朝貴族』, 吉川弘文館, 2000

近藤義郎,『前方後円墳の時代』, 岩波書店, 1983

坂本賞三, 『藤原頼通の時代 ~ 摂関政治から院政へ』, 平凡社, 1991

笹山晴生, 『奈良の都 ~その光と影~』, 吉川弘文館, 1996

田中史生, 『日本古代国家の民族支配と到来人』, 校倉書房, 1997

田中俊明, 『大加耶連盟の興亡と「任那」』, 吉川弘文館, 1992

玉井力, 『平安時代の貴族と天皇』, 岩波書店, 2000

直木孝次郎, 『日本神話と古代国家』, 講談社学術文庫, 1990

直木孝次郎, 『壬申の乱』(増補版), 塙書房, 1992

直木孝次郎, 『日本古代国家の成立』, 講談社学術文庫, 1996

長山泰孝, 『古代国家と王権』, 吉川弘文館, 1992

西嶋定生, 『邪馬台国と倭国』, 吉川弘文館, 1994

早川庄八, 『天皇と古代国家』, 講談社, 2000

原島札二 外, 『巨大古墳と倭の五王』, 青木書店, 1981.

平野邦雄 編, 『古代を考える 邪馬臺国』, 吉川弘文館, 1998

美川圭, 『院政の研究』, 臨川書店, 1996

元木泰雄, 『院政期政治史研究』, 思文閣出版, 1996

山田宗睦, 『魏志倭人伝の世界』, 教育社歴史新書, 1979

吉田孝, 『日本の誕生』, 岩波書店, 1995

吉田孝, 『歴史の中の天皇』, 岩波書店, 2006

吉村武彦, 『古代天皇の誕生』, 角川書店, 1998

山田宗睦, 『魏志倭人伝の世界』, 教育社, 1975

米田雄介, 『藤原摂関家の誕生 ~ 平安時代史の扉』, 吉川弘文館, 2002

米田雄介, 『摂関制の成立と展開』, 吉川弘文館, 2006

중세

網野善彦, 『日本中世非農業民と天皇』, 岩波書店, 1984

網野善彦, 『異形の王権』, 平凡社, 1986

池　享, 『戦国織豊期の武家と天皇』, 校倉書房, 2003

今谷明, 『室町の王権 ~ 足利義満の王権簒奪計画』, 中央公論新社, 1990

今谷明, 『室町時代政治史論』, 塙書房, 2000

今谷明, 『戦国大名と天皇』, 講談社学術文庫, 2001

上横手雅敬, 『鎌倉時代政治史研究』, 吉川弘文館, 1991

上横手雅敬, 『鎌倉時代 ~ その光と影』, 吉川弘文館, 1994

河内祥輔, 『日本中世の朝廷・幕府体制』, 吉川弘文館, 2007

鈴木郎一, 『応仁の乱』, 岩波新書, 1973

脇田晴子, 『天皇と中世文化』, 吉川弘文館, 2003

근세

今谷　明, 『信長と天皇』, 講談社学術文庫, 1992

今谷　明, 『武家と天皇』, 岩波新書, 1993

奥野高広 校注, 『信長公記』卷11, 角川文庫, 1969

久保貴子, 『近世の朝廷運営』, 岩田書院, 1998

熊倉功夫, 『後水尾院』, 朝日新聞社, 1982

小西四郎, 『開国と攘夷』(日本の歴史19), 中央公論社, 1966

佐々木 克, 『幕末の天皇・明治の天皇』, 講談社学術文庫, 2005

鈴木良一, 『織田信長』, 岩波書店, 1967

辻　達也, 『天皇と将軍』(日本の近世2), 中央公論社, 1991

高埜利彦, 『江戸幕府と朝廷』, 山川出版社, 2001

高木昭作, 『将軍権力と天皇』, 青木書店, 2003

立花京子, 『信長政権と朝廷』, 岩田書院, 2000

藤井讓治, 『徳川家光』, 吉川弘文館, 1997

藤田 覺, 『幕末の天皇』, 講談社, 1994

藤田 覺, 『近世政治史と天皇』, 吉川弘文館, 1999

藤野保, 『徳川政権論』, 吉川弘文館, 1991

山口啓二, 『鎖国と開国』, 岩波書店, 1993

山下尚志, 『鎖国と開国』, 近代文芸社, 1996

山本博文, 『徳川将軍と天皇』, 中公文庫, 2004

근현대

井上 清, 『天皇の戰争責任』, 岩波書店, 1991

大浜徹也, 『天皇の軍隊』, 教育社, 1978

北岡伸一, 『政党から軍部へ』(日本の近代5), 中央公論新社, 1999

坂野潤治, 『明治憲法体制の確立』, 東京大学出版会, 1971

坂野潤治, 『日本憲政史』, 東京大学出版会, 2008

佐々木 克, 『大久保利通と明治維新』, 吉川弘文館, 1998

佐々木 克, 『幕末の天皇・明治の天皇』, 講談社学術文庫, 2005

清水 伸, 『明治憲法制定史』全三巻, 原書房, 1971

高木惣吉, 『太平洋海戦史』, 岩波新書, 1959

竹前榮治, 『占領戦後史』, 岩波書店, 1992

田中節雄, 『近代公教育』, 社会評論社, 1996

遠山茂樹, 『天皇制の政治史的研究』, 校倉書房, 1981

遠山茂樹, 『明治維新と天皇』, 岩波書店, 1991

長尾竜一, 『日本憲法思想史』, 講談社学術文庫, 1996

長谷川正安, 『日本の憲法』第3版, 岩波書店, 1994

藤原 彰, 『天皇制と軍隊』, 青木書店, 1978

安田 浩, 『天皇の政治史』, 青木書店, 1998

安丸良夫, 『近代天皇像の形成』, 岩波書店, 1992

山住正己, 『教育勅語』, 朝日新聞社, 1980

山住正己, 『日本教育小史』, 岩波書店, 1987

吉田 裕, 『昭和天皇の終戦史』, 岩波新書, 1992

역대 천황 125대

(1) 720년에 편찬된 일본 최초의 관찬 역사서 『일본서기』는 날조된 역사서의 표본이다. 『일본서기』에 기록된 초대에서 25대 부레쓰까지의 기록은 그대로 믿을 수 없다.

(2) 『일본서기』에 기록된 초대에서 25대까지 천황은 다음과 같다.

1대 진무神武, 2대 스이제이綏靖, 3대 안네이安寧, 4대 이토쿠懿德,
5대 고쇼孝昭, 6대 고안孝安, 7대 고레이孝靈, 8대 고겐孝元,
9대 가이카開化, 10대 스진崇神, 11대 스이닌垂仁, 12대 게이코景行,
13대 세이무成務, 14대 추아이仲哀, 15대 오진応神, 16대 닌토쿠仁德,
17대 리추履中, 18대 한제이反正, 19대 인교允恭, 20대 안코安康,
21대 유랴쿠雄略, 22대 세이네이淸寧, 23대 겐소顯宗, 24대 닌켄仁賢,
25대 부레쓰武烈,

(3) 이 책에서는 역사적으로 행적이 분명하게 드러난 26대 게이타이부터 기록하기로 한다.

(4) 아래에서 ①은 출신, ②는 본명(휘) ③은 재위 기간을 나타낸다.

26대 게이타이繼体

  ①『일본서기』에 15대 오진의 후손이라고 기록,

  ② 오오도男大迹, ③ 507~31

27대 안칸安閑

  ① 게이타이의 장남, ② 히로쿠니오시타케가나히広国押武金日,

  ③ 531~35

28대 센카宣化

  ① 게이타이의 차남, ② 다케오히로쿠니오시다테武小広国押盾,

  ③ 535~39

29대 긴메이欽明

  ① 게이타이의 4남,

②아메쿠니오시히라키히로니와天国排開広庭, ③539~71

30대 비다쓰敏達

①긴메이의 차남, ②누나쿠라후토다마시키淳中倉大珠敷,
③572~85

31대 요메이用明

①긴메이의 4남,②다치바나노도요히橘豊日,③585~87

32대 스슌崇峻

①긴메이의 12남,②하쓰세베泊瀬部,③587~92

33대 스이코推古

①긴메이의 3녀,②누카타베額田部,③592~628

34대 조메이舒明

①비다쓰의 손자, ②다무라田村,③629~41

35대 고교쿠皇極

①비다쓰의 증손녀, 조메이의 비, ②나가라宝,
③642~45

36대 고토쿠孝徳

①비다쓰의 증손자,②가루輕,③645~54

37대 사이메이斉明

①35대 고교쿠의 중조重祚,③655~61

38대 텐지天智

①조메이의 아들, 모친은 고교쿠, ②나카노오에中大兄,
③661~71

역대천황 125대 393

39대 고분弘文

　　① 텐지의 아들, ② 오토모大友, ③ 671~72

40대 텐무天武

　　① 조메이의 아들, 어머니는 고교쿠(사이메이),

　　② 오아마大海人, 임신의 난을 일으켜 정권 쟁취, ③ 673~86

41대 지토持統

　　① 텐지의 2녀, 텐무의 비, ② 우노노사라라鵜野讚良, ③ 686~97

42대 몬무文武

　　① 텐무의 손자, ② 가루珂瑠, ③ 697~707

43대 겐메이元明

　　① 텐지의 4녀, 텐무의 며느리, ② 아헤阿閉, ③ 715~24

44대 겐쇼元正

　　① 겐메이의 장녀, ② 히타카氷高, ③ 715~24

45대 쇼무聖武

　　① 몬무의 장남, ② 오비토首, ③ 724~49

46대 고켄孝謙

　　① 쇼무의 장녀, ② 아베阿部, ③ 749~58

47대 준닌淳仁

　　① 도네리친왕舍人親王의 7남, ② 오오이大炊, ③ 758~64

48대 쇼토쿠称徳

　　① 고켄의 중조, ③ 764~70

49대 고닌光仁

① 텐지의 후손, ② 사라카베白壁, ③ 770~81

50대 간무桓武

① 고닌의 장남, ② 야마베山部, ③ 781~806

51대 헤이제이平城

① 간무의 장남, ② 아테安殿, ③ 806~09

52대 사가嵯峨

① 간무의 차남, ② 가미노神野, ③ 809~23

53대 준나淳和

① 간무의 3남, ② 오토모大伴, ③ 823~33

54대 닌묘仁明

① 사가의 장남, ② 마사라正良, ③ 833~50

55대 몬토쿠文德

① 닌묘의 장남, ② 미치야스道康, ③ 850~58

56대 세와淸和

① 몬토쿠의 4남, ② 고레히토惟仁, ③ 858~76

57대 요제이陽成

① 세와의 장남, ② 사다아키라貞明, ③ 876~84

58대 고코光孝

① 닌묘의 3남, ② 도키야스時康, ③ 884~87

59대 우다宇多

① 고코의 7남, ② 사다미定省, ③ 887~97

60대 다이고醍醐

① 우다의 장남, ② 아쓰기미敦仁, ③ 897~930

61대 스자쿠朱雀

　　　① 다이고의 11남, ② 유타아키라寬明, ③ 930~946

62대 무라카미村上

　　　① 다이고의 14남, ② 나리아키라成明, ③ 946~67

63대 레이제이冷泉

　　　① 무라카미의 차남, ② 노리히라憲平, ③ 967~69

64대 엔유円融

　　　① 무라카미의 5남, ② 모리히라守平, ③ 969~84

65대 가잔花山

　　　① 레이제이의 장남, ② 모로사다師貞, ③ 984~86

66대 이치조一条

　　　① 엔유의 장남, ② 야스히토懷仁, ③ 986~1011

67대 산조三条

　　　① 레이제이의 차남, ② 오키사다居貞, ③ 1011~1016

68대 고이치조後一条

　　　① 이치조의 차남, ② 아쓰히라敦成, ③ 1016~36

69대 고스자쿠後朱雀

　　　① 이치조의 3남, ② 아쓰나가敦良, ③ 1036~45

70대 고레이제이後冷泉

　　　① 고스자쿠의 장남, ② 지카히토親仁, ③ 1045~68

71대 고산조後三条

① 고스자쿠의 차남, ② 다카히토尊仁, ③ 1068~72

72대 시라카와白河

① 고산조의 장남, ② 사다히토貞仁, ③ 1072~86

73대 호리카와堀河

① 시라카와의 차남, ② 다루히토善仁, ③ 1086~1107

74대 도바鳥羽

① 호리카와의 장남, ② 무네히토宗仁, ③ 1107~23

75대 스토쿠崇德

① 도바의 장남, ② 아키히토顯仁, ③ 1123~41

76대 고노에近衛

① 도바의 8남, ② 나리히토体仁, ③ 1141~55

77대 고시라카와後白河

① 도바의 4남, ② 마사히토雅仁, ③ 1155~58

78대 니조二條

① 고시라카와의 장남, ② 모리히토守仁, ③ 1158~65

79대 로쿠조六条

① 니조의 차남, ② 노부히토順仁, ③ 1165~68

80대 다카쿠라高倉

① 고시라카와의 7남, ② 노리히토憲仁, ③ 1168~80

81대 안토쿠安徳

① 다카쿠라의 장남, ② 도키히토言仁, ③ 1180~85

82대 고토바後鳥羽

　　　　① 다카쿠라의 4남, ② 다카히로尊成, ③ 1183~98

83대 쓰치미카도土御門

　　　　① 고토바의 장남, ② 다메히토爲仁, ③ 1195~1210

84대 준토쿠順德

　　　　① 고토바의 3남, ② 모리나리守成, ③ 1210~21

85대 주쿄仲恭

　　　　① 준토쿠의 장남, ② 가네나리懷成, ③ 1221

86대 고호리카와後堀河

　　　　① 다카쿠라의 후손, ② 유타히토茂仁, ③ 1221~32

87대 시조四条

　　　　① 고호리카와의 장남, ② 미쓰히토秀仁, ③ 1232~42

88대 고사가後嵯峨

　　　　① 쓰치미카도의 차남, ② 구니히토邦仁, ③ 1242~46

89대 고후카쿠사後深草

　　　　① 사가의 차남, ② 히사히토久仁, ③ 1246~59

90대 가메야마龜山

　　　　① 고사가의 3남, ② 쓰네히토恒仁, ③ 1260~74

91대 고우다後宇多

　　　　① 가메야마의 차남, ② 요히토世仁, ③ 1274~87

92대 후시미伏見

　　　　① 고후카쿠사의 차남, ② 히로히토熙仁, ③ 1287~98

93대 고후시미後伏見

　　　　① 후시미의 장남, ② 다네히토胤仁, ③ 1298~1301

94대 고니조後二条

　　　　① 고우다의 장남, ② 구니하루邦治, ③ 1301~08

95대 하나조노花園

　　　　① 후시미의 3남, ② 도미히토富仁, ③ 1308~18

96대 고다이고後醍醐

　　　　① 고우다의 차남, ② 다카하루尊治, ③ 1318~39

97대 고무라카미後村上

　　　　① 고다이고의 7남, ② 노리나가義良, ③ 1339~68

98대 조케이長慶

　　　　① 고무라카미의 장남, ② 유타나리寬成, ③ 1368~83

99대 고카메야마後龜山

　　　　① 고무라카미의 차남, ② 히로나리熙成, ③ 1383~92

100대 고코마쓰後小松

　　　　① 북조 고엔유 천황의 장남, ② 모토히토幹仁, ③ 1382~1412

101대 쇼코稱光

　　　　① 고코마쓰의 장남, ② 미히토躬仁, ③ 1412~28

102대 고하나조노後花園

　　　　① 貞成親王의 장남, ② 히코히토彦仁, ③ 1428~64

103대 고쓰치미카도後土御門

　　　　① 고하나조노의 장남, ② 후사히토成仁, ③ 1464~1500

104대 고카시와바라後柏原

　　　　① 고쓰치미카도의 장남, ② 가쓰히토勝仁, ③ 1500~26

105대 고나라後奈良

　　　　① 고카시와바라의 차남, ② 도모히토知仁, ③ 1526~57

106대 오기마치正親町

　　　　① 고나라의 차남, ② 미치히토方仁, ③ 1557~86

107대 고요제이後陽成

　　　　① 오기마치의 손자, ② 가즈히토和仁, ③ 1586~1611

108대 고미즈노오後水尾

　　　　① 고요제이의 3남, ② 고토히토政仁, ③ 1611~29

109대 메이쇼明正

　　　　① 고미즈노오의 차녀, ② 오키코興子, ③ 1629~43

110대 고코묘後光明

　　　　① 고미즈노오의 4남, ② 쓰구히토紹仁, ③ 1643~54

111대 고사이後西

　　　　① 고미즈노오의 8남, ② 나가히토良仁, ③ 1654~63

112대 레이겐霊元

　　　　① 고미즈노오의 19남, ② 사토히토識仁, ③ 1663~87

113대 히가시야마東山

　　　　① 레이겐의 4남, ② 아사히토朝仁, ③ 1687~1709

114대 나카미카도中御門

　　　　① 히가시야마의 5남, ② 야스히토慶仁, ③ 1709~35

115대 사쿠라마치桜町

①나카미카도의 장남, ②데루히토昭仁, ③1735~47

116대 모모조노桃園

①사쿠라마치의 장남, ②도오히토遐仁, ③1747~62

117대 고사쿠라마치後桜町

①사쿠라마치의 차녀, ②도시코智子, ③1762~70

118대 고모모조노後桃園

①모모조노의 장남, ②히데히토英仁, ③1770~79

119대 고카쿠光格

①스케히토 친왕典仁親王의 6남, ②모로히토師仁,
③1779~1817

120대 닌코仁孝

①고카쿠의 6남, ②아야히토惠仁, ③1817~46

121대 고메이孝明

①닌코의 4남, ②오사히토統仁, ③1846~66

122대 메이지明治

①고메이의 차남, ②무쓰히토睦仁, ③1867~1912

123대 다이쇼大正

①메이지의 3남, ②요시히토嘉仁, ③1912~26

124대 쇼와昭和

①다이쇼의 장남, ②히로히토裕仁, ③1926~89

125대 헤이세이平成

①쇼와의 장남, ②아키히토明仁, ③1989~2019

색인

숫자
2·26 사건 349
3종의 신기 140, 179, 181, 199, 204, 212, 214, 222, 262, 384

로마자
B~29 374
GHQ 376, 377, 379, 381, 382

ㄱ
가마쿠라 막부 90, 180, 182, 185, 186, 193, 195, 196, 198, 200, 201, 202, 203, 205, 206, 217, 240, 270
가메야마 천황 194, 195
가모 군페이 289
가미카제 특공대 371
가와치노후미씨 72, 92
가와치 왕조 44, 51, 52, 54, 55, 57, 59, 60, 64, 65, 66, 67, 74, 75, 77
가즈라기산 65, 66
가즈라키씨 66, 67, 75, 76
가즈코 267, 268, 269, 270, 271, 273
가토 히로유키 309, 320
간누시 31
간무 천황 135, 136, 137, 142, 144, 150, 156, 186
간인노미야 279, 291
게누 36, 61, 80
게이타이 왕조 73, 75, 78, 82, 88
게이타이 천황 12, 74, 77, 79, 80, 81, 86
겐뇨 239
겐메이 천황 119, 122, 125
겐쇼 116, 125, 273, 306, 361, 394
겐쇼 천황 125
겐페이갓센 177
경찰예비대 382
고교쿠 천황 95, 98, 99
고나라 천황 225, 226, 227, 228, 231, 255
고노에 사키히사 247, 255, 262
고노에 후미마로 356, 359, 360, 367, 370
고니시 유키나가 257
고다이고 천황 182, 197, 198, 199, 200, 201, 203, 204, 205,

206, 207, 208, 209
고도경제성장 383
고메이 천황 295, 296, 298, 299, 301, 307
고모모조노 천황 291, 293
고미즈노오 천황 262, 265, 266, 267, 268, 269, 270, 271, 272, 273, 274, 277, 293, 298, 307
고분 시대 47, 48, 51
고사이 천황 279
고사쿠라마치 천황 274, 291
고산조 천황 157, 158, 159, 160
고산케 281
고시라카와 천황 162, 168, 169
고요제이 천황 247, 248, 251, 255, 258, 259, 261
고이소 구니아키 373
고카메야먀 전황 212
고카시와바라 천황 220, 222, 224, 225
고카쿠 천황 291, 292, 307
고켄 천황 127, 128, 129, 133
고코마쓰 천황 212, 213, 214, 216
고코 천황 150
고토바 상황 188, 189, 190, 191, 192, 193
고토쿠 천황 99, 103
고후카쿠사 천황 194, 195
고후쿠지 176, 222, 231

곤지 71
관동군 351, 352, 353, 354, 355, 362
교육칙어 314, 315, 316, 317, 318, 319, 321
교토쇼시다이 242, 261, 262, 265, 269, 270, 272, 275, 276
구나국 32, 33, 40, 41, 42, 43, 44
구로도노토 144
구마소 41, 42
구분전 100, 113, 114, 122
구스노키 마사시게 199, 200, 202, 204, 211
국가주의 사관 384
군인칙유 314, 331
군인훈계 330, 331
궁내성 312
궁월군 69, 71
귀족원 324, 327, 340, 341
극동국제군사재판소 376, 379
금중병공가제법도 263, 264, 272, 275
기도 고이치 361, 363, 364, 366, 377
기마민족정복설 44, 47, 48
기비 36, 41, 44, 63, 127
기비노 마키비 127
기요미하라령 111
기원절 304
긴리고료 276

색인 403

ㄴ

나가야노오 125, 126
나구모 주이치 367
나카노오에 왕자 89, 98, 99, 117
나카소네 야스히로 383
노로 에이타로 339
노무라 기치사부로 362
니조성 259, 263, 269, 298
닌묘 천황 145, 146
닌코 천황 292, 295
닌토쿠 44, 53, 54, 55, 56, 57, 59, 66, 67, 68, 70, 391
닛타 요시사다 200, 203, 204, 208, 209

ㄷ

다이고 천황 151, 182, 197, 198, 199, 200, 201, 203, 204, 205, 206, 207, 208, 209
다이라노 기요모리 167, 168, 169, 170, 171, 172, 173, 174, 175, 177, 178, 181, 240
다이라노 타다쓰네 165, 166
다이라씨 156, 166, 167, 171, 172, 173, 175, 176, 177, 178, 179, 180, 181, 244, 247, 254, 255
다이센 고분 57
다이쇼 천황 293, 335, 336, 350, 351

다이죠에 277, 278, 282, 284
다이카 99, 100, 102, 195, 196, 197, 212, 215
다이카쿠지 계통 195, 196, 197, 212
다이호 율령 113, 118
다치바나노 모로에 127, 129
다카마쓰노미야 367
다카마쓰성 241
다카미쿠라 318
다카쿠라 천황 174, 175, 176
다케우치 시키부 286, 287, 290
단노우라 181, 183
대가야 79, 80, 82
대원수 309, 330, 331, 333, 334
대일본제국헌법 321, 323, 324, 326, 339, 340, 378, 381
대정위임론 297
도고 시게노리 365, 374
도네리 109, 394
도요토미 히데요리 256, 260, 262, 263
도요토미 히데요시 244
도조 히데키 364, 376
도쿄 130
도쿄 행행 310
도쿠가와 쓰나요시 276
도쿠가와 요시무네 281, 283, 285
도쿠가와 이에노부 278, 279
도쿠가와 이에야스 239, 241, 242,

253, 254, 255, 258, 262,
263, 265, 266, 267, 270,
271, 272, 276, 281, 282,
297
도쿠가와 히데타다 265, 270, 271
동조궁 265

ㄹ

로쿠하라탄다이 198, 200

ㅁ

마쓰오카 요우스케 361
만주국 342, 354, 355, 366
맥아더 306, 376, 379, 380, 381,
382
메이쇼 천황 273, 290
메이지 천황 139, 293, 301, 304,
306, 307, 308, 309, 311,
312, 314, 317, 322, 329,
332, 333, 335
모노노베노 모리야 84, 93
모노노베노 오코시 81
모노노베씨 42, 92, 93
모리 모토나리 228, 229
모모조노 천황 284, 286, 287, 290,
291, 293
모토다 에이후 314
모토오리 노리나가 42, 297
몬무 천황 112, 117, 118, 119,
125, 164

몬토쿠 천황 146, 147
무가제법도 276, 277
무령왕 71
미나모토노 사네토모 189, 190
미나모토노 요리노부 165, 166
미나모토노 요리마사 176
미나모토노 요리요시 165
미나모토노 요시나카 177, 179,
180
미나모토노 요시쓰네 178, 180,
183
미나모토노 요시이에 165
미나모토노 요시토모 169, 170,
177
미나모토씨 150, 156, 164, 165,
166, 171, 177, 203, 208,
245, 254, 255, 256
미노베 다쓰키치 339, 340, 341
미야케 86, 91, 102
미와산 37, 39, 45, 66
미와 왕조 37, 39, 40

ㅂ

반전수수법 101, 113
백촌강 전투 104, 107
보신전쟁 302, 303, 313
봉칙명령 333, 348, 354
비로자나대불 133

색인 405

ㅅ

사가 천황 144, 145, 194, 298
사노 마나부 338
사성 156, 248
사이고 다카모리 299, 303, 310, 330
사이메이 천황 103, 105
사카노우에노 다무라마로 141
사카모토 료마 299
사쿠라마치 천황 274, 282, 283, 284, 290, 291
삼직추임 240, 241
상징천황제 381
섭관정치 143, 147, 151, 155, 162, 166
성덕태자 84, 88, 94, 95, 96, 97, 148
성왕 71, 81, 82, 83
세와 천황 147, 148, 149, 156, 290
세키가하라 256, 257
소가노 만치 77
소가노 에미시 94, 95, 97, 98, 99
소가노 우마코 84, 92, 93, 94, 96, 97
소가노 이나메 81, 91, 92
소가노 이루카 97, 98
쇼무 천황 117, 125, 126, 127, 132, 133, 134
쇼소인 134
쇼와 유신 343
쇼와 천황 293, 336, 341, 342, 344, 345, 346, 347, 348, 349, 350, 351, 352, 353, 354, 356, 359, 360, 363, 368, 370, 375, 377, 378, 380, 384
슈추의 변 199
수승 29
슈고 185, 187, 188, 217, 218
스가와라노 미치자네 150, 151
스노마타성 232
스메라미코토 38, 108
스슌 천황 92, 93
스이코 천황 92, 94, 148
스진 37, 38, 39, 40, 46, 47, 49, 55, 391
시데하라 기주로 380
시라카와 상황 160, 161, 162, 169, 170, 171, 172, 173, 174
시종무관장 334, 335, 345, 346, 347
신국가주의 383
신죠에 282
쓰쿠시 36, 61, 86

ㅇ

아라이 하쿠세키 57, 279, 280, 285
아리스가와노미야 279
아마테라스오미카미 39, 248, 289, 312, 315, 319, 326

아베씨 165
아스카 88, 89, 98, 99, 104, 106, 107, 117, 119, 125
아시카가 다카우지 200, 201, 202, 203, 204, 206, 207, 208, 209, 210
아시카가 요시마사 217
아시카가 요시미쓰 210, 212, 214, 215, 216, 217
아시카가 요시아키 205, 210, 233, 234, 235, 236, 245
아즈치성 241, 242
아직기 69, 72
아케치 미쓰히데 241, 243
안토쿠 천황 162, 176, 179, 180, 181
야마가타 다이니 287, 288, 290
야마가타 아리토모 330, 331
야마나 모치토요 218, 219
야마모토 이소로쿠 367
야마타이국 30, 32, 33, 40, 41, 42, 44, 45, 46, 47
야마토노아야씨 72
야스쿠니 신사 329
양이론 289, 297
양통질립 196, 197, 213
어진영 317, 318, 322
에가미 나미오 44, 47, 48
엔랴쿠지 204, 207, 238, 248
오기마치 천황 227, 228, 229, 232, 234, 235, 236, 239, 243, 247, 255, 261
오닌의 난 217, 219, 222
오다 노부나가 205, 230, 233, 238, 239, 240, 244, 245, 254, 255, 258, 261, 270
오무라지 32, 77, 78, 81, 93, 94
오아마 왕자 106, 107
오오도 74, 392
오오미 77, 78, 81, 91, 94
오진 39, 49, 53, 54, 55, 59, 68, 69, 70, 74, 75, 391, 392
오쿠보 도시미치 299, 302, 308, 310
오키미 59, 62, 108
오토모씨 42, 75, 86, 249
옥음방송 375
왕인 70, 72, 74
왜의 5왕 45, 59, 62
요도도노 260, 263
요시노 29, 105, 206, 207, 208, 209, 212, 214, 302, 303
요시노가사토 29
요시다 시게루 382
요제이 천황 149, 247, 248, 251, 255, 258, 259, 261
우다 천황 150, 151, 195, 293
원정 104, 141, 151, 157, 158, 159, 160, 161, 162, 163, 166, 169, 174, 175, 176,

188, 193, 194, 195, 196, 197, 201, 274, 292
유랴쿠 54, 58, 59, 63, 64, 65, 66, 67, 68, 71, 77, 391
이노우에 고와시 314, 323
이노우에 데쓰지로 316, 317, 320
이세 39, 40, 64, 106, 108, 140, 167, 208, 222, 227, 231, 248, 274, 311, 384, 401
이세 신궁 40, 108, 140, 208, 222, 227, 248, 274, 311
이시다 미쓰나리 257
이와이 85, 86
이와쿠라 도모미 301, 302, 306
이즈모 36, 41, 44, 49
이토 히로부미 323, 326
인간선언 380
일본공산당 338, 339
일본국헌법 381, 383
일본부 82, 83
임나일본부 82
임신의 난 105, 107, 394

261, 267, 271
제국국책수행요령 364
제국의회 324, 327, 378
조메이 천황 92, 94, 95
조큐의 난 192, 193
존왕론 284, 285, 286, 288, 289, 290
존왕양이론 297
주라쿠테이 250, 251
준나 천황 145
준닌 천황 129, 130
중의원 324, 327, 341, 381
중일전쟁 357, 358, 364
지묘인 계통 195, 196, 197, 198, 199, 201, 204, 212, 213
지토 89, 110, 111, 112, 117, 118, 164, 185, 273, 394
지토 천황 110, 111, 112, 117, 118, 164
진구 39, 42, 45, 46
진무 37, 38, 39, 40, 42, 43, 55, 66, 304, 319, 391

ㅈ

장쭤린 350, 351, 352
전방후원분 51, 52, 289
정이대장군 141, 180, 186, 201, 202, 203, 208, 239, 240, 245, 246, 256, 258, 259,

ㅊ

천장절 304
천황기관설 339, 340, 341, 342, 343, 378
천황제 타도 338
치안유지법 338

칙허자의법도 263, 272

ㅋ

쿠사카베 태자 110, 125

ㅌ

텐무 천황 107, 108, 109, 110, 111, 125, 131
텐지 천황 105, 106, 110, 117, 118, 128, 131
통제파 342, 343, 347, 356

ㅎ

하시하카고분 46
하야시 센주로 353, 356, 367
하타씨 71, 91, 92
헤이안경 116, 122, 135, 138, 139, 145
헤이제이 천황 143, 144
헤이조경 88, 116, 120, 122, 127, 131, 136, 137, 139
헤이지의 난 170, 177
호겐의 난 169
호소카와 가쓰모토 218, 219
호소카와 마사모토 221, 222
호소카와 요리유키 210, 211, 212
호조 다카토키 200
호조 야스토키 191
호조 요시토키 191, 192
혼간지 226, 228, 238, 239, 244
혼노지 242, 243
황국사관 318
황도파 342, 343, 344, 347, 349, 357
황민화 교육 314, 316, 318, 319, 372
후시미성 258, 260, 266, 271
후지와라경 89, 112, 116, 119, 120, 122, 139
후지와라노 가마타리 117, 118
후지와라노 구스코 143
후지와라노 모토쓰네 148, 149
후지와라노 미치나가 152, 153
후지와라노 요리미치 153, 157
후지와라노 요시후사 145, 146, 147, 148
후지와라노 후유쓰구 144, 145
후지와라노 후히토 117, 118, 120, 125
후지이 우몬 287
히가시야마 천황 278, 279, 282
히라타 아쓰타네 289
히미코 30, 31, 32, 33, 40, 42, 44, 45, 46, 47

구태훈

성균관대학교 문과대학 사학과 명예교수

천황의 일본사

발행인 구자선
펴낸날 2022년 11월 21일
발행처 (주)휴먼메이커
주　소　경기도 용인시 기흥구 강남서로 9 아카데미프라자 8층 825호
　　　　전화 : 070-7721-1055
이메일 h-maker@naver.com
등　록　제2017-00006호

디자인 유　라
인　쇄　P&M123

ISBN 979-11-961612-8-6 03910
정　가　　22,000원